YingXiao GouTong ShiWu

营销沟通实务

（第2版）

王瑶 刘瑶 主编

電子工業出版社
Publishing House of Electronics Industry
北京 · BEIJING

图书在版编目（CIP）数据

营销沟通实务 / 王瑶，刘瑶主编. —2 版. —北京：电子工业出版社，2015.8
ISBN 978-7-121-26736-9

Ⅰ. ①营… Ⅱ. ①王… ②刘… Ⅲ. ①市场营销学－高等学校－教材 Ⅳ. ①F713.50

中国版本图书馆 CIP 数据核字(2015)第 166703 号

策划编辑：晋 晶
责任编辑：袁桂春
印　　刷：三河市鑫金马印装有限公司
装　　订：三河市鑫金马印装有限公司
出版发行：电子工业出版社
　　　　　北京市海淀区万寿路 173 信箱　邮编 100036
开　　本：787×1092　1/16　印张：14.75　字数：341 千字
版　　次：2011 年 5 月第 1 版
　　　　　2015 年 8 月第 2 版
印　　次：2016 年 7 月第 2 次印刷
定　　价：35.00 元

凡所购买电子工业出版社图书有缺损问题，请向购买书店调换。若书店售缺，请与本社发行部联系，联系及邮购电话：（010）88254888，88258888。
质量投诉请发邮件至 zlts@phei.com.cn，盗版侵权举报请发邮件至 dbqq@phei.com.cn。
本书咨询联系方式：（010）88254199，sjb@phei.com.cn。

第 2 版前言

根据出版社的要求和教材更新换代的需要，结合技能性实用型人才培养目标的需要，我们对本书第 1 版进行了修订。

为更好地贯彻当前高职教育教学指导思想，我们从培养实际操作能力出发，将学习内容与工作任务对接，将实际工作岗位中的工作任务与营销（管理）人员的知识掌握和技能提高相结合，重新编写了这部更加强调可操作性的“理实”一体化教材。

我们从形式和内容上进行了以下修订：

（1）教材设计中突出了项目教学、行动导向的思路和理念，将原来的章节体例修订为情境和子情境。

（2）为了突出项目化教学，在每个情境下对原有的内容做了修改。例如，将原来的学习目标改为知识目标和技能目标。

（3）为了突出行动导向，每个情境前增加了“沟通能力自测”，并要求在学习前进行不足的分析，在学习后进行原因分析和改进措施思考。

（4）在正文中除保留原来的“小案例”外，还增加了“课堂互动”，以便牢固掌握基础知识。

（5）结合精品资源库建设的需要，在每个情境结束后增加了“知识小结”、“技能训练及素质拓展”、“延伸阅读”等。

修订后的教材定位更加准确，重点更加突出。本书可作为高职高专院校营销管理类、经济类各专业的专业课及公共基础课教材，也可作为企业营销管理人员的培训教材。

参与本次教材修订的人员及分工如下：王瑶撰写前言并负责学习情境一的修订，刘瑶设计了本次修订的思路并负责学习情境四的修订，黄睿负责学习情境二的修订，马彩云负责学习情境三的修订，董程负责学习情境五的修订，周锐负责学习情境六的修订。全书由王瑶和刘瑶担任主编并负责统编定稿。

本书在编写过程中，参阅、引用了大量的书籍及网络资料，在此表示感谢！

本书囿于编者的学识与经验，书中难免有错误与疏漏，恳请读者不吝赐教。

编　者

目　录

学习情境一

认识沟通

情境导航

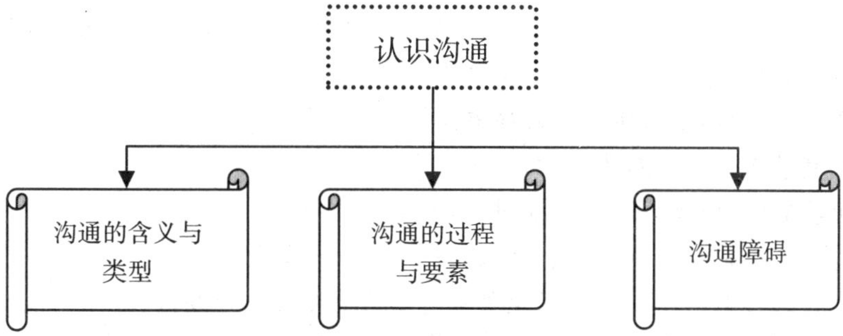

知识技能目标

知识目标

- 了解沟通的基本内涵；
- 理解沟通的过程和影响因素；
- 掌握沟通的基本原则和类型。

技能目标

- 能够正确分析沟通障碍产生的环节和原因；
- 能够采取恰当的方式克服沟通中的障碍；
- 能够对照检查自身存在的沟通缺陷并积极改善和提升沟通能力。

沟通能力自测

以下这些问题看似小事，却有可能决定别人对你的看法和态度。想测试一下你的沟通能力吗？那就开始吧！

1. 你跟新同学打成一片一般需要多少天？（　　）

A. 一天

B. 一个星期

C. 十天甚至更久

2. 当你发言时有些人起哄或者干扰，你会（　　）

A. 礼貌地要求他们不要这样做。

B. 置之不理。

C. 气愤地走下台。

3. 上课时家里有人来找你，恰好你坐在后排，你会（　　）

A. 悄悄地暗示老师，得到允许后从后门出去。

B. 假装不知道，但心里很焦急，老走神。

C. 偷偷从后门溜出去。

4. 放学了，你有急事要快点走，而值日的同学想让你帮忙打扫教室，你会（　　）

A. 很抱歉地说："对不起，我有急事，下次一定帮你。"

B. 看也不看地说："不行，我还有急事呢！"

C. 故意装听不见，跑出教室。

5. 开学不久你就被同学选为班长，你会（　　）

A. 感谢同学的信任和支持，并表示一定把工作做好。

B. 觉得没什么大不了的，只是要求自己默默地把工作做好。

C. 觉得别人选自己是别有用心，一个劲地推托。

6. 有同学跟你说："我告诉你件事，你可不要跟别人说……"这时你会想：（　　）

A. "哦！谢谢你对我的信任。我不是知道这件事的第二个人吧？"

B. "你都能告诉我了，我为什么不能告诉别人呢？"

C. "那你就别说好了。"

7. 老师安排你和另一位同学一起完成一项任务，而这位同学恰恰和你不怎么友好，你会（　　）

A. 大方地跟他（她）握手："今后我们可是同一条船上的人哦！"

B. 勉强接受，但工作中绝不配合。

C. 坚决向老师抗议，宁可不做。

8. 你和别人为一个问题争论，眼看就要闹僵了，这时你会（　　）

A. 立即说："好了好了，我们大家都要静一静，也许是你们错了，当然，也有可能是我的错。"

B. 坚持下去，不赢不休。

C. 愤然退场，不欢而散。

计分方法：

选 A 计 3 分，选 B 计 2 分，选 C 计 1 分。

解析：

8～12 分　表明你的沟通能力较低。由于你对沟通能力的重视不够，而且也没有足够的自信心，导致你在成长的道路上，一些机遇常常与你擦肩而过。你应该以轻松、热情的面貌与同学进行交流，把自己看作集体中的一员。同时，对别的同学也不可存在任何偏见。经常与人交流，取长补短，改变自己拘谨、封闭的状态。记住：沟通能力是成功的保证和进步的阶梯。

13～19 分　表明你的沟通能力较强，在大多数集体活动中表现出色，只是有时尚缺乏自信心。你还需加强学习与锻炼。

20～24 分　表明你的沟通能力很好。无论你是学生干部还是普通学生，你都表现得非常好，在各种社交场合都表现得大方、得体。你待人真诚友善，不狂妄虚伪。在原则问题上，你既能善于坚持并推销自己的主张，同时还能争取和团结各种力量。你自信心强，同学们都信任你，你可以使你领导的班级充满团结、和谐的气氛。

自我分析：请对照测试结果，对自己进行深刻的反思与剖析，总结出你在与别人的沟通过程中经常存在哪些问题，并把这些问题列在表中，然后与好友交流，在本情境学习完成后认真剖析原因并列出解决措施。

我在与人沟通中存在的问题	原因剖析	解决措施
1.	1.	1.

CASE 案例导入

案例 1-1　困惑的女秘书

在一个夏日的早晨，一家 IT 公司年轻的经理张先生烦躁地坐在汽车里，看着堵在一起的长长的车流。几年前政府为解决市民居住问题开发了这个庞大的居住小区，但由于没有配套规划，小区成了“卧城”。市民工作、购物和办事都要到小区之外，而小区的出入通道又非常少，每天早晚都会经历长达数小时的拥堵。

更让张先生心烦的是，随着网络泡沫的破灭，原本蒸蒸日上的公司业务也每况愈下，往日的网络宠儿正逐渐成为市场的弃儿。与新婚妻子的关系也是他头疼的一个问题。一直在 IT 行业摸爬滚打的张先生已经习惯了一切以工作为中心，不太重视生活的细节，而学习艺术出身的妻子则十分讲究生活质量和生活细节。今天早晨张先生刚与妻子因为一点儿生活小事发生了争吵，令他恼火的是直到现在他也不明白发生争吵的原因是什么。到达公司时，张先生已经迟到了很久，这令一向严格要求自己和员工的他感到非常沮丧。

当他推开办公室的门时，遇到了满面笑容的秘书李小姐。李小姐是公司的老员工之一，为公司的正常运转始终努力地工作着。在 IT 行业一片萧条、不断裁员的时期，李小姐时刻担忧着企业、老板和员工及自己的前途，尤其注意待人接物的细节。

当张先生进入办公室时，李小姐一如既往地向他问候早安。令她没想到的是，张先生居然对她的问候完全没有理睬，这是从来没有过的事情！整整一天，李小姐都在惴惴不安地猜测自己做错了什么事情，公司里面是否会爆发什么风暴，自己又将怎样向家人解释可能发生的一切等。

（资料来源：王文潭. 商务沟通.北京：首都经济贸易大学出版社，2005）

辩证性思考

1. 李小姐的担心是否有必要？
2. 产生这种情况的主要原因是什么？

案例 1-2　迎宾馆内的温度

日本前首相田中角荣在 20 世纪 70 年代为恢复中日邦交来到北京，他怀着等待中日间最高首脑会谈的紧张心情，在迎宾馆中休息。迎宾馆内气温舒适，田中角荣的心情也十分舒畅，与随从的陪同人员谈笑风生。他的秘书仔细看了一下房间的温度计，17.8°。这个舒适的温度使田中角荣的心情舒畅，也为以后谈判的顺利进行创造了良好的条件。

（资料来源：孙绍年.商务谈判理论与实务.北京：清华大学出版社，2007）

辩证性思考

迎宾馆里合适的温度运用了怎样的沟通技巧？

学习档案

2005 年 3 月 21 日，时任美国国务卿的赖斯到北京大学与北京高校 40 多位学生进行交流。赖斯在简短的开场白中说："人们改变世界的方式有很多，但是思想的交流和沟通是其中最重要的一种。通过思想的交流与沟通，人们才能推动这个世界的进步。"

沟通是一门很基本但每个人都必须学会的学问，人与人相处的方方面面都需要沟通，包括在工作中与领导、同事和客户间的沟通，也包括在生活中与家人、友人和所有其他要接触到的人之间的交流沟通。21 世纪是一个充满激烈竞争的时代，作为营销管理人员，不仅要有应对问题和挫折的能力，还要学会与客户、同事、合作伙伴和供应商建立良好的人际关系。因此，提升沟通能力，并对人际关系进行良好的运作，就成为事业成功的重要保证。

子情境 1.1　沟通的含义与类型

学习目标
1. 理解沟通的含义。
2. 了解沟通的类型。
3. 明确沟通在工作、生活中的作用。

一、沟通的含义

沟通，原意为通过开沟使两水相通。在英文中，“communication”这个词，在被译为沟通的同时，还被译为交流、交往、通信、传达和传播等。虽然这些词在具体的使用中有细微的差异，但它们在本质上都涉及信息的交流与交换。一般来说，沟通就是发送者凭借一定渠道（也称媒介或通道），将信息传递给既定对象（接收者），并寻求反馈以达到相互理解的过程。关于沟通，可以从以下三个方面来进行理解。

（一）沟通是有目的性的活动

在每个人的生活中，一个重要的技能就是维持和改善人际关系。通过沟通，可以发现他人的需要并展现自己的需要，而任何人际关系都是围绕需要而进行的。人们在进行不同的沟通活动时会具有不同的目标，沟通可以达到将心比心的效果，站在别人的角度去思考问题，把沟通进一步升华，从而达到预先设定的目标。没有目的的沟通会盲目而无效率，达不到沟通的效果和作用。

（二）沟通是一个双向、互动的反馈和理解过程

双向、互动的反馈和理解过程实际上是沟通的核心部分。沟通是人们在互动过程中，通过一定的途径和方式，将一定的信息从发送者传递给接收者，并获得理解的过程。要使沟通成功，信息不仅需要被传递，还需要被正确理解，这是双方达成协议的基础。

课堂互动

销售部李经理让下属小刘与某大客户详细洽谈一下下一步的合作问题。过了好几天，李经理想起了这件事，但不知道进展情况如何，就找来小刘问：“你与客户洽谈完之后怎么不和我说一下？”请问这一沟通问题出在谁的身上？属于什么问题？

（三）沟通并不是一种本能，而是一种能力

沟通能力并不是人天生就具备的，而是在工作实践中培养和训练出来的，沟通是人为的。

实例 1

夏日，在南京某饭店大堂内，两位外国客人向大堂副经理值班台走来。大堂倪副经理立起身，面带微笑地以敬语问候，让座后两位客人讲述了他们心中的苦闷：“我们从英国来，在这里负责一项工程，大约 3 个月时间，可是离开了翻译我们就成了睁眼瞎，有什么办法能让我们尽快解除这种陌生感吗？”倪副经理微笑地用英语说道：“感谢两位先

生光临我店，这座历史悠久的城市同样欢迎两位先生的光临，你们的绅士风度也一定会博得市民的赞赏。”熟练的英语所表达的友好情谊，拉近了彼此间的距离，气氛变得活跃起来。之后外宾更加广泛地询问了当地的生活环境、城市景观和风土人情。从长江大桥到六朝古迹，从秦淮风情到地方风味，倪副经理无不一一细说。外宾中一位希马斯先生还兴致勃勃地谈道：“早听说中国的生肖十分有趣，我是 1918 年 8 月 4 日出生的，参加过两次大战，大难不死，一定是命中属相助佑。”

说者无心，听者有意，两天后就是 8 月 4 日，谈话结束之后，倪副经理立即就在备忘录上做了记录。8 月 4 日那天一早，他就买了鲜花，并代表饭店在提前预备好的生日贺卡上写好英语贺词，请服务员将鲜花和生日贺卡送到希马斯先生的房间。希马斯先生从珍贵的生日贺卡中获得了意外的惊喜，激动不已，连声说道：“谢谢，谢谢贵店的关心，我深深体会到了这贺卡和鲜花中隐含的难以用语言表达的情意。我们在南京逗留期间再也不会感到寂寞了。”

小贴士

“假如你有一个苹果，我也有一个苹果，而我们彼此交换这些苹果，那么，你我仍然是各有一个苹果；如果你有一种思想，我也有一种思想，而我们彼此交换这些思想，那么，我们每个人将各有两种思想。”

——萧伯纳

二、沟通的类型

按照是否采取语言形式，沟通可以分为语言沟通和非语言沟通；按照发生的主客体，可以分为人际沟通、人机沟通和组织沟通；按照一个沟通过程所涉及的人员是否属于一个组织内部，可以分为内部沟通和外部沟通；按照沟通的正式性程度，可以分为正式沟通和非正式沟通；按照沟通双方在组织中所处的层次高低，可以分为纵向信息沟通、横向信息沟通和斜向信息沟通；按照沟通主体的文化背景是否相同，可以分为同文化沟通和跨文化沟通。

（一）语言沟通和非语言沟通

1. 语言沟通

语言是人类交流和沟通的基本工具，无法想象如果没有语言，人类的生活将会变得怎样。语言包括词汇和语法两个部分。词汇是语言的基本构成要素，每个词汇都代表着某一类特定的事物、动作、情感、特征或关系。从沟通的角度看，语言实际上是人们表达思想的一种代码或编码形式。只有沟通双方赋予词汇相同的含义，沟通才能得以顺畅进行。

由于词汇的有限性，很多词汇都存在多种含义，因此在具体的语句中首先必须搞清楚每个词汇的含义，否则就会出现误解。

词汇不仅存在多义性，而且随着时间的推移也会发生变化。例如，汉语中的“汤”在古代汉语中是开水或热水的意思，而在现代汉语中则一般指食品煮后所得的汁水。

此外，不同国家、不同地区甚至不同的个人对同一词汇的理解也不尽相同。很多国家都说英语，但词汇的用法和含义则可能有很大的差别，即使在一个国家也是如此。例如，英文中的“cocacola”，译成同音中文“可口可乐”，意为好喝、令人满意，很快被人们接受。百事可乐“come alive with pepsi”（请饮百事可乐，令君生机勃勃）德文译为“从坟墓中复活”。美国某汽车公司品牌“Maladar”在英文中意为“富有活力”，而把这种汽车引入波多黎各却发现其品牌在当地语言中的意思为“刽子手”。再如，对于社会上很流行的“酷”这个词，有人理解为新潮、前卫，是中性偏褒义的词；而有人却理解为“怪异”，是中性偏贬义的词。因此，在沟通时，必须首先搞清楚沟通对象的语言习惯，否则不是词不达意就是误会不断。

语言沟通的形式可以分为两大类，即书面和口头。书面语言沟通的特点是正式、权威和持久，有利于准确地理解，并且在一定程度上排除了传递过程中信息遗失或信息被曲解的可能性，通常运用于组织正式沟通中，如合同、协议、规定、通知和布告等。口头语言沟通主要通过声音符号来传递信息，如谈话、报告、讲课和电话。其特点是反馈快、弹性大、效果好，而书面语言沟通则通过文字和图案等视觉符号传递信息。口头语言沟通的优势在于除了能表达具体的信息内容外，还可通过语音和语调等副语言来表达信息发送者的感情和态度，较书面语言更具有灵活多变性。口头语言表达中副语言的辅助作用使口头语言沟通的信息解码更加复杂，更容易出现歧义和曲解。

实例 2

一辆正在路上行驶的汽车电池没电了，车主拦住了一辆过路车说：“我的汽车有个自动启动系统，你只要用每小时 30～35km 的速度就能启动我的汽车。”乐于助人的司机同意了他的求助。于是，助人为乐的司机以每小时 35km 的速度撞向了他的车，结果造成了 18 000 元的损失。

（资料来源：http://tieba.baidu.com）

2. 非语言沟通

非语言沟通，就是指用语言以外的，即非语言符号系统进行的信息交流。这种形式一般表现为身体语言沟通，即人们在生活和工作中约定俗成的具有明确指代意义的动作，如点头、摆手、耸肩和皱眉等。

非语言沟通形式是最古老的沟通形式，早在人类诞生以前就产生了，如各种动物都具有自己的非语言表达形式。与动物相比，人类的身体语言和表情等更加复杂。现在，人类已经创造了非常发达的标志符号体系。很多文字在早期都有明显的符号特征，如交通标志和危险标志等。

与语言沟通形式相比，非语言沟通形式更加直观、迅速，具有个性。

有时非语言沟通在某种程度上更能充分地体现一个人的素质、能力及修养。

实例 3

黄希是一位刚到公司不久的大学生。为了完成营销主管交给他的任务，他费尽心机、绞尽脑汁。一周后，当他满心欢喜地将策划书双手交给公司营销经理时，李经理却顺手将其放在了办公桌上，又去忙其他工作了。黄希非常生气，一转身走进了人力资源部，提出了辞职要求。

李经理这种盛气凌人、高高在上的行为，会使别人感到讨厌，如果李经理当场对那份策划书略加过目，以平等的态度与黄希进行讨论，那沟通效果就会不同了。

课堂互动

试想你在生活中最常用的沟通类型是什么？在生活中与在学习、工作中最常用的沟通类型有什么不同？

（二）人际沟通、人机沟通和组织沟通

1. 人际沟通

人际沟通是指主要发生在两个人或两个组织之间的沟通。人际沟通是沟通的基本形式，人际沟通由于主要发生在两个个体之间，传递一次信息就可以形成交流，所以沟通过程比较简单，不容易发生传输错误。另外，在个体沟通中，由于沟通对象单一，也比较容易根据对方的特点采取相应的沟通形式和风格，并对沟通过程加以控制。

实例4

季羡林虽然年事已高，但从不倚老卖老，显示“尊严”。每有客人前来拜访，不管是国家领导还是文学青年，他都一样看待。客人到来之前，他都早早地在书案前坐好，衣冠整齐，昂首挺胸，下巴微微内收，坐得规规矩矩、端端正正。在他看来，挺胸端坐，也是对客人的一种尊重。在客人离开时，他一定送出门外，告别再见。

在家里会客如此，当别人采访他做节目时，他也是这样。1995年的一天，白岩松为季羡林做“学者访谈录”节目，刚开始，季羡林先是坐着的，在白岩松掏出名片准备递给他的一刹那，他站了起来并弯腰等着，这令在场所有的人感动不已。当记者采访完后，他一定会站在家门口，很有礼貌地目送别人走远。曾经有不少人赞叹道：大师就是大师，简单的姿势，能有几个人时时做到呢？

2. 人机沟通

人机沟通是指发生在人与机器之间的沟通，如计算机的使用者和计算机之间的沟通。人机沟通的效果主要取决于设备、软件及使用者的技巧三个方面。当人们使用这些物品时，物品就与人产生了一种相互的关系，这种相互的关系称为人机关系。“机”，除指机器外，还指工具、设施、家具和交通车辆等。人机关系要实现的目标如下。

- 高效：在设计中，应把人和机作为一个整体来考虑，合理或最优地分配人和机的功能，以促进两者的协调，提高人的工作效率。
- 健康：是指人在操作或使用产品的过程中，产品对人的健康不会造成不良的影响。
- 舒适：是指人在使用产品的过程中，人体能处于自然的状态，操作或使用的姿势在人们自然、正常的肢体活动范围之内，从而使人不至于过早地产生疲劳。

- 安全：是指人在操作和使用产品的过程中，产品对人的身体不构成生理上的伤害。

要获得良好的人机关系，首先，要兼顾普通人群和特殊人群的需求。现在大多数产品是为普通人群设计的，设计参照的标准是依据普通人群的数据确定的。但是特殊人群也是社会的重要组成部分，他们往往有着独特的需要。所以在设计时，还应充分地考虑特殊人群的特点和需要，如考虑残疾人的需求。

其次，要考虑静态的人与动态的人的关系。人们使用产品时常常处于动态和静态两种状态之中，因此，设计的产品不但要符合人体静态的尺寸，也要符合人体动态的尺寸。要让人在使用它时，能够方便施力，有足够的空间等。这样的设计有利于减少人体疲劳，提高效率，满足健康、舒适的要求。

最后，应满足人的心理需求和生理需求。设计中的人机关系，不仅要满足人的生理需求，而且要满足人的心理需求。产品的色彩、材质等都会对人的心理产生影响。视觉、听觉、触觉和味觉等都影响人的心理感受，如果能在设计中注意满足人在这些方面的心理需求，就可以将人机关系处理得更好。例如，茶座、咖啡屋的设计应以暖色调为主，将空间处理得小一些，以营造温馨、宁静的效果；而办公空间一般应以冷色调为主，空间处理要简洁明快，以求产生严谨、高效的工作氛围。这样的设计都是为了满足人的心理需求。

此外，人与产品的互动过程是指人与产品之间信息传递的过程，即人机之间运用信息语言交流的过程。改善信息传递的途径也能获得较好的人机关系，如电话机的无液晶屏显示、有液晶屏显示和可视电话等。

3. 组织沟通

组织沟通，又称群体沟通。它是指组织成员之间的信息交流和传递。按照信息在组织内部传递的方向，组织沟通又分为下行沟通、上行沟通和平行沟通。下行沟通是指组织中上级对下级命令、指示、通报等形成的沟通；上行沟通是指下级向上级反映情况的沟通；平行沟通是指组织同一层次之间的沟通。

在组织沟通中，随着个体数目的增加，要想使每个个体之间都发生一次沟通活动，需要进行信息传递的次数就会迅速增加，因此，在组织沟通中必须进行有效的控制，也就是进行领导和协调，否则沟通很难顺利进行。

（三）内部沟通和外部沟通

所谓内部沟通，是指属于同一组织的内部人员之间的沟通，外部沟通则是指不属于同一组织的人员之间的沟通。

内部沟通和外部沟通之间存在很大的差别，正所谓“内外有别”。内部沟通由于彼此之间比较了解，在沟通过程中对礼仪方面的要求比较低，在沟通风格上比较轻松自如。而外部沟通的对象由于彼此之间存在一定生疏感，在沟通过程中十分注重礼仪。

此外，内部沟通的对象由于同属一个组织内部，往往存在很多彼此之间心知肚明但不能明确说出的利益共享或冲突问题，因此，即使在沟通形式和风格上可以比较随意，但一些敏感问题则是不可以轻易触及的。而外部沟通虽然注重礼仪，但在沟通的范围上可以开诚布公，约束很少。

总的来说，内部沟通要更多地考虑各种相关因素的影响，外部沟通的重点则是寻找共识或共同的礼仪。

（四）正式沟通和非正式沟通

1. 正式沟通

正式沟通，是指通过正式的组织程序，依照组织结构进行的信息沟通。这种沟通的媒介物和线路都是事先安排的，因而被认为是正式且合法的。

2. 非正式沟通

非正式沟通，是指不按照正式的组织程序进行的沟通，其信息传递的媒介和路线均未经过事先安排，具有很强的随意性、自发性。在非正式组织中，其成员间的社会交往主要采用非正式的沟通渠道，具体表现也往往是各种传闻或小道消息。非正式沟通的明显特点是，信息传递速度快，但失真比较严重。对非正式沟通可以采取“管理”的态度，以便更好地扬长避短。

区分正式与非正式的标准有很多。可以按照职位身份和个人身份来划分正式沟通和非正式沟通，如某位官员以自己的公职身份与媒体沟通属于正式沟通，以自己的私人身份与某位记者沟通属于非正式沟通。可以按照一方或双方的重视程度来划分，如一位经理与一位员工在就餐时随意的闲谈属于非正式沟通。可以按照沟通内容的效力进行区分，如果沟通双方对内容的准确性十分确定，并准备受其约束，则为正式沟通，如果双方只是对内容进行简略的探讨则为非正式沟通。按照沟通方式、仪式、重要性的不同也可以划分为正式沟通和非正式沟通，例如，国家元首正式出访和非正式出访其他国家，在接待仪式上就有严格的差别。

一般来说，正式沟通由于双方都比较重视，沟通内容的约束性比较强，较为正规，因而沟通各方在沟通过程中都较为谨慎，一般适合简单、初步的沟通和总结性的沟通；而非正式沟通则比较适合深入沟通信息、探讨各种可能性的沟通阶段。

（五）纵向信息沟通、横向信息沟通和斜向信息沟通

1. 纵向信息沟通

纵向信息沟通，是指沿着组织的指挥链在上下级之间进行的信息沟通。它可以分为自上而下和自下而上两种形式。自上而下的沟通也称下行沟通，如命令的传达、计划的布置和程序规则的颁布等。自下而上的沟通也称上行沟通，指组织内部同一系统内的较低层次人员向较高层次人员的沟通，如请示、汇报、要求和意见申诉等。

2. 横向信息沟通

横向信息沟通，是指组织内部同一层次人员之间的沟通，也称平行沟通。这种沟通主要是为了促成不同系统（部门、单位）之间的协调配合和相互了解。例如，高层管理者之间、中层管理者之间、采购人员与营销人员之间、生产工人与设备维修员之间，以及任务小组和专项小组内部所发生的沟通，都属于这类沟通。

3. 斜向信息沟通

斜向信息沟通，是指发生在组织内部既不同系统又不同层次人员之间的沟通。斜向沟通对组织中的其他正式沟通渠道会起到一定的补充作用。例如，在公司的开发部，如果设

计师与生产车间主管之间的直接沟通取代传统的经由厂长或经理传递信息的办法，则沟通的线路和传递的时间会大大缩短。但是，斜向沟通会导致部门之间不必要的矛盾。

横向信息沟通和斜向信息沟通是脱离组织的指挥链而跨系统发生的。在一些严格、正规的机械组织中，它们并不被看作正式的、法定的沟通形式，而常常被当成非正式的沟通渠道。

（六）同文化沟通和跨文化沟通

不同文化背景的人在价值观念、思维方式、生活环境、生活习惯、禁忌爱好、宗教信仰、工作理念、商业伦理、经济状况和受教育水平等方面存在明显的差异。

实例 5

中国某公司（以下简称中方）与德国一家公司（以下简称德方）洽谈割草机出口事宜。按礼节，中方谈判人员提前五分钟到达公司会议室。客人到达后，中方人员全体起立，鼓掌欢迎。不料，德方谈判人员的脸上不但没有出现期待的笑容，反而均显示一丝不快的表情，原计划进行一上午的谈判日程，德方半个小时便草草结束，匆匆离去了。

事后才知道德方之所以提前离开，是因为中方谈判人员的穿着比较随意。德方谈判人员统一穿职业装，而中方人员除经理和翻译穿职业装外，其他人有穿夹克衫的，有穿牛仔服的，有一位工程师甚至还穿着工作服。

随着经济全球化的发展，不同文化之间的沟通越来越密切和频繁，同时，文化上的差异表现得更为明显。这种文化背景的差异使人们在沟通过程中对同一现象或表达方式在解读上会产生明显的差异。为了更好地进行跨文化沟通，人们必须以一种更加开放的心态努力了解不同文化背景的人群。

【情境训练 1】

假设你今年大学毕业，根据政策你可以自主创业。经过思考、调研及考察，你准备在校园里开办一家自行车租赁行。现在，你要向学院领导及相关部门提出申请，针对不同的部门和领导，你准备选择什么沟通方式？如何沟通？分组进行情境模拟。

教师根据情境内容将学生分成学习小组，每组由 5～8 名学生组成。运用所讲授知识点，完成小组讨论和情境模拟。

子情境 1.2　沟通的过程与要素

学习目标

1．掌握沟通的过程。

2．正确理解沟通中的各项要素。

一、沟通的过程

沟通是一个信息传递的过程，一般来说，一个完整的信息沟通包括信息策划、信息编码、信息传递、信息接收、信息解码和信息反馈六个环节，如图 1.1 所示。

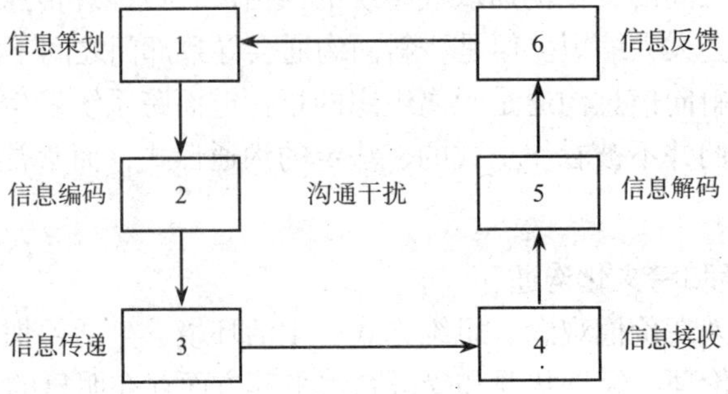

图 1.1　沟通过程

（一）信息策划

信息是沟通的基础，在头脑中形成清晰、完整和有条理的信息是良好沟通的开始。信息策划是对信息进行收集、整理和分析的过程，由信息的发送者完成。信息策划过程反映了信息发送者的逻辑思维能力和信息量。要想成为一个具备良好沟通能力的人，首先必须提高信息策划能力。信息策划能力可以借助于把握信息策划步骤和训练而提高。信息策划包括确定信息范围、收集信息、信息评估、信息整理和分析。

1. 确定信息范围

确定信息范围的实质是要确定信息策划的目的，对要获得的信息的性质、质量和内容进行初步的判断，从而确定收集信息的范围。这是决定信息策划质量的关键一步。

2. 收集信息

收集信息是根据确定的信息范围收集符合要求的信息以备整理和分析。

实例 6

美国一位专家调查研究了美国历史上几位总统，如罗斯福、杜鲁门和艾森豪威尔收集信息的习惯，得出结论：真正帮助总统分清问题利弊的不是普通、综合性的信息，不是摘要、概要等经过整理的信息，而是一些琐碎但同时包含了大量实在细节的信息，这些信息在他们的头脑中拼装起来，显出要处理事件的最本质的方面。

（资料来源：许玲. 人际沟通与交流. 北京：清华大学出版社，2007）

3. 信息评估

信息评估是对信息数据的真伪、准确与否等方面进行的评估。信息评估的结果直接影响信息策划结果的有效性。

4. 信息整理和分析

为了获得一些有价值的结论，必须对收集到的有用信息进行整理和分析。

（二）信息编码

信息编码是指信息发送者以某种形式（便于传达的）来表达信息的内容。信息发送者发出信息即传达某种意思或想法，而信息要纳入一定的形式之中才能予以传送，这称为编码。根据信息编码符号的不同，信息沟通分为口头沟通、书面沟通和非语言沟通等形式。非语言沟通补充和支持了语言沟通，但有时，非语言沟通也可能弱化或抵消语言沟通，如言行不一致的现象。

（三）信息传递

信息传递是指通过一定的传输媒介将信息从一个主体传输到另一个主体。信息传递必须依靠一定的渠道，不同的沟通渠道适用于传递不同的信息。例如，“市中心某某路拥堵”，用书面形式传递这一信息显然不合适。选择的渠道不一样，传递的效果也就不同。沟通过程有时需要使用两种甚至更多的沟通渠道。在现代通信技术迅速发展的条件下，一种沟通渠道通常可以同时传送多种形式的信息。例如，视频等多媒体技术可以将语言、文字、图像和数字等融合在一起传送，大大便利了复杂信息的传送。

实例 7

有对新婚夫妻为了争看电视而吵架，丈夫非要看世界杯，妻子赌气一个晚上都不理他。丈夫第二天有个会议，担心由于电视看晚了而迟到，平时都是妻子叫他起床的，但他又不好意思说，于是就给妻子写了张纸条：“明天七点钟叫起我！”丈夫第二天早上醒来发现已经过了七点，就大声叫道：“你怎么不叫醒我？”妻子却递给他一张纸条，上面写道：“七点钟了，你该起床了！”

（资料来源：崔卫国. 管理学原理故事会. 北京：中华工商联出版社，2005）

（四）信息接收

信息接收是指信息通过一定的传输渠道送达接收者，在这一过程中注意避开传递中的障碍。如果沟通渠道选择不当、沟通渠道超载、沟通手段出现问题等，都会导致信息传递的中断、失真或无法传递至接收者。

（五）信息解码

信息解码是指信息接收者对接收到的信息所做出的解释和理解。信息解码包含两个层次：一是还原为信息发送者的信息表达方式，二是正确理解信息的真实含义。只有当信息接收者对信息的理解与信息发送者传递的信息含义相同或相近时，才可能实现正确的信息沟通。

（六）信息反馈

信息反馈是指信息的接收者在获得信息后或依照信息采取行动后，根据自己的理解、感受和经验提出自己的看法和建议。它可检验信息沟通是否有效，能够检查和纠正可能发生的某些偏差。

（七）沟通干扰

人们在沟通过程中都可能面临一些干扰因素。这些干扰因素既可能来自沟通本身，也可能来自外部环境。来自沟通本身的干扰有些是人为的，如故意把话说得很含糊，也有些是因为语言表达能力较差、语言不流畅或紧张而出现语无伦次等情况。外部环境的干扰比较常见，如沟通场所的噪声、强光和行人等，对沟通双方都可能产生干扰。

二、沟通的要素

（一）主体

沟通主体，即信息发送者和接收者。通常来说，除自我沟通这种特殊的沟通形式外，任何形式的沟通都需要两个或两个以上的人参加。一般来说，影响信息发送者可信度的重要因素有身份地位、良好愿望、专业知识、外表形象及共同价值。信息发送者在信息发送之前应对沟通目的、沟通条件和所处的角度进行自我思考和自我沟通。为此，要克服沟通中的语言障碍、角色障碍和心理障碍，要努力提高思想、文化、业务技能水平，提高心理素质和表达能力，以便将自己的思想、观点、感情态度及掌握的信息，准确、完整地传递给对方。

沟通的目的在于通过信息交流以增进了解、改变观点、达成一致，而不同类型的人的价值观念、生活习惯和判断标准是不尽相同的，这必然造成不同类型的人际交流沟通比相同类型的人际交流沟通要困难些的事实。例如，直觉型的人往往态度冷淡或冷漠，与人交流措辞抽象、富有哲理；感觉型的人往往一针见血，用词简洁明了，并且带有一种紧迫感；感情型的人则充满情感，措辞幽默，通常倾向于带有高度个人感情色彩的人际交往；思考型的人往往严谨、精明，更倾向于按部就班，有条不紊，听、写、读、说层次分明，总是按一种独特的、规范的模式与人交流。这些特征都有可能影响两人或更多人之间的信息交流的准确性。因此，要想达到理想的沟通效果，在进行沟通前，应充分了解对方的特性，进行认真的对象主体分析。

作为信息接收者，要提高理解能力、感知能力和矫正不健全的个性。有些人为讨好上级领导而弄虚作假、大吹牛皮，或者在传达上级指示时，把个人的主观意向掺杂进去，导致信息失真。作为领导者，要有能力辨析信息的真假及其主次轻重。作为下属，则应当在平时不断磨炼和提升自己倾听的能力。

（二）客体

客体即主体之间表达意义的信息。沟通对象之间在没有沟通的情况下很难明白彼此的意图，信息发送者只有借助信息载体传递信息让对方理解自己的意图，信息才能成为沟通双方传递的对象。

（三）编码与解码

编码是将信息以某种形式表达出来，沟通主体的思想只有通过一定的形式承载才能为客体感知。它是信息交流和人际沟通及交往中极其关键的一环，若此环出现脱节，那么整个信息交流过程则会变得混乱不堪。毫无疑问，人们所拥有的语言水平、表达能力和知识结构，对于将自己的思想、观点和感情等进行编码有直接的影响，对通道选择也有所影响。例如，可以面对面地交谈，也可以由电话线来传送，甚至借助于网络等来实现。对于某些重要的信息，如中层管理人员的绩效评估与奖励，管理者往往采取多种通道，包括书面报告、小组评议和直接沟通等形式，以免信息传递过程中的噪声干扰而导致信息“失真”。

解码则是信息接收者在接收到信息之后，凭借自己的知识、经验，将其还原为自己的思想的过程。解码包含两个层面，一是将信息还原为信息发送者的表达方式，二是正确理解信息表达的真实含义。这就存在相同的信息表现，不同的人有不同的理解方式，而只有当信息接收者对信息的理解与信息发送者传递的信息含义相同或相近时，才可能进行正确的信息沟通。因此，完美的沟通应该是沟通双方的编码和解码完全对称。

实例 8

某跨国公司总裁访问一家中国著名的制造企业(以下简称中方)，商讨合作发展事宜。中方总经理很自豪地向客人介绍说："我公司是中国二级企业……"翻译人员在翻译这句话时很自然地用"Second Class Enterprise"来表述。不料，该跨国公司总裁闻此，原本很高的兴致突然冷淡下来，敷衍了几句立即起身告辞。在归途中，他抱怨道："我怎么能同一个中国的二流企业合作？"

在我国，企业档案工作目标管理考评分为"国家一级"、"国家二级"、"省（部）级"三个等级。"省（部）级"是国家对企业档案工作的基本要求，"国家一级"为最高等级。

（四）通道

通道是信息经过的路线，是发送者发送信息和接收者接受和反馈信息的手段。在面对面的沟通中，通道主要是声音和视觉，人们相互听或看。人们熟悉的大众媒体包括电子类传播媒体，如广播、电视、音像出版物、电影、电话、传真和网络等；印刷类传播媒体，如报纸、杂志、书籍和传单等；其他传播媒体，如实物、模型、广告牌、灯箱、旗帜和邮寄信函等。另外，经常性的会议、记者招待会、演说、报告和备忘录等，都是沟通中的重要信息载体。信息发送者要经常借助这些媒介将所要发送的信息传递给接收者，因此，这些媒介是信息经过的通道。此外，还有其他通道（非语言符号），如握手（接触）、着装（视觉）和尊敬的语气（声音）等。通道的主要任务是保证沟通的双方信息传递所经过的路线畅通。

媒体是信息传递的载体，它们构成信息传播的通道，没有这些载体即媒体，也就没有沟通。因此，媒体在沟通过程中有着举足轻重的地位。种类繁多的媒体，各有自己的特点和适用范围，如何运用它们，最大限度地发挥它们的长处，要视具体情况而定。在日常活动中，通道的选择方式应尽可能符合信息的性质以确保传递的有效性。应注意不同的信息内容要求使用不同的通道。尤其应注意面对面沟通的作用。因为在各种方式的沟通中，影响力最大的仍然是面对面的原始沟通方式。面对面沟通时，除了语言本身的信息外，还有沟通者整体心理状态的信息。这些信息使发送者和接收者可以发生情绪上的相互感染。因而，即使在通信技术高度发达的美国，总统大选时，候选人也总是不辞辛劳地四处奔波演讲。

小贴士

选择适当的沟通类型和方式

根据信息的内容、接收对象的特点、传递的目的、具体的场合和条件而选择适当的沟通类型和方式，是提高沟通效果的有效途径。例如，要了解对方的反馈信息，最好选择口头沟通的交谈方式，以充分听取对方的意见；如果向很多人传递重要信息，最好选择发通知的方式。

（五）背景

沟通总是在一定背景中进行的，任何形式的沟通，都要受到各种环境因素的影响。在一定意义上，沟通与其说是由沟通者本人把握的，不如说是由背景环境控制的。一般认为，对沟通过程发生影响的背景因素包括以下几个方面。

1. 心理背景

心理背景是指沟通双方的情绪和态度。它包含两方面的含义：其一是沟通者的心情、情绪，处于兴奋、激动状态与处于悲伤、焦虑状态下的沟通者的沟通意愿、沟通行为是截然不同的，后者往往沟通意愿不强烈，思维也处于抑制或混乱状态，编码、解码过程受到干扰；其二是沟通者对对方的态度，如果沟通双方彼此敌视或关系淡漠，沟通过程则常由于偏见而出现误差，双方较难准确理解对方的思想。

2. 物理背景

物理背景是指沟通发生的场所。特定的物理背景往往造成特定的沟通气氛。有些人要在特定的场合才能发挥其优势，如在礼堂演讲与在自己办公室里慷慨陈词，其气氛和沟通过程是大相径庭的。

3. 社会背景

社会背景包括两方面的含义。一方面，包括沟通双方的社会角色关系。对不同的社会角色关系，有着不同的沟通模式。上级可以拍拍下级的肩头，告诉下级要忠于职守，但下级绝不能拍拍上级的肩头，告诫上级要公而忘私，因为对应于每种社会角色关系，无论是上下级关系，还是朋友关系，人们都有一种特定的沟通方式预期，只有沟通在方式上符合这种预期，才能得到人们的接纳。但是，这种社会角色关系也往往成为沟通的障碍，如下级往往对上级唯命是从，不敢进言等，这就要求上级能主动改变，消除这种角色预期带来的负面影响。

另一方面，包括沟通情境中对沟通发生影响但不直接参加沟通的其他人。例如，自己配偶在场与否，人们与异性沟通的方式是不一样的。如果妻子在场时，丈夫与异性保持的距离更大，表情也更冷淡，整个交谈过程也变得短暂而匆促。

4. 文化背景

文化背景是指沟通者长期的文化积淀，也是沟通者较稳定的价值取向、思维模式和心理结构的总和。由于它们已转变为人们精神的核心部分而为人们自动保持，是思考、行动的内在依据，所以，通常人们体会不到文化对沟通的影响。实际上，文化影响着每个人的沟通过程，影响着沟通的每个环节。当不同文化发生碰撞、交融时，人们往往能发现这种影响。合资企业和跨国公司的管理人员，可能对此深有体会。例如，由于文化背景的不同，东西方在沟通方式上存在较大的差异：东方重礼仪、多委婉，西方重独立、多坦率；东方多自我交流、重心领神会，西方少自我交流、重言谈沟通；东方和谐胜于说服，西方说服重于和谐。这些文化差异使不同文化背景下的管理人员在沟通时遇到不少困难。

（六）反馈

反馈是指接收者接收发送者所发出的信息，通过接收译码后，将产生的反应传达给信息发送者的过程。例如，领导发布指示，下属点头称是，这就是反馈。沟通实质不是行为而是过程。这意味着在沟通的每个阶段都要寻求沟通对象的支持，更重要的是给他们回应的机会。通过反馈，才能真正使双方对沟通的过程和有效性加以正确地把握。在沟通过程中，反馈可以是有意的，也可以是无意的。例如，课堂上教与学的过程本身就是一个沟通的过程，学生可以用喝倒彩的方式有意反馈出他们对教师讲授内容及所采取的教学方式的不满，也可以在课堂上显得疲惫、精神不集中，这种无意间的神情流露，同样可以反馈出他们对教师讲授内容及所采取的教学方式不感兴趣。所以，在沟通中反馈是非常重要的一环，反馈让所有发送者得知对方是否接受与理解他所发出的信息，并了解对方的感觉。发送者会知道自己的听众在想什么，并且可相应地调整自己发送的信息。在沟通中参与的人越少，反馈的机会越多；参与的人越多，反馈的机会就越少。通常可以把反馈分为以下三种。

- 正反馈：接收者接受并理解了信息内容而做出积极的响应。
- 负反馈：接收者未收到信息或不接受信息内容而做出消极的反应。
- 自我反馈：信息发送者从自己发出信息的过程中获得反馈。作为一个管理者应尽量控制自己的行动，使反馈行为处于自我意识的控制之中。

（七）噪声

噪声是指通道中除了所要传递的那些信息之外的任何干扰，它是沟通过程中的干扰因素，是理解信息和准确解释信息的障碍。在个人之间的信息交流过程中，沟通要素产生的噪声会干扰信息的正常交流。噪声的主要来源包括：情绪状态与环境情景对正确发送或接收信息形成的障碍；双方个性特点如气质、性格和能力等对沟通顺利进行的影响；价值标准与认知水平的不同导致无法理解双方的真正意思；地位和级别所造成的心理落差和沟通距离；编码和解码时采用的信息符号系统的差异；信息通道本身的物理性问题。

总之，噪声作为一种干扰源，无论产生于交流过程中的哪个层次、哪个环节，无论有意或无意为之，其本身也是一种信息。只不过这种信息通常增加信息编码和解码中的不确定性，导致信号传送和接收时的模糊与失真，并进一步干扰个人之间的信息交流。一般可以借助重复传递信息或增加信息的强度来减少噪声。噪声分成三种形式：外部噪声、内部噪声和语义噪声。

- 外部噪声：来自环境，是影响信息传递的因素。它阻碍听到或理解信息。但这里所说的外部噪声并不是单纯地指声音，它也指环境中引起沟通者心理不适的强光和温度等。

- 内部噪声：发生在发送者与接收者的头脑中，影响信息的接收和理解，如注意力的分散，存在某些信念和偏见等。
- 语义噪声：是由人们对词语情感上的反应而引起的，如有些人不喜欢言辞粗鲁的语言和带有亵渎语言的讲话。语义噪声影响信息的发送。

沟通过程中的每个要素都很重要，只要有一个要素出现问题，沟通信息的效果就大打折扣，现实中常常会因沟通要素的质量不高、沟通工具的运用不当、沟通方式选择失误和沟通渠道的状况不良而影响沟通的效果。

【情境训练 2】

信件 1

亲爱的女士/先生：

我已经间接获悉您正在寻找一家公司为贵公司所有部门安装新计算机。我确信作为一个完全能令人放心的公司，我公司定能被指派。不管我们在贵公司业务方面的经验是否有限，曾经为您服务过的人都说我们能胜任此项工作。我是一个非常热情的人，对于与您相会的可能性，除非另行通知，我在周一、周二和周五下午不能拜访您处，这是因为……

信件 2

宋斯云先生：

您好！

这是来自微软（中国）有限公司的信，继我们上周的电话交谈后，我很高兴再寄给您一本我公司的最新宣传册。

您曾表示过贵公司对安装新型计算机软件感兴趣，我相信我们的服务符合您的要求，会让您满意的。

期待您的回音，并期望很快能和您会面。

此致

敬礼

微软（中国）有限公司

2014 年 10 月 12 日

训练要求：

（1）指出两封信的优缺点，并说明原因。

（2）针对上面两封信进行小组讨论，形成结论并选派代表陈述。

子情境 1.3 沟通障碍

学习目标

1. 分析影响有效沟通的相关因素。
2. 掌握沟通的障碍及克服方式。

实例 9

1977 年两架波音 747 飞机在特拉维夫机场地面相撞，两名飞行员其实都接收到了调度指示。KLM 的飞行员接到的指令是“滑行至跑道末端，掉转机头，然后等待起飞准许命令”，但飞行员并没把指令中“等待”一事当成必须执行的部分。另一架飞机的飞行员接到的指令是“转到第三交叉口暂避”，但他将“第三交叉口”理解为“第三畅通交叉口”，因而没将第一个阻塞的交叉口计算在内，就在他停在主跑道上的时候，KLM 飞机以 186 英里的速度与之相撞。飞机爆炸了，500 多人遇难。

（资料来源：黄漫宇. 商务沟通. 北京：机械工业出版社，2005）

这个案例说明了有效沟通非常重要。沟通障碍存在着潜在的破坏因素，它像一张无形的大网，有时甚至会引发极端事件。

一、影响有效沟通的因素

（一）个人因素

个人因素主要包括两个方面。一方面是有选择地接受，指人们拒绝或片面地接受与他们的期望不一致的信息。研究表明，人们往往听他们感情上能够接纳的东西，甚至只愿意接受中听的，拒绝不中听的。另一方面是沟通技巧的差异，指营销人员或客户运用沟通的技巧方面存在差异，从而妨碍有效的沟通。

（二）人际因素

人际因素主要包括相互信任、信息来源的可靠性和发送者与接收者之间的相似程度。

首先，营销业务中信息传递不是单方面的而是与客户双方面的事情，更进一步，企业在为客户提供产品或服务的过程中，企业本身内部需要协作与配合。因此，沟通中的猜疑只会增加抵触情绪，减少坦率交谈的机会，也就不可能进行有效的沟通。

其次，信息来源的可靠性主要是由信息接收者主观判断决定的。客户对企业是否满意，很大程度上取决于他对企业产品、服务和信息可靠性的评价。相对而言，这种可靠性取决于企业与客户沟通中的诚实、能力、热情和客观等方面。

最后，沟通的准确性与沟通双方的相似性存在直接的关系，企业与客户双方特征的相似性影响了沟通的难易程度和坦率性。沟通一方如果认为对方与自己很接近，那么他就容易接受对方的意见，并且达成共识。

（三）结构因素

结构因素包括地位差别、信息传递性、团体规模和空间约束四个方面。研究表明，地位的高低对沟通的方向与频率有很大的影响。地位悬殊越大，信息越趋向于从地位高的流向地位低的，地位是沟通中的一个重要障碍。

一般来说，信息通过的等级越多，到达目的地的时间越长，信息的失真程度就越大。在企业与客户沟通中，这种信息连续地从一个等级到另一个等级时所发生的变化，称为信息链传递现象。

团体规模较大时，人与人之间的沟通也相应变得较为困难。因此，为了提高客户服务的效率与质量，企业规模出现小型化的趋势，企业内部组织关系向网络化方向演变，企业的组织性也越来越富有柔性。

企业的工作规范常常要求员工只能在某一特定的地点进行操作，这种空间约束也影响员工之间的交流和沟通。在当前营销工作环境竞争加剧的情况下，空间约束也会成为沟通的障碍。

（四）技术因素

技术因素主要包括语言、非语言的暗示、媒介的有效性和信息过量。

大多数沟通的准确性取决于沟通者赋予词句的含义，在与客户沟通的过程中，企业需要用语言文字（包括电子数据）准确地表达含义、主张要求，特别是随着贸易全球化、管理信息化的发展，营销沟通中对语言要求越来越高，其精髓是要求准确、无歧义。

非语言暗示在现代营销活动中随处可见，精明的营销人员可以通过对方的坐姿、站姿、行走和表情等身体语言洞察对方内心的思想。此外，媒介的选择在企业与客户的沟通中非常重要。呼叫中心、互联网、数据仓库和数据挖掘等现代信息技术在营销沟通中也越来越显示举足轻重的作用。

信息过量是决策中常见的问题。一方面，决策活动离不开信息的支撑，信息是决策的基础；另一方面，过量的信息往往会降低决策的效率，甚至有时会造成决策的失误，正是这个原因，营销活动中不追求最优的决策，而常常主张满意的决策程度。

二、人际沟通障碍

人际沟通是群体沟通、组织沟通乃至管理沟通的基础。从某种程度上来说，组织沟通是人际沟通在特定环境中的一种表现和应用形式，有效的组织沟通都是以良好的人际沟通为基础的。

在人际沟通中，有可能产生沟通障碍。而生活、工作中许多人际误会、矛盾乃至冲突都源于人际沟通障碍。

（一）语言障碍

语言是最重要的沟通工具，但语言又是一种极复杂的工具，有效运用语言是拥有良好沟通技能的前提。语言的复杂性使语言运用面临诸多的困难。语言不畅引发的障碍有以下三种。

1. 语音差异造成隔阂

不同国家和民族通常有自己的语言，即使在同民族内部，由于地域的差异，语言的发音及某些词汇所表达的特定意义也不尽相同，这些都给口头语言沟通设置了障碍。

2. 语义不明造成歧义

语义不明，就不能正确表达思想，不能成功地沟通。这主要是沟通主体之间在语法表达及词汇选择上不明确，不能清晰表达沟通目的。

实例 10

有一位教徒问神甫："我可以在祈祷时抽烟吗？"他的请求遭到了神甫的严厉斥责。而另一位教徒又去问神甫："我可以在吸烟时祈祷吗？"这位教徒的请求却得到了允许，他悠闲地抽起了烟。

思考：为什么这两个教徒发问的目的和内容完全相同，只是语言表达方式不同，得到的结果却相反呢？

3. 专业术语引起理解障碍

沟通主体所处的行业环境及其专业背景也是沟通障碍的主要原因之一。不同行业有不同行业的专业术语和专有名词，但这种专业术语通常只限于在行业内部及专业人员之间沟通时使用，如果沟通对象发生了变化，则应相应转换为通俗用语，以方便沟通对象理解。

在沟通的不同阶段，可能遇到表 1.1 中的一些障碍。

表 1.1　沟通各阶段的障碍分析及应对方法

沟通阶段	可能发生的沟通障碍	应对方法
信息策划	• 准备不足 • 信心不足	• 仔细策划信息 • 精心策划信息的表达方式 • 了解沟通对象的沟通特点，包括语言特点、思维特点、知识结构 • 准备一些必要的书面资料 • 考虑本人的建议对公司内部人事关系的影响 • 事先进行练习。练习过程中可以选择一个人扮演假设的沟通对象，设想各种沟通障碍，并尝试解决
信息编码	• 表达使用的词汇不当 • 不了解对方的语言习惯 • 表达不清晰	• 就要使用的主要词汇征询其他人员的意见并编制提纲和图表
信息接收	• 使用了过多的专业术语 • 准备的内容不具备足够的说服力	• 需要使用常用的词汇 • 需要理解对方的语言习惯
信息传递	• 沟通对象没有时间和兴趣 • 沟通被打断 • 沟通对象不认真倾听 • 噪声影响 • 声音太小或太大 • 不自信 • 不连贯	• 设法降低噪声影响，如关闭门窗 • 注意音量的大小 • 尽量不要过多地考虑事情的结果，因为事前已经想过了 • 改变与沟通对象的距离、高度和角度 • 注意目光交流 • 使用恰当的身体语言

续表

沟通阶段	可能发生的沟通障碍	应对方法
信息解码	• 沟通对象有偏见、成见，或者固执己见 • 沟通对象不信任自己 • 双方知识背景存在差异	• 注意使对方正确理解自己的意思 • 努力用事实或事例说服对方 • 注意循序渐进 • 注意对方的非语言信息 • 不要急于争辩 • 注意留有余地
信息反馈	• 忽略对方的意见和情绪	• 对对方的正确看法或意见给予积极的反馈，以赢得对方的好感 • 给予对方积极的非语言反馈

（二）心理障碍

心理障碍是指个性特征或个性倾向所造成的沟通障碍。人的行为是受其动机和心理状态影响的，现实的沟通活动常为人的态度、个性和情绪等心理因素所影响，有时这些心理因素会成为沟通中的障碍。例如，很多人在沟通过程中，或根据先入为主的印象，或依据心中的成见，或凭着个人的推测，在尚未完全了解事实或尚未进入情况时，匆匆下结论，如领导应该是什么样、教师是什么样、北方人是什么样、南方人是什么样等。还有些人处于极端情绪之中，如狂喜或悲痛，都可能阻碍有效沟通。

实例 11

跨海公司是一家包括货物运输和集装箱合并业务在内的全球范围的后勤服务公司，创建于美国。它在整个中东地区苦苦经营了大约6个月，以扩展其在当地的业务代理网络。跨海公司的第一个地方性优先权就是同阿拉伯公司缔结了一个代理协议，阿拉伯公司是沙特阿拉伯最大的也是分公司最多的后勤公司。

为了达到这一目标，跨海公司的地区经理特德同阿拉伯公司一个月会谈一两次。目前，这两个公司已就金融、法律和技术问题方面都达成了一致。现在，特德已经回到利雅德全身心投入最后的细节和合同签订中。这次谈判相当正式，而双方都很明确地想要达成协议。

在同阿拉伯公司行政官员愉快的会议期间，特德偶然地提到："我们跨海公司的人真的希望与在波斯湾这儿的你们一起共事！"此后，会议桌一边的阿拉伯公司的代表沉默了一会儿，然后三名高级行政官员被激怒了，起身大步走出了会议室，中断了谈判。

特德迷惑不解地看着还留在那儿的较年轻的两个沙特阿拉伯人，他很不愿意看到6个月的艰苦工作就这样灰飞烟灭了。"发生了什么？"他问桌子那边的阿拉伯人，"我刚才说错话了吗？"

犹豫片刻之后，一个阿拉伯公司的雇员解释道：在沙特阿拉伯，刚才话里所提到的海湾叫作阿拉伯湾。特德无意地用错了词而暗示了海湾属于伊朗，而伊朗在当时被沙特阿拉伯认为是敌对的和危险的。

阿拉伯公司的老板现在对特德很恼怒，以至于不愿听他的道歉和解释。“那么，我们该怎样使我们的会谈回到原有轨道上来呢？”特德问道。对此，年轻的阿拉伯人耸耸肩，微笑着引领美国人走出房间。特德在回饭店的路上殚精竭虑地想找到一个弥补受损关系的办法。

（资料来源：石宝明.商务谈判.大连：大连理工大学出版社，2005）

（三）组织障碍

大量实验表明，人们自发的沟通往往发生在同地位的人之间。因为员工对主管存在惧怕心态，一般不会与主管主动地沟通；而一般主管潜意识中轻视员工的意见，甚至下意识地希望员工不要提出太多的问题或建议。因此，有的主管常做出表面忙碌的样子，借此减少与员工接触的机会。

组织的结构同样重要。有些组织规模庞大，层次重叠，信息传递的中间环节太多，会造成信息的损失与失真。组织结构不健全，沟通渠道堵塞，也会导致信息无法传递。组织内信息的传递及流失比例如表 1.2 所示。

表 1.2　组织内信息的传递及流失比例

组织内的身份	原始信息	流　失
总经理	100%	0
副总经理	66%	34%
经理	56%	44%
厂长	40%	60%
班组长	30%	70%
员工	20%	80%

（四）文化障碍

不同文化背景的人进行沟通时，无论商务或非商务，常因习俗不同产生沟通障碍。

男女沟通风格的差异往往造成两性之间出现沟通障碍。女性喜欢面对面的交谈，而男性则喜欢并排坐下来，共同注视他们前边的某一点。男性与女性交谈实际上是一种跨文化沟通。一项研究表明，在工作场所，与男性员工相比，女性员工向上级发出的信息比较少，同时所承受的信息负担也比较小。

课堂互动

分组辩论：是否赞同婚姻中“门当户对”的观念？

（五）时间压力障碍

如果信息接收者只有很短的时间接收和理解信息，就可能造成接收不全或产生误会。

（六）信息过多的障碍

随着科技的进步，管理者从互联网或其他途径获得的信息量大大增加。如果对大量的信息不进行系统管理，就会使管理者一时无所适从，难以选择，分不清主次，甚至被信息

"淹没"。

【情境训练3】

请几位同学分享生活或学生干部工作中沟通失败的经历，并运用所学知识分析是由于哪些原因产生的障碍？你有哪些建议？

知识小结

沟通就是发送者凭借一定渠道（也称媒介或通道），将信息传递给既定对象（接收者），并寻求反馈以达到相互理解的过程。沟通是有目的性的活动，沟通是一个双向、互动的反馈和理解过程，沟通并不是一种本能，而是一种能力。从沟通的类型来看，按照是否采取语言形式，沟通可以分为语言沟通和非语言沟通；按照发生的主客体，可以分为人际沟通、人机沟通和组织沟通；按照一个沟通过程所涉及的人员是否属于一个组织内部，可以分为内部沟通和外部沟通；按照沟通的正式程度，可以分为正式沟通和非正式沟通；按照沟通双方在组织中所处的层次高低，可以分为纵向信息沟通、横向信息沟通和斜向信息沟通；按照沟通主体的文化背景是否相同，可以分为同文化沟通和跨文化沟通。

沟通是一个信息传递的过程，一般来说，一个完整的信息沟通包括信息策划、信息编码、信息传递、信息接收、信息解码和信息反馈六个环节。沟通的要素，包括沟通主体、客体、编码与解码、通道、背景、反馈和噪声七个要素。沟通过程中的每个要素都很重要，只要有一个要素出现问题，沟通信息的效果就大打折扣，现实中常常会因沟通要素的质量不高、沟通工具的运用不当、沟通方式选择失误和沟通渠道的状况不良而影响沟通的效果。

沟通过程中存在较多的因素影响着沟通的效果，它像一张无形的大网，有时甚至会引发极端事件。首先，影响有效沟通的因素，有个人因素、人际因素、结构因素和技术因素等，其次在人际沟通中，还有可能产生沟通障碍，而生活、工作中许多人际误会、矛盾乃至冲突都源于人际沟通障碍。如语言障碍、心理障碍、组织障碍、文化障碍、时间压力障碍或信息过多导致的障碍等都是产生人际之间沟通障碍的重要因素。

分组讨论

讨论：通过分组阅读实例12和实例13，讨论语言技巧在沟通中的重要性。

实例12

妻子要过生日了，她希望丈夫不要再送花、香水、巧克力或只是请吃顿饭。她希望得到一枚钻戒。

"今年我过生日，你送我一枚钻戒好不好？"

"什么？"

“我不要那些花啊、香水啊、巧克力什么的。没意思，一下子就用完了、吃完了，不如钻戒，可以做个纪念。”

“钻戒什么时候都可以买。送你花，请你吃饭，多有情调!”

“可是我要钻戒，人家都有钻戒，我就没有，没人爱……”

结果，两个人因为生日礼物吵起来了。

实例 13

有位太太，想要枚钻戒当生日礼物，但是她没直说。

“亲爱的，今年不要送我生日礼物了，好不好？”

“为什么？”丈夫诧异地问，“我当然要送。”

“明年也不要送了。”

丈夫眼睛睁得更大了。

“把钱存起来，存多一点，存到后年。”太太不好意思地小声说，“我希望你给我买一枚小钻戒。”

“噢。”丈夫说。

结果生日那天，太太得到了想要的礼物。

技能训练及素质拓展

一、案例分析

张羚是一位典型的北方姑娘，在她身上可以明显地感受到北方人的热情和直率。她为人坦诚，有什么说什么，总是愿意把自己的想法说出来和大家一起讨论。正是因为这个特点，她在上学期间很受老师和同学的欢迎。2010 年，张羚从成都某大学的人力资源管理专业毕业。她认为，经过四年的学习自己不但掌握了扎实的人力资源管理专业知识，而且具备了较强的人际沟通能力，因此，她对自己的未来期望很高。为了实现自己的梦想，她毅然只身去广州求职。

经过近一个月的反复投简历和面试，在权衡了多种因素的情况下，张羚最终选定了广州市的一家研究生产食品添加剂的公司。她之所以选择这家公司是因为该公司规模适中、发展速度很快，最重要的是该公司的人力资源管理工作还处于尝试阶段。如果张羚加入，她将是人力资源部的第一个人，因此，她认为自己施展能力的空间很大。但是到公司实习一个星期后，张羚就陷入了困境。

原来该公司是一个典型的小型家族企业，企业中的关键职位基本上都由老板的亲属担任，其中充满了各种裙带关系。尤其是老板安排了他的大儿子作为张羚的临时上级，而这个人主要负责公司研发工作，根本没有管理理念，更不用说人力资源管理理念。在他的眼里，只有技术最重要，公司只要能赚钱，其他的一切都无所谓。虽然如此，但是张羚认为越是这样就越有自己发挥能力的空间，因此，在到公司的第五天张羚拿着自己的建议书走进了直接上级的办公室。

“王经理，我到公司已经快一个星期了，我有一些想法想和您谈谈，您有时间吗？”张羚走到经理办公桌前说。

“小张，本来早就应该和你谈谈了，只是最近一直扎在实验室里，就把这件事忘了。”

“王经理，对于一个企业尤其是处于上升阶段的企业来说，要持续企业的发展必须在管理上狠下功夫。我来公司已经快一个星期了，据我目前对公司的了解，我认为公司主要的问题在于：职责界定不清；雇员的自主权力太小，致使员工觉得公司对他们缺乏信任；员工薪酬结构和水平的制定随意性较强，缺乏科学合理的基础，因此薪酬的公平性和激励性都较低。”张羚按照自己事先所列的提纲开始逐条向王经理叙述。

王经理微微皱了一下眉头说：“你说的这些问题我们公司确实存在，但是你必须承认一个事实——我们公司在盈利。这就说明我们公司目前实行的体制有它的合理性。”

“可是，眼前的发展并不等于将来也可以发展，许多家族企业都败在管理上。”

“那你有具体方案吗？”

“目前还没有，这些还只是我的一点想法而已，但是如果得到了您的支持，我想方案只是时间问题。”

“那你先回去做方案，把你的材料放在这儿，我先看看然后给你答复。”说完王经理的注意力又回到了研究报告上。

此时，张羚真切地感受到了不被认可的失落，她似乎已经预测到了自己第一次提建议的结局。

果然，张羚的建议书石沉大海，王经理好像完全不记得建议书的事。张羚陷入了困惑之中，她不知道自己是应该继续和上级沟通，还是干脆放弃这份工作，另找一个发展空间。

请各学习小组根据所学知识，从沟通基本原理的角度出发，完成以下分析。

1．在本次沟通中，张羚和王经理各自可能的目标有哪些？

2．本次沟通失败的原因是什么？

3．为使沟通顺畅，你认为张羚和王经理分别应在哪几个方面做出改进？

二、沟通游戏

目的：说明沟通的最佳方式要根据不同的场合及环境而定。我们平时的沟通过程中经常使用单向的沟通方式，结果听者总是见仁见智，个人按照自己的理解来执行，通常都会出现很大的差异。但使用了双向沟通之后，又会怎样呢，差异依然存在，虽然有改善，但增加了沟通过程的复杂性。所以，哪种方式是最好的，这要依据实际情况而定。

流程：

1．给每位学生发一张纸。

2．教师发出单项指令：大家闭上眼睛—全过程不许提问—把纸对折—再对折—再对折—把右上角撕下来—转180度—把左上角也撕下来—睁开开眼睛—把纸打开。

3．教师会发现各种答案，可以问大家，为什么会有这么多不同的结果，开展有关讨论。

4．简短的讨论后，教师可以请两位学生上来，重复上述的指令，唯一不同的是，这次学生可以提问。

5．结果仍然不同，为什么还会有误差？开展有关讨论。

三、素质拓展训练

形式：2～3 名学生组成一组，每位学生只允许带 2 元钱（购买进城的车票），不允许带手机，每个小组留一个手机应急。

要求：

1．小组成员统一出发到所在城市的市中心进行“一天城市生存体验”。

2．要求通过兼职或其他方式解决自己的午餐和回来的路费。

3．晚上 8 点之前回校集合，各小组成员谈自己的解决办法和体会，总结通过本次体验活动发现的自己在人际沟通中的优点和需要提升的技能。

延伸阅读

一、沟通要领

（一）善于提出问题

在沟通过程中，提问可以帮助人们不断地获得所需的知识和信息，要针对提问的具体目的和对方的特点，恰当地运用不同类型的问题。

（二）主动倾听意见

很多人把听和倾听混为一谈，认为倾听是每个人理所当然具备的天生能力。但是，听是被动的，而倾听是主动地提取意见和了解对方话语中的含义。

（三）从容控制气氛

安全而和谐的气氛，能使对方更愿意沟通，如果沟通双方彼此猜忌、批评或恶意中伤，将使气氛紧张，产生冲突，加速彼此心理设防，使沟通中断或无效。

（四）运用推动技巧

推动技巧用来影响他人的行为，使谈话逐渐符合自我的议题。运用推动技巧的关键在于以明白、具体和积极的态度，让对方在毫不怀疑的情况下接受自己的意见，并觉得受到激励，想完成工作。

（五）把握沟通时机

日本知名职场顾问、人力战略研究所董事长桑原晃弥认为，沟通的方式有很多种，如称赞、斥责和道歉等。但桑原晃弥强调，沟通只要错过“时机”，就毫无意义，有时还会产生反效果。所以传达心意，重要的是不可弄错时机。

（六）沟通形式要依据沟通情境进行认真选择

每种沟通形式都有其适用的条件，要仔细权衡各种方式的优缺点，设计出适合特定情境的沟通方案。

二、各国人士的沟通方式

（一）美国人的沟通方式

美国人办事干脆利落，不兜圈子。与美国人沟通，表达意见要直接，“是”与“否”必须清楚。

当双方发生纠纷时，美国营销人员希望对方的态度认真诚恳，即使双方争论得面红耳赤，他们也不会介意。万一发生了纠纷，绝对不要发笑，因为在美国人看来，出现纠纷争论时，双方的心情都很恶劣，笑容必定是装出来的，这就会使对方更加生气，甚至认为发笑的一方已经自觉理亏了。

（二）英国人的沟通方式

英国人以绅士风度闻名世界，常常处变不惊，谈话轻描淡写。他们喜欢以文化遗产、喂养的宠物等作为谈论的话题，尽量避免讨论政治、宗教和皇家是非等。初识英国人，最佳且最安全的沟通话题是天气。

（三）法国人的沟通方式

法国人大多数十分健谈，富有感情，话题广泛，而且口若悬河，出口成章。在沟通开始时，他们喜欢聊一些社会新闻及文化方面的话题，以创造一种轻松友好的气氛。法国人一般在边聊边谈中慢慢转入正题。

（四）德国人的沟通方式

尽管德国人比较保守，但他们办事雷厉风行，考虑事情周到细致，注重细枝末节，力争任何事情都完美无缺。德国人在沟通之前的准备比较充分，例如，他们不仅研究购买产品的问题，而且研究销售产品的公司，公司所处的大环境，公司的信誉、资金状况、管理状况和生产能力等，以确定对方能否成为可靠的商业伙伴。

（五）俄罗斯人的沟通方式

俄罗斯人喜欢非公开的交往，喜欢私人关系早于商业关系的沟通方式。一旦彼此熟悉，建立友谊，俄罗斯人表现得非常豪爽、朴实和热情。他们健谈、灵活，乐于谈论自己的艺术、建筑、文学、戏剧和芭蕾等。他们非常大方、豪迈，喜欢不停地敬酒，见面和离开都要握手。

（六）日本人的沟通方式

日本人在沟通中常常不能坦率、明确地表态。日本人经常说的“嗨咿”，只表示他听明白了对方说的话，不表示他同意对方的意见。不要误解为他答应什么了。在商务沟通中，日商很注意对方的感情、语气和语调等细微变化和反应，很会避开正面争执或尴尬局面，会用间接语句来表示不同意对方的观点。在没有摸清对方的真实意图前，他们一般不会轻易同意签约。

（七）韩国人的沟通方式

韩国人的个性中既有爱面子、受儒家思想影响很深的一面，又有独立性强、性格直率的一面。韩国人不轻易说“不”，所以如果他们不愿意接受对方的建议，会婉转地告诉对方，而不轻易说“不行”。在营销沟通过程中，他们远比日本人爽快，但善于讨价还价。有些韩国人直到最后一刻，仍会提出“价格再降一点”的要求。他们也有让步的时候，但目的是在不利形势下，以退为进来战胜对手。

（八）阿拉伯人的沟通方式

阿拉伯人不喜欢一见面就谈业务，而喜欢先聊天，他们希望能花点儿时间谈谈社会问题和其他问题，一般要用去15分钟或更多的时间，有时要聊几个小时才进入正题。一定要适应阿拉伯人与众不同的慢节奏。阿拉伯人不喜欢通过电话谈生意。

三、良好沟通的十项建议

（一）沟通前先澄清概念

管理人员在沟通之前必须系统地思考、分析，将需要沟通的信息和信息接收者及可能受到此项沟通影响的人员可能做出的反应一起考虑，务必先澄清概念，做到“胸中有数”。

（二）检查沟通的真正目的

管理人员必须弄清做这项沟通的真正目的是什么，把沟通的目的确定了，沟通的内容也就容易规划了。

（三）考虑沟通时的一切环境情况

环境情况包括沟通问题的背景、社会环境及过去的沟通情况等，以便使沟通的信息得以与环境情况相吻合。

（四）应尽可能取得他人的意见

与他人商议，既可以获得更深入的了解，也易获得其他人的积极支持。

（五）沟通时应注意内容，同时也应注意语调

因为信息接收者不但受信息内容的影响，而且受语调的影响，如语调的轻重缓急、抑扬顿挫，都应恰到好处。

（六）尽可能传送有利的信息

人们往往容易记住对自己有利的事情。因此，管理人员如希望下属能记住他的信息，则在传递信息时，应使信息尽可能适合对方的利益和需要。

（七）应有必要的反馈跟踪与催促

信息沟通后，必须及时设法取得反馈，以弄清下属是否已经了解，是否愿意遵行，是否已采取了相适应的行动等。

（八）沟通时不仅要着眼于现在，还应着眼于未来

大多数的沟通均要求切合当前情况的需要，但是，沟通也不应该忽视与长远的目标相配合。

（九）应该言行一致

如果管理人员言行不一致，那么等于推翻了自己的指令。

（十）应该成为一个“好听众”

在听取他人的陈述时，应专心致志，成为一个“好听众”。这不仅是尊重他人之举，而且只有这样才能了解对方说话的意图。

（资料来源：美国管理协会）

学习情境二

人际沟通

情境导航

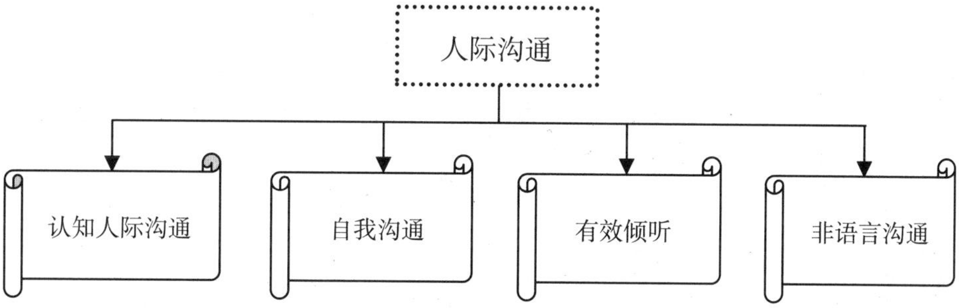

知识技能目标

知识目标

- 了解人际沟通的动因和基本原则；
- 了解自我沟通的策略；
- 理解倾听的重要性；
- 掌握表达的技巧；
- 掌握有效倾听的技巧；
- 掌握非语言沟通的技巧。

技能目标

- 能够运用自我沟通策略进行自我调整；
- 能够将人际沟通中的各种技巧运用到与人沟通中，提高沟通效果。

倾听能力自测

良好的倾听能力是交流双方能否在同一平台上顺利进行语言交流的前提。你的倾听能力如何？测试一下就知道了。

1. 朋友们心里有事，通常把我当成共鸣箱。

A. 是　　B. 否

2. 我愿意倾听他人的烦恼。

A. 是　　B. 否

3. 在社交聚会上，我从一个谈话圈子转到别一个谈话圈子，经常感到还会有更好的谈话对象。

A. 是　　B. 否

4. 对方不能很快明白我的意思，我就会不耐烦。

A. 是　　B. 否

5. 我喜欢接叙别人说着的笑话或故事。

A. 是　　B. 否

6. 别人跟我说话时，我总在想下句说什么。

A. 是　　B. 否

7. 大多数人说话很乏味。

A. 是　　B. 否

8. 我通常比和我谈话的人说得多。

A. 是　　B. 否

9. 别人和我说话时，要重复一两次。

A. 是　　B. 否

10. 我喜欢说胜过听。

A. 是　　B. 否

计分方法：

参考以下答案，选对得1分，漏选和错选不得分。

1. 是　2. 是　3. 否　4. 否　5. 否

6. 否　7. 否　8. 否　9. 否　10. 否

解析：

8分及以上　表明你很善于倾听。朋友们有困难需要找人商量时最有可能找你，在社交聚会上你很受欢迎。

4~7分　表明你的倾听技巧一般，你同大多数人一样，有时你认真倾听，有时你可能心不在焉，还要努力改善。

3分及以下　表明你不善于倾听。

自我分析：请对照测试结果，对自己进行深刻的反思与剖析，总结出你在人际沟通过程中经常存在哪些问题，并把这些问题列在表中，然后与好友交流，在本情境学习完成后认真剖析原因并列出解决措施。

我在人际沟通中存在的问题	原因剖析	解决措施
1.	1.	1.

案例导入

案例 2-1　李浩的烦恼

新的一天开始了，同事们先后来到办公室，销售部秘书月玲刚刚坐在计算机前，“大销售”李浩也风尘仆仆地赶到了。

“你说，咱们公司那些行政、财务的人是怎么回事？为这标书拼得你死我活的，我好不容易说服客户，摆平经销商，这后院还起火了。”李浩提高了嗓门说。

“怎么回事儿？”月玲很疑惑。

“昨天我缺一份公司的营业执照复印件，先找行政部，他们说要到财务部那儿拿。好不容易找到王会计，她说要老板同意，而财务总监又没开手机，这不急死人了吗？”

“几点的事呀？”

“昨晚 8 点。”

“都下班了，再说，人家也不知道你急着找他呀！”

“这当‘乙方’的真倒霉！既要‘攘外’，又要‘安内’，怎么回到公司就不能做回‘甲方’呢？”我和那些部门的人吃饭的时候，他们还老说，你们销售部多好啊，一切资源、投入都是你们优先。我们这些部门累个半死没人看见，而且谁都冲我们喊。”

（资料来源：李锡元. 管理沟通. 武汉：武汉大学出版社，2006）

辩证性思考

你有过类似的烦恼吗？原因是什么？有什么办法解决？

案例 2-2　张先生与鲁先生的矛盾

张先生是一位有 5 年工龄的模具工，他工作勤奋，爱钻研。半年前，张先生利用业余时间自行设计制作了一套新型模具，受到了设计部门的嘉奖。为了鼓励和支持张先生的这种敬业精神，当时的生产部主任王先生特别推荐他上夜校学习机械工程学。从那以后，张先生每周有 3 天必须提早 1 小时下班以便准时赶到夜校。这也经过了原生产部主任王先生的特许，王先生当时曾说他会通知人事部门的。

然而，上周上班时，张先生被叫到现任生产部主任鲁先生的办公室进行了一次面谈。鲁先生给了他一份处罚报告，指责他工作效率低下，尤其批评他公然违反公司的规定，一周内三次早退。如果允许他在公司继续如此工作下去，将会影响其他员工。因此，鲁先生说要对他进行处罚，并警告说再这样下去，他将被解雇。

张先生接到处罚报告，感到十分委屈。他曾试图向鲁先生解释原因。然而，鲁先生每次都说太忙，没有时间同他交谈，只告诉他不许早退，并要求他提高工作效率。张先生觉得这位新上司太难相处，不禁感到万分沮丧。

（资料来源：黄漫宇. 商务沟通. 北京：机械工业出版社，2010）

辩证性思考

张先生和鲁先生之间是否产生了倾听障碍？这是张先生的问题还是鲁先生的问题？是前任上司的问题还是人事部门的问题？如果你是张先生或鲁先生，你会怎么想和怎么做？

案例 2-3　最深刻的一次面试

师哥说，那是他第一次面试，也是他记忆最深刻的一次面试。

那天，他揣着一家著名广告公司的面试通知，兴冲冲地提前 10 分钟到达了那座大厦的一楼大厅里。当时他很自信，他专业成绩好，年年都拿奖学金。广告公司在这座大厦的 18 层。这座大厦管理很严，两位精神抖擞的保安分立在两个门口旁，他们之间的条形桌上有一块醒目的标牌，写着“来客请登记”。

师哥前去询问：“先生，请问 1810 房间怎么走？”保安抓起电话，过了一会儿说：“对不起，1810 房间没人。”“不可能吧？”师哥忙解释，“今天是他们面试的日子，您瞧，我这儿有面试通知。”那位保安又拨了几次电话：“对不起，先生，1810 房间还是没人，我们不能让您上去，这是规定。”

时间一秒一秒地过去。师哥心里虽然着急，但也只能耐心地等待，同时祈祷这该死的电话能够接通。已经超过约定时间 10 分钟了，保安又一次彬彬有礼地告诉师哥电话没通。

师哥当时压根也没想到第一次面试就吃了这样的“闭门羹”。面试通知明确规定“迟到 10 分钟，取消面试资格”。师哥犹豫了半天，只好自认倒霉地回到了学校。

晚上，师哥收到一封电子邮件：“先生，您好！也许您还不知道，今天下午我们就在大厅里对您进行了面试，很遗憾您没通过。您应当注意到那位保安先生根本就没有拨号。大厅里还有别的公用电话，您完全可以自己询问一下。我们虽然规定迟到 10 分钟取消面试资格，但您为什么立即放弃却不再努力一下呢？祝您下次成功！”

（资料来源：http://www.pmabc.com/forum-viewthread-action-printable-tid-17647.html）

辩证性思考

根据你的生活和工作体会，你认为沟通过程中一般存在哪些重要的非语言表现方式？你是如何应用的？

学习档案

人与人的交往，就是一个反复沟通的过程，沟通良好，就容易建立起良好的人际关系；

沟通不好，就可能会得罪别人、失去朋友。有一个人请了甲、乙、丙、丁四个人吃饭，临近吃饭的时间了，丁迟迟未到。这个人着急了，一句话就顺口而出："该来的怎么还不来？"甲听到这句话，不高兴了："看来我是不该来的？"于是就告辞了。这个人很后悔自己说错了话，连忙对乙、丙解释说："不该走的怎么走了？"乙心想："原来该走的是我。"于是也走了。这时候，丙对他说："你真不会说话，把客人都气走了。"那人辩解说："我说的又不是他们。"丙一听，心想："这里只剩我一个人了，原来是说我啊！"于是，也生气地走了。

在竞争日趋激烈的今天，人作为一个社会人，不管是对上司、下属、同事或对各接洽单位，都需要良好的沟通技巧，开展各种形式的沟通，包括自我沟通、倾听、非语言沟通等。掌握高超的人际沟通技巧，调整自己的沟通心态，不断进行自我激励，规避人际沟通中的禁忌，将为一个人的社会活动提供非常有利的条件，不仅能够使自己与他人准确、及时地沟通，充分地进行情感交流，而且能树立良好的自身形象，使自己在事业上左右逢源、如虎添翼，并最终取得沟通成功。

人际沟通涉及对象复杂，每类沟通对象因其职业、地位、受教育程度以及个性的不同，采用的沟通方式也会不同。因此，有必要了解人际沟通的重要性，掌握各种人际沟通的技巧，学会调整自己的心态，以良好沟通者的形象代表自己也代表企业，顺利达成沟通目的。

子情境 2.1　认知人际沟通

学习目标

1. 了解人际沟通的概念及类型。
2. 了解人际沟通的重要性。
3. 熟悉人际沟通的原则。
4. 熟悉人际沟通的影响因素。
5. 了解人际沟通的过程。

一、人际沟通概述

（一）人际沟通的内涵及分类

人际沟通是个人之间在共同活动中彼此交流思想、感情、知识等信息的过程，即人与人之间传递信息、沟通思想和交流情感的过程。它是沟通的一种主要形式，主要是通过语言、副语言、表情、手势、体态、社会距离等来实现的。

人际沟通按照沟通主客体信息沟通流向的不同，可以分为单向沟通和双向沟通。假设甲和乙是进行人际沟通的双方，当甲发出一个信息给乙时，甲就是沟通的主体，乙则是沟通的客体；乙收到甲发来的信息后也会发出一个信息（反馈信息）给甲，此时乙就变成了沟通的主体，甲就变成了沟通的客体。由此可见，在人际沟通过程中，沟通的双方互为沟通的主体和客体。

在沟通过程中，有反馈信息的人际沟通，通常被称为双向沟通，如两个人之间进行对话。只有一方发出信息，而另一方没有反馈信息的人际沟通，被称为单向沟通，如电视台播音员和观众之间的沟通。由此可见，在成功的市场营销活动中，营销人员应该努力与客户形成一种双向沟通关系，通过良好的语言表达和肢体语言向客户传递信息，吸引他们的注意力，满足其多元化的需求。

（二）人际沟通的特点

人际沟通是一种常见的沟通形式，是个人与周围人之间的心理沟通，是人与人之间的情感情绪、态度兴趣、思想人格特点的相互交流、相互感应的过程。通过人际沟通，个人可以收集到他人心理的、个性的信息，同时也对他人发出了关于自己个性、心理特征的某些信息。因此，人际沟通不同于一般的信息沟通，有自身的特点。

1. 沟通双方要有共同的沟通动机

动机是指推动人去从事某种活动，指引活动去满足人们进行沟通行为的直接原因。

2. 沟通双方都应是积极的参与者

人际沟通过程的每个参与者，都要求自己的沟通对象具有积极性，而不是把对方看成沟通的被动客体。在双方传递信息时，必须要分析对方的可能动机、目的和需求，并且预测对方可能会做出的反应，以此获取对方的新信息。例如，两个朋友谈话，双方都要顾及对方的情绪、情感、态度和兴趣，并根据对方的反应，对谈话的内容和方式做出相应的改变。可见人际沟通不是简单的"传递信息"，更多的是一种信息的积极交流。

3. 沟通过程对沟通双方产生相互影响

人际沟通是以改变对方的思想和行为为目的的一种沟通行为。其结果是使沟通者之间原来的关系发生变化。例如，在与别人见面和谈话时，自己的行为和心理状态就会有所变化，对方也是如此。这是"纯粹"的信息交流过程所没有的。

课堂互动

你和某人交流了你的想法，你们之间就已经完成了沟通，是这样吗？

二、人际沟通的重要性

（一）确保企业正确决策并贯彻实施

一个优秀的企业离不开员工的理解和支持，对于营销类企业更是如此，市场中消费者需求信息的获得离不开企业员工尤其是营销人员的工作。有了人际沟通，企业能够让员工共同参与到为既定的企业目标奋斗的队伍中去，充分调动员工的工作积极性和主动性；有了人际沟通，员工才能够适时反馈市场信息，提出自己对企业发展的重大建议，为企业发展出谋划策；有了人际沟通，同事之间才能互相交流、互相补充，共享客户资源，化隔阂为友谊，化分力为合力，增强企业对同一目标的向心力。

实例 1

渑池会结束后，蔺相如回到赵国，因为功劳大，赵王任命他做上卿，位在廉颇之上。廉颇说："我做赵国的大将，有攻城的大功劳，而蔺相如只不过凭着几句话立了些功劳，他的职位却在我之上。再说蔺相如本来是卑贱的人，我感到羞耻，不甘心位居他之下！"他扬言说："我碰见蔺相如，一定要侮辱他。"蔺相如听到这些话后，不肯和他会面，每逢上朝时常常托词有病，不愿跟廉颇争位次的高下。过了些时候，蔺相如出门，远远看见廉颇，就掉转车子避开他。

在这种情况下，门客一起规劝蔺相如说：“我们离开父母兄弟而来侍奉您，不过是因为仰慕您的高尚品德。现在您与廉颇职位相同，廉将军散布一些恶言恶语，您却怕他，躲着他，怕得太过分了。平庸的人对这种情况尚且感到羞耻，更何况是将相呢！我们实在没有才能，请允许我们告辞离开吧！”蔺相如坚决挽留他们，说：“你们看廉将军与秦王相比哪个厉害？”门客回答说：“廉将军不如秦王厉害。”蔺相如说：“凭秦王那样的威风，我蔺相如敢在秦的朝廷上呵斥他，侮辱他的臣子们。相如虽然才能低下，难道偏偏害怕廉将军吗？但是我想到这样一个问题，强大的秦国之所以不敢轻易侵犯赵国，只因为有我们两个人存在啊！现在如果两虎相斗，势必不能都活下来。我之所以这样做，是以国家之急为先而以私仇为后啊！”

廉颇听到这话，解衣赤背，背着荆条，通过门客引导到蔺相如家请罪，说：“我这个粗陋卑贱的人，不知道将军宽容我到这样的地步啊！”

（资料来源：http://baike.baidu.com/view/412968.htm）

（二）与客户交流情感，让情绪得以发泄

经常保持与客户的人际沟通，即使交流的都是些不重要的生活琐事，同样可以有效拉近企业与客户的距离，让客户感到被重视和肯定，满足客户互动的需求，使其产生愉悦和满意感，同时把握客户对产品的评价，掌握客户对产品改进的意见，为产品的改进提供重要的参考依据，以便更好地组织生产和经营来满足客户的需求。例如，大家所熟知的海尔集团，其售后服务是一流的。他们非常关注售后服务，定期对客户进行电话回访。这样既通过电话交流，让客户发泄了情感，融洽了相互间的感情，也通过沟通对自己的产品情况有了进一步的了解和掌握，为产品的改进提供了重要的参考数据。

（三）增进企业对外宣传，增强公众对企业的了解和扩大企业影响

企业除了应该提供物美价廉的商品和服务外，还应该尽量多与社会各方面进行交流，把企业营销做得有声有色，在社会上产生广泛的影响力。

1. 企业在发展中应密切联系社会，关注民生

企业可以利用节假日，进行各种目的的促销活动，抓住重大节日的时机，进行感恩客户、回馈社会的活动。同时，对于社会上各种有意义的公益活动及捐助活动，企业也应该尽可能地多参加或给予必要支持，将有效沟通融入社会生活的方方面面，促进社会公众与企业之间的相互了解和认识，于无形中提升企业自身的形象和品牌影响力。例如，农夫山泉公益广告的广告语是“你每喝一瓶农夫山泉，就为贫困山区的孩子捐出一分钱”，这表明企业在生产产品的同时也在奉献社会，向公众传递并彰显企业的爱心与责任心。

2. 企业应加大与政府部门的公关力度

企业应加大与政府、工商、税务、公安和交通等部门的联系，经常与其互动，达成一种默契，通过电子邮件、短信等方式传达企业有关信息，扩大企业在政府层面的知名度和美誉度。企业需要让政府部门知道自己在守法经营，依法纳税，努力做好企业公民，从而获得政府部门各方面的有力支持，保持良好关系。

3. 企业应重视与媒体的合作交流

在信息化的今天，媒体的影响力越来越大，企业理应重点关注。企业资讯部门应该定

期通过媒体向外界发布各种信息，包括产品信息、管理创新信息、企业重大活动、企业重大成就、企业发展疑难问题等。这些信息都需要媒体介入，引起它们的关注，并配合它们做好企业的对外舆论宣传工作。同时，针对企业出现的危机，企业资讯部门应该对媒体资源妥善管理，及时追踪，采取多种形式让媒体了解和支持企业，与媒体成为朋友，适时公开危机处理进程及成果，必要时可以通过座谈会、媒体见面会、新闻发布会等形式做到有效的企业与媒体互动。这样良好的关系对于企业而言非常有意义，有利于企业的良性发展。

三、人际沟通的原则

（一）诚信原则

现代人际关系首先要以诚信为依托，努力消除各种沟通障碍和断层，使一切交流和沟通都能够在公开、透明、自由的氛围中充分开展。这有助于打破企业各层次人员及企业与客户间的隔膜与壁垒，实现零距离、互动式无障碍沟通，做到相互尊重、出以公心、平等待人、以理服人、双向沟通。

（二）理性沟通

如果与客户出现争执，不理性的沟通只会加剧双方的冲突，不会也不可能出现好结果。所以要学会换位思考，在沟通中耐心细致，平心静气，不带情绪，不冲动，不推卸责任，围绕事情的本身开展讨论，最终会取得不错的沟通效果。

（三）目的性

人与人沟通时，一定有其目的性存在，双方沟通都是为了解决问题。假设在一家超市中，有客户来找销售人员理论，销售人员就应该通过人际沟通了解客户来店原因：是不满意产品质量还是不满意商场服务？是想要退货还是想要索赔？然后再进行有针对性的沟通，以最大的诚心和能力求得客户的理解，寻求问题的最终解决。现实生活中有些企业的销售人员相互间推诿责任，像踢皮球一样将客户踢来踢去，这种做法很不明智。

（四）象征性

人际沟通包括语言和非语言沟通。对于销售人员而言，为了确保营销活动的成功，需要努力提高人际沟通能力。例如，极富煽动力的语气、语调，能够有效吸引客户的注意力，使其对销售人员本身甚至对产品产生兴趣；再如向客户进行产品和服务的推介过程中，即便没有涉及产品和服务介绍，但凭借丰富的表情、善意的微笑及适当的肢体语言，同样能够在一定程度上激发客户沟通的意愿，借助客户的信赖，使产品和服务能够顺利地进行推广。

（五）关系性

营销企业及销售人员与客户进行沟通的过程中，显示的是买卖双方的关系。关系体现在两个层面，一是关系中的情感，二是在沟通中谁为主控者。营销企业在进行广告宣传、销售人员在从事营销工作的过程中，都应该尽可能地关注消费者情感的培养，通过情感广告、产品实用性描述、非正式沟通等手段，让客户产生共鸣，努力提高其在购买过程中的参与度，切忌贸然否定他们，并试图强行改变其态度。在买卖双方的沟通中，应尽量做到关系对等，权责明确。

四、影响人际沟通的因素

了解影响沟通的各种因素，将有助于改善沟通技巧和沟通品质。根据各种沟通条件，影响人际沟通的因素包括以下五个方面。

（一）影响信息源的因素

1. 沟通技术

沟通技术包括表达能力、逻辑思维能力、肢体语言表达等。

2. 沟通者态度

沟通者态度包括懂礼貌、自信、热情、真诚、乐观而包容的心态、竭力使对方对沟通产生兴趣等。懂礼貌通常是第一次和客户联系留下一个好印象的基础，称呼对方时尊称“您”很重要，这个小小的细节会让客户觉得销售人员是一个懂得尊重别人的人，和客户熟悉了可以用“你”。如果销售人员讲话唯唯诺诺、含混不清、声音很小，或者紧张卡壳、断断续续，这样的人通常客户不会有和他讲话的欲望，所以自信对于销售人员非常重要。客户多半愿意与自信的销售人员交流，试想如果销售人员对自己都没有信心，客户又怎么会对产品有信心，也就谈不上有兴趣进行交流了。销售人员初次联系客户一定要让自己充满热情，热情是有感染力的，可以通过沟通感染到客户，让客户不忍心拒绝，这样就有机会和客户打开谈话的闸门。人们都愿意和真诚的人打交道，在和客户进行交流的时候，一定要千方百计在客户不知情的情况下表现出自己的真诚，最好的办法就是帮客户想事情，了解对方的需求，站在客户的立场说话，使其确信自己的产品或服务能够满足其需求，是他想要的东西。

课堂互动

当你向客户推介产品时，客户说“你们公司的产品价格太高了！”，这体现了客户哪种态度？

当与客户的沟通中被对方拒绝时，很多销售人员难免因受挫而受伤，甚至自信心受影响。作为成功的销售人员，应该在事件发生后给自己足够的心理暗示，自己在事件中其实可以得到很多有价值的经验，千万不要让情绪耽误了时间以及对宝贵经验的学习总结，快速积累有价值的经验才是成功之道。因此，这就要求销售人员在哪里跌倒就在哪里爬起来，转移自己注意的焦点，调整自己的目标并重新为之努力。

实例 2

业务代表：刘经理吗？我是大明公司的业务代表周黎明，经常经过贵店。贵店的生意一直都那么好，实在不简单。

商店管理者：你过奖了，生意并不是那么好。

业务代表：贵店对客户的态度非常亲切，刘经理对贵店员工的教育训练一定非常用心，对街的张经理，对你的经营管理也相当钦佩。

商店管理者：张经理是这样说的吗？张经理经营的店也非常好，事实上，我一直将张经理当成我的学习目标。

业务代表：不瞒你说，张经理昨天换了一台有新功能的收银机，非常高兴，才提及刘经理的事情，因此，今天我才来打扰你！

商店管理者：哦？他换了一台新的收银机？

业务代表：是的。刘经理是否也考虑更换新的收银机呢？目前你的收银机也不错，但是新的收银机有更多的功能，速度也较快，你的客户将不用排队等太久，因而会更喜欢光临你的店。请刘经理一定要考虑这款新的收银机。

分析：

业务代表在接近客户前能先做好准备工作，能立刻称呼刘经理，知道对方经营状况，清楚对面张经理是其学习目标等，这些细节都会令刘经理感觉很愉快，业务代表和他的对话就能很轻松地继续下去，这是促成营销的首要条件。

（资料来源：李锡元．管理沟通．武汉：武汉大学出版社，2006）

3．沟通者的社会经验及社会地位

人们获得信息的一个来源就是权威，当沟通者是一位社会经历丰富，居于较高社会地位的人的时候，作为沟通的另一方会更相信沟通者说的话。

（二）影响信息的因素

1．信息的排列组合

心理学的研究表明，人在沟通过程中存在首因效应和近因效应，即最先呈现的信息以及最近呈现的信息最容易被记住。销售人员应该充分利用这一心理特点，把主要的产品和服务信息放在谈话之初或谈话末尾交代，这样容易提高客户感知该信息的能力。

2．信息的量

一般而言，在人际沟通过程中，信息不可以过量。在市场营销活动中，销售人员如果只关注产品推荐，一次性把所有产品信息介绍给客户，这样不仅不能达到销售的目的，反而会让客户变得迷茫甚至反感，对于产品及销售人员本人失去兴趣，并产生负面评价。所以，在营销工作开展过程中需要控制信息量，沟通中循序渐进，慢慢引导消费者，最终一步步完成产品推介。

实例3

计算机、互联网、手机等通信工具普及以来，组织内的信息泛滥成灾，很多人上班的第一件事情就是打开计算机接收信息邮件，仅浏览和回复就会花费不少时间，这样非常浪费时间。有用的和无用的信息都混在一起，让人应接不暇，很容易造成沟通的障碍。1941年12月，日本偷袭了珍珠港。1942年，罗斯福总统在他的档案里突然发现一条信息，说："哎呀，中国在去年4月就通知我们，日本人可能会偷袭珍珠港。"

没有想到这么重要的一条信息却湮没在了一大堆的档案里，等到罗斯福看到的时候，偷袭珍珠港已经结束5个月了，这就是信息泛滥造成的恶果。

信息太多太复杂，会超出受众的理解能力，对方没有足够的时间处理信息。

（资料来源：http://www.bokee.net/company/weblog_viewEntry/6287724.html）

3. 信息的处理情况

选择合适的语言和非语言进行沟通是非常必要的，同一信息用不同的语句和语气表达就会产生不同的效果。有时候作为销售人员，可能内心并没有什么恶意，却往往因为表达欠佳而让客户曲解，造成截然相反的结果。一些太过绝对、带有一定挑逗性的词语就不应在营销沟通中使用，如“不”，“这就是我们的政策”，“我不知道”，“你应该”，“那不是我所在的部门”等。

（三）影响信息渠道的因素

在人际沟通中，同一信息经过不同的信息渠道进行传递，其效果会大不相同。作为销售人员，在选择恰当的信息渠道的同时，需要与传播的信息相配合。例如，在向客户介绍企业或产品的时候，如果仅凭语言表达，效果将非常有限，但如果在介绍的过程中，加入投影仪、幻灯片演示或实物资料展示等，则会令客户印象深刻，感受更为直观。通过研究人们发现，在面谈、电视、广播、报纸、杂志、电话、网络等沟通媒介中，面对面的沟通方式是影响力最大的。

课堂互动

当你面对面与客户沟通的时候，你认为最需要注意哪些方面的问题？

（四）影响信息接收者的因素

1. 信息接收者的情绪

大部分客户在做出购买行为的时候都是情绪化的。也就是说，在喜悦情绪的控制下，他们很容易和他人进行沟通，甚至接受对方所提出的要求；相反，在情绪非常糟糕的情况下，不仅难以沟通，而且很容易与沟通方形成抵触甚至冲突。所以，对于销售人员而言，如何调整自己的心态，学会控制自己的情绪就显得尤为重要，良好的心态和情绪是打开营销成功之门的金钥匙。

2. 信息接收者的心理选择

在消费者行为研究中人们发现，消费者在人际沟通中带有很强的心理选择性，即心理学中所说的选择性知觉。例如，现实中很多客户都喜欢听一些赞美之词，喜欢接受那些符合其个性和心理需求的产品，容易信任那些志同道合及经历相近的人，所以作为销售人员，应该尽力搞好同客户的关系，使自己成为选择性知觉的目标对象。

（五）沟通的环境因素

人际沟通的双方在选择沟通地点时应充分考虑沟通环境因素。一般来说，自然、安静、平等和开放的沟通环境是非常有利的，如圆桌会议室、办公休息区、咖啡屋、阳台、清酒吧等非正式环境都比较合适。

五、人际沟通的过程

具体来说，人际沟通的过程可以分为六个阶段，即信息策划—信息编码—信息传递—信息接收—信息解码—信息反馈，这在第 1 章已经介绍过。概括起来，人际沟通的过程无外乎两部分，一部分是人际沟通的心理过程，另一部分是人际沟通的行为过程。

（一）人际沟通心理分析

人际沟通中，沟通的主客体均是人，他们都有心理活动，在活动中，他们的心理活动表现在沟通动机、信息选择和信息理解三个方面。

1. 沟通动机

信息发出源为什么发出信息，向谁发出信息就是一个沟通动机问题。在营销活动中，人际沟通存在两种情况，其一是沟通双方有相似的态度和共同语言，他们沟通的目的是共同占有信息，扩大共同经验领域；其二是双方态度不一致，沟通的目的是解决信息沟通中的不对称，找到利益相似点。

课堂互动

当你遇到一位情绪激动、反映产品质量有问题的客户时，你能分析出他的沟通动机吗？你打算怎么做？

2. 信息选择

接收者对信息不是一视同仁，而是有选择性的。在人际沟通中，人往往会选择注意自己赞同的信息，排斥不赞同的信息，喜欢对反对自己观点的信息加以批驳，越是不让接触的信息越喜欢选择。

3. 信息理解

在对信息的理解过程中，接收者容易受到自我知识、经验、个性特征等影响，用既有经验或常识对某类问题加以理解。例如，在黑板上画一个圆圈，数学家会说它是一个圆或零，运动员会认为是一个球，作家会认为是一轮明月等。

（二）人际沟通行为分析

美国学者贝尔斯研究发现，人际沟通行为可以分为以下12种。

1）追求团结一致，提高对方的地位，或者表示支持对方的意见。

2）镇静，与所有的人都容易相处并表现出毫无拘束，常面带笑容，显示满意的表情。

3）表示同意、默认。

4）给予指示或发出指示，但表现得彬彬有礼。

5）提供意见，批评并分析意见，表示意图和感情。

6）提供信息，介绍情况，解释清楚。

7）需求信息，请求重复问题（采取强硬的办法或温和的态度）。

8）询问意见，要求得到评价与分析，求得对方的明确表示，尤其关注对自身行动的评价。

9）请求告诉各种可能的行动方式。

10）消极地拒绝意见，不予帮助，表示不同意。

11）显露紧张及不满情绪（受压抑、情绪不安、受挫折）。

12）表现出攻击行为，贬低对方的地位，肯定自己。

在营销活动开展过程中，一般沟通双方都会经历四个阶段：第一阶段是提出问题，多采用 7）、8）、9）三种行为；第二阶段是最紧张的讨论或辩论，多采用 10）、11）、12）三种行为；第三阶段是解决问题，多采用 4）、5）、6）三种行为；第四阶段是结束阶段，以 1）、2）、3）三种行为居多。

【情境训练 1】

形式：集体参与

时间：5～10 分钟

场地：教室

目的：演示在向下级传达指示时往往会含混不清，因此需要特别解释；在接受上级指示时必须认真倾听，对于任何不清楚的地方应予以澄清。

程序：如图 2.1 所示，请按顺序完成针对每个象限的任务。

象限一：在字母 I 上画一个点。

象限二：在空白处写上 a、b、c、d、e。

象限三：在园子里，有一头公牛爸爸（FB）、一头公牛妈妈（MB）和一头公牛宝宝（BB），谁不在那里呢？请圈出来。

象限四：请圈出与其他名词不是同类的词。

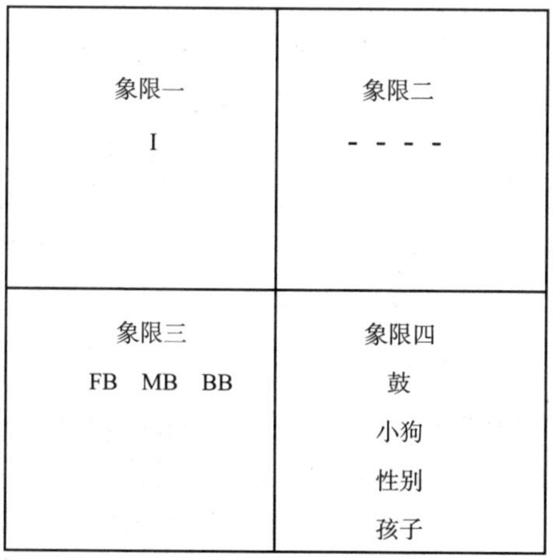

图 2.1　程序示意图

关于这些象限的正确答案如下。

象限一：尽管大多数人会在 I 的上方加一个点，但实际上应该在 I 字母本身上加一个点。

象限二：很多人会在画线处写上 a、b、c、d、e，但按要求，应该在画线间的空白处写，如 a-b-c-d-c。

象限三：当然不可能存在公牛妈妈，所以应该圈 MB。

象限四：很多人会选“鼓”，但应该想到“可以打小狗，打孩子或鼓，但不能打性别”。因此，应该圈“性别”。

分享：想想自己为什么会答错？作为讲师、学员或主管，这个训练的启示是什么？

总结：答错的原因可能有含混的指示、时间压力、没有听清、没问明白或根据以往经验做出判断。这些产生错误的原因对领导技巧提出了要求，应避免下达引起歧义的命令，必要时，多做解释和沟通。

子情境 2.2　自我沟通

学习目标

1. 理解自我沟通的含义。
2. 了解自我沟通的原则。
3. 了解自我沟通的类型。
4. 了解自我沟通的环节。
5. 灵活运用自我沟通的技巧。

一、自我沟通概述

自我沟通（Intra-personal Communication）也称内向沟通，是指个人接收外部信息并在自身进行信息处理的活动。信息发送者和信息接收者为同一行为主体，自行发出信息，自行传递，自我接收和理解。

自我沟通是一切沟通活动的基础，任何沟通包括人际沟通、群体沟通等，都必然伴随自我沟通的环节，自我沟通的能力必然会对其他类型的沟通产生重要影响。

自我沟通涉及营销心理学中有关人的感觉、知觉、意识、想象、情绪情感及记忆思维等，销售人员对于这些心理概念的研究将对其人际沟通提供很大帮助。他们不但可以很顺利地与客户进行沟通，而且通过自我沟通，销售人员能够在与社会、与他人的联系中认识自己、改造自己、调整自己，实现自我发展和完善。

二、自我沟通的原则

1）遇到任何问题、状况与事情时，不怨天尤人，而应该冷静下来，先考量自己，做自我检测与沟通，发现自身在沟通中存在的不足，如心态、情绪、表达方式等。

2）自我沟通的首要条件在于认知，应该知道自己的不足、障碍和限制到底在哪里。

3）认知后，要用心去感受和体悟，让自己的心态更平和，增强自我沟通的内心动力。

4）心动不如行动，当自己内心动力增强后，就要付诸实施，让行动发挥出自我沟通的充分效果。

5）自我沟通不能一蹴而就，必须持续不断地努力，不可急功近利，应该明白在营销活动中，要慢慢改变客户的态度。失败是成功之母，一步步扎扎实实地开展工作才是自我沟通后应该达到的效果。

课堂互动

在营销工作的开展过程中，如果客户迟迟没有对我们的产品和服务做出最终评价，也没有最终做出购买决策，前期的销售工作没能取得回报，作为销售人员而言，应该如何进行自我沟通呢？

实例 4

“水木年华”公司业务员李莉去石材店采购板材，相中了橱窗里陈列的“将军红”大理石板材。她走进商店问价钱，老板心里知道，进价是 180 元/平方米，但没有告诉她售价，只是给她倒了一杯茶。

李莉开始为买“将军红”打埋伏，说她想要“黑珍珠”石材。“这里有很漂亮的黑色大理石。”老板边说边请她看样品。李莉又改口，说想要更厚一点的。老板说也有这样的大理石。

至此，李莉决定为那批“将军红”与老板讨价还价。她再次问了价钱。老板说 300 元。“这太贵了。”李莉边开始还价，她出价 200 元。老板提出要 260 元。“谢谢！”李莉边说边朝门口走去，老板怕失去这桩生意，终以 210 元/平方米的价格卖给了李莉一批石材。这笔业务老板赚了近 17%，比预期 15%的毛利率多了两个百分点，最终皆大欢喜。

（资料来源：杨群祥. 商务谈判与推销. 广东农工商职业技术学院）

三、自我沟通的类型

从持续时间看，自我沟通可以分为日常的、长期的自我反思，以及短期的、以解决现实问题为目的的自我反思。

前者如孔子的“吾日三省吾身”，后者被称为内省式思考。销售人员需要在平时的工作中不断总结人际沟通的经验与教训，把成功事例中自己洞察到的客户个性及相应采用的沟通方式进行汇总，同时也把自己沟通失败的例子加以总结，检查自己到底是在哪个环节出了问题，如是否对客户的需求把握不准、语言表达障碍、客户类型模糊、沟通方式欠妥等，从而归纳解决的办法，用以指导自己日后与客户的人际沟通。内省式思考则要求销售人员在面对营销突发状况的时候，及时洞察沟通对象在面对问题时可能持有的态度，然后换位思考，从而形成自己的态度，重新构建与他人的关系。这就要求销售人员具有较高的心理素质，能够灵活应变，把握客户心理，消除其顾虑。

四、自我沟通的环节

（一）自我沟通是一个生理过程

人之所以能够进行自我沟通，首先与其生理机制是分不开的。人的身体具有一般信息沟通系统的特点，即具备信息接收装置（感官系统）、信息传输装置（神经系统）、记忆和处理装置（大脑），以及输出装置（发声等表达器官及控制这些器官的肌肉神经）。

人在自我沟通时首先通过感官接收外部世界的信息，在体内尤其是通过大脑来处理这些信息，并把处理的结果转化为信息输出前的预备状态，因此人在自我沟通时往往由很强的主观意识进行支配。

（二）自我意识是一个能动的意识和思维活动过程

自我意识过程从以下几个环节开展。

1）感觉：分为视觉、听觉、嗅觉、味觉、触觉等。它是自我沟通的出发点。

2）知觉：感觉的集合，是在感觉的基础上对一个事物的个别属性的综合把握。

3）表象：记忆中保存的感觉和知觉信息在头脑中的再现。如过去接触过某类个性客户，头脑中就留有这种客户的举止言谈方式，以后再遇到他或者遇到同类的客户时，作为销售人员能够马上得出应对这类客户的技巧和方法。

4）概念：对同类事物的共同的、一般属性的认识。要想成为一名优秀的销售人员，就必须对所面对的市场和客户进行细分，发现每类市场和客户的特征和本质属性。

5）判断：对事物之间的联系或关系进行定性思维活动，并尽可能做出判定和结论。作为销售人员，在与客户的人际沟通中，可以从客户的表情、神态、肢体语言、口头表达等多个方面对其进行判断。

6）推理：从已知的事物属性和关系中推导出未知对象的属性和关系的思维活动。

7）感情和心理定式：在人际沟通中，人往往还伴随有感情和一些心理定式活动，这些都将对人际沟通的结果产生重大影响，它更多源于一个人生活的社会环境。

课堂互动

我们在每天出门上班或上学前，面对镜子给自己一个微笑，这在自我沟通中能够起到哪些方面的作用？

（三）自我沟通是一个社会心理过程

自我沟通中自我意识是非常重要的。自我意识是对自我及自我周围关系的意识，即个体对自身的意识和对自身与周围世界关系的意识。如一个人对自己外貌、身高、能力、性格等的意识就是对自我的意识，而对自己与他人相处的融洽程度和自己在他人眼中的地位的理解，则属于对自身与周围环境关系的意识。作为销售人员，首先必须对自己有充分的了解，如自己是否个性开朗，是否善于言谈，是否有足够的亲和力，是否有扎实的产品介绍功底，是否有良好的职业心态。其次要对沟通对象即客户有充分的了解，如自己和对方的背景是否类似，自己推介的东西是否符合对方的个性，自己是否能够让对方产生一种信任感，沟通是否打动了对方等。归结起来一句话，自我沟通要求销售人员在与客户的沟通中，忽略专业知识的差距，正视对方的需求，明确不管客户是怎样一个人，"客户永远是对的，客户永远是上帝"。

五、自我沟通技巧

（一）恰当运用自我防御或自我肯定

心理学家曾做过这样一个实验，把被试者任意安排在争论的一方，并引导被试者参与讨论，使被试者成为争论一方的成员。而后安排他们成为下一轮争论的旁观者，结果表明他们在观看争论的过程中会更坚信自己所支持的一方更具有说服力。因此，销售人员需要注意，有时候，客户在做出购买行为时很大程度上受到自己主观判断和与其属同一类群体的人的观点的影响。如果在沟通中出现意见不一致，客户往往会对那些持对立观点的人予以排斥。所以销售人员需要注意回避与客户的正面冲突，尽量肯定客户的价值判断，对客户加以建议和必要引导即可。

当然，作为销售人员，在工作中也难免出现被客户回绝的情况。对这种非预期的结局，销售人员需要首先寻找外部原因，到底是产品问题、消费者需求问题还是沟通问题等。

课堂互动

作为从事电话营销的工作人员而言，他们在业务上被拒绝的概率非常高，有很多人在这个过程中进行了自我淘汰，但也有非常优秀的销售人员坚持了下来，并最终取得成功。你认为这些电话销售人员成功的秘诀在哪？

（二）正确使用投射效应

消费者在购物的时候，如果能够遇到一位知己，在产品判断、价值判断等方面给予自己支持，会产生一种自信的心理，会降低对人的防范，并因此对对方产生好感，人际沟通会变得更容易。其实这就是投射效应在发挥作用。销售人员找到与客户的共同点，如价值观和人生经历，以此为突破口与客户开展沟通，站在对方的角度满足其受尊重的需求，则能在很大程度上使其降低对产品或服务的要求，进而提高营销的成功率。

实例 5

美国的一家苗圃商店，不仅在店里销售植物，还提供邮购业务。有一天该店总经理收到了帕特·塞克斯的一封投诉信，声称邮购的植物运抵时令人很不满意（订货价值 572 美元）。“植物全都枯萎了。有一枝在我拿出盒子时，竟然断了。请立即发出赔偿的新货。”

总经理有以下几封信可供选择来回复该投诉。每封信在满足读者、作者和组织的要求方面做得怎样？信件是否清晰、完整和准确？能否节省读者的时间？是否有助于树立良好信誉？总经理面临抉择。

1．亲爱的客户：

我核查了运输中花木受损的原因。排除了运输中的失误，发现您订购的花木是由一位新工人包装的，该工人不懂得花木起运之前要彻底浇透水。我们已经开除了该工人，所以您可以放心这种事下次不会发生了。

虽然我公司会为此花费几百美元，但我们仍然会寄上一份新鲜花木作为补偿。新花抵达后，请通知我方运抵时的状况。我们相信您不会再投诉了。

2．亲爱的帕特：

我们搞错了您的订单。全国范围内发送花木这种货物的风险性是很大的。有的植物无法承受路途的辗转（有时连我自己都受不了这份辛苦）。下周我们会另外发送给您一株新的植物，但是会在您的账上记 372 美元。

3．亲爱的塞克斯先生：

您不满意收到的植物，我感到很遗憾，但的确不是我们的错。包装盒上明确写着：打开后，及时浇水。如果您照办了，花木一定不会有事的。另外，所有买花的人都知道花木需要呵护。

您抓着叶子当然根会被拔出来。由于您不会照顾花木，特为您寄上小册子一本：怎样养殖花木。请认真阅读，以免将来发生类似的不快。

盼望您再来订购。

4．亲爱的塞克斯女士：

您5日的来信已经引起了在下的注意。

信中提到，第47420号订货收到时情况很糟糕。在此要指明的是，我方政策规定：对货物的任何调整必须按照订货单背面的条件和说明处理。请仔细阅读，上面写明：客户若欲就该订单投诉，应提交书面投诉信和货物发票给承运商，并在收货后30天内，向本公司详细汇报损坏情况。

您5日的信中没有涉及损坏的具体情形。另外，送货单上没有任何特别注明。如果您有索赔的打算，请参照我公司相关的条例，将必要文件于本月20日下班前送达在下办公室。

5．亲爱的帕特·塞克斯：

您将于下周收到索赔的常青植物。

这次，花木起运前彻底浇透了水，而且采用了特殊包装箱。但是如果天气过热或货车晚点，小的根球也会干枯。可能上次的花木就是这样受损的。小根球植物很容易移植，所以到了您家的花园应该没有任何问题。

您订购的堇菜属植物、毛地黄等四季常青植物每年准会越发漂亮。

（资料来源：Kitty O.Locker. 商务与管理沟通. 北京：机械工业出版社，2009）

（三）突破思维定式

对自己和对他人的认识使人们明白在沟通中尊重他人、开放心灵、解放自我、打破心智模式对于沟通成功有多重要。因此，可以采用以下几种方式突破思维定式。

1. 逆向思维

逆向思维就是要着眼于思维的过程，即从思维的出发点、方向、目标、路线、程序、步骤等进行研究。人们的思维通常由一定的命题开始，经历概念、定方向和规则、实施直至达到终极目标等步骤开展，这种思维运动称为正向思维，而相反方向的思维运动则被称为逆向思维。在一定条件下，逆向思维以一种否定性的力量推动思维围绕着问题而产生、发展和上升。

在营销活动中，可以打破一些刻板和僵化的思维模式，运用逆向思维与客户进行沟通，用与众不同牢牢抓住某些消费者猎奇的心理，或者利用消费者逆反心理完成产品的销售。

课堂互动

当你向客户推介玻璃杯产品，而产品不幸被正在做演示工作的你打坏时，你会如何继续推介？

实例6

某企业集团的下属公司中有很多产品的市场占有率实际上已超过50%，但这家公司的老总等高层管理者在谈到市场占有率时，却认为最好不要超过25%。为弄清原因并改变这一与实际不符的认识，引出了以下对话。

R：目前我们公司产品的市场占有率似乎太高了。

A：你觉得这是为什么？

R：我认为一个产品的市场占有率最好不要超过25%。

A：就贵公司产品而言，你认为最好不要超过 25%，是因为若维持现有产品价格，产品会卖不动？

R：不是，我们的产品目前在市场上仍然供不应求。

A：是因为经销渠道不畅？

R：不是，我们对许多经销商采取限量供应的方式。

A：是因为经销商希望进一步提高销售返点，从而引起公司利润水平下降？

R：不是，按照现有返点，仍有许多经销商希望加盟我们公司的产品销售队伍。

A：是因为销售回款情况会随着占有率提升而恶化？

R：不是，我们产品的经销商通常先付款后拿货。

A：是因为你们公司的生产能力不足，无法满足市场占有率提升的要求？

R：不是，目前我们公司的设备能力仍有潜力可挖。

A：是因为你们公司提升生产能力时会遇到采购、制造、管理等方面的成本增加，从而使得增产不增收？

R：也不是，如果能够提升产品销售量，可能会进一步降低单位产品成本。

A：既然如此，那么你觉得你们公司的产品的市场占有率到底为什么不能超过25%呢？

R：……这似乎看起来是可以超过的嘛！

A：是啊，那么就你对自己公司的了解，觉得可以采取哪些措施来提升产品市场占有率？

R：……

以上对话，首先根据该公司实际情况，将“不能超”作为前提假设，通过提问的方式让对方自行逐一否定，从而自然导出“可以超”的逻辑结论。

（资料来源：李锡元. 管理沟通. 武汉：武汉大学出版社，2006）

2. 变换提问角度

在与客户沟通的过程中，如果发现对方提出的答案与自己预设的不一致，有意见分歧，销售人员绝不可贸然否定对方的结论，如说“你的观点不对”，这种做法会使对话陷入双方对立的僵局，使沟通不欢而散。应该给对方留有余地，因此可以说“你说的没错，不过我需要再补充几句……”这样就可以顾及对方的感受，让对方感觉到自己受到了尊重和重视，因此形成对销售人员的好感。

【情境训练 2】

形式：集体参与

时间：15 分钟

场地：教室

目的：从小我们就被教育要忠于自己的理想，中途放弃是很可惜的。每个队员都要在各阶段告知自己的人生目标，并通过行动完成规定的目标。训练结束后，要使学员得到以下的游戏感悟：成功=意愿+方法+行动。

程序：游戏分为三个阶段：第一阶段，走自己的路；第二阶段，身心考验；第三阶段，战胜自我。

第一阶段全体参与时间5分钟

1．最清晰地表达自己的人生目标。表达方式："我想成为……请允许我通过！"

培训者允许后可以通过。

通过标准：目标尽量符合SMART原则。

2．从A点走到B点，用任何不同于其他人的姿势走过去，与他人相同者将被淘汰。

通过者每人得一分。

第二阶段每组四位男学员参加时间5分钟

1．最响亮地表达自己的人生目标。表达方式："我想努力成为……请允许我通过！"

培训者允许后可予以通过。

通过标准：至少要达到80分贝。

2．做俯卧撑20次以上。

通过者每人得二分，每增加10次俯卧撑加一分。

第三阶段每组三位学员参加（可重复）时间5分钟

1．最响亮、最清晰、最快速地表达自己的人生目标。表达方式："我一定要成为……请允许我通过！"

通过标准：至少要达到100分贝，每秒6个字。

2．高台信赖。通过者每人得三分。

高台信赖：（参考口令）

（1）讲师口令

下面的朋友，准备好了没有！？

××准备好了没有！？

有没有信心！？

（2）下面学员口令

你是最好的！

你是最棒的!!

你一定会成功!!

请相信我们！我们支持你!!

（3）台上学员口令

准备好了!!

有信心!!

我是最好的!!

我是最棒的!!

我一定会成功!!

相关讨论：

1．这个游戏是不是很有意思？

2．你认为一个小组和一个成员的成功，取决于哪些因素？最重要的是哪个？

3．训练中，三个阶段的自我暗示差异体现在哪？激励的程度如何？哪个阶段的自我激励效果最好？将来在遇到困难与挑战的时候，你应该怎样给自己积极的心理暗示？

子情境 2.3　有效倾听

学习目标

1．了解倾听的定义、类型和过程。

2．了解倾听的障碍及克服方式。

在人际沟通中，单凭语言交流是不够的，特别是对于销售人员而言，首先需要的就是洞察消费者的需求，也就是说必须成为一个优秀的信息接收者，而良好的信息接收策略是必不可少的，销售人员需要充分运用倾听策略。苏格拉底曾说：“人类有一张嘴，两只耳朵，也就意味着我们要多听少说。”人际沟通就是从倾听开始的。

一、倾听

从图 2.2 中可以看出，在人们每天的交流中，听是多于说的。任何不能被理解的沟通都不能算成功的，在有效倾听中，人们用耳朵去理解别人，表达一种尊重的态度。虽然听是被动的，但应该在听的时候努力去理解他人的想法和感情，倾注足够的精力，要把自己的偏见搁置，表现出良好的修养。

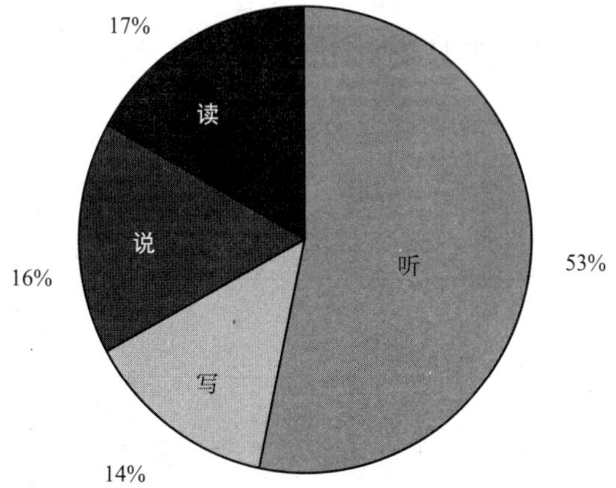

图 2.2　交流示意图

那什么是倾听呢？从听的繁体字“聽”可以看出，听要用耳朵去听，用眼睛去看，用心去感悟。因此，倾听可以定义为：在对方讲话的过程中，听者通过视觉和听觉的同时作用，接受和理解对方思想、信息及情感的过程。

可以从以下三个方面对倾听进行理解。

1. 倾听是人主动地去参与“听”

作为销售人员，在与客户沟通之前，应该抛开一切杂念，投入足够的热情并发自内心地去和客户沟通，了解他们的真实需求，学会站在对方的角度思考问题，从对方只言片语中找到双方沟通的契合点，运用恰当的语言沟通方式与对方进行深入交流，最终实现情感共鸣。例如，在与客户的沟通中，可以在客户讲完后，礼貌地问一句：“请问能允许我再重复一下您刚才的意思吗？”一是表示对对方的重视，二是对听的过程中的重要信息进行再确认，以免发生误会。还可以在客户表达完自己的意见后，说“我了解了”、“这真是个好主意”、“我非常理解您现在的感受”等。

2. 倾听必须有视觉的参与

作为销售人员，在和客户进行交流的时候，需要与客户保持必要而适当的目光接触，一般以注视对方眼睛以下、嘴巴以上的三角区域比较好，既能给对方一种受尊重的感觉，也有利于自己及时通过客户眼神的变化把握客户细微的心理差异，同时采取相应的对策。例如，当在沟通时发觉客户的眼睛不再和自己有接触，而是很随意地去看周围的事物，这说明对方此时已经表现出了不感兴趣，甚至有些许不耐烦和不在意。因此销售人员应该马上意识到沟通出现了问题，这时要立即中止相关问题讨论并转移话题，想办法通过其他方式了解对方的真实想法，据此来分析前次沟通失败的原因是什么，以便能最终推导出相应的解决方案。

3. 倾听当中的“倾”，有倾注、倾斜身体的意思

也就是说，在人际沟通的过程中，需要有适当的肢体语言配合。例如，身体略微向前倾斜以靠近客户表示自己对话题很感兴趣，或者耳朵微侧向客户以期更清晰、准确地获知对方在讲什么。此外，在倾听过程中应保持适当的眼神交流并不时微笑和点头，以示思维跟进。当然，如果在沟通中有特别重要的信息，作为倾听方，可以事先准备好纸和笔，在沟通中随时记录，这样同样能起到良好的人际沟通效果。

课堂互动

当我们在与其他人交流的时候，有时会有一些关键信息需要记录下来。那么在埋头记录重要信息的时候，有什么需要特别注意的地方吗？

实例 7

从前有一个国王，他想试探一下邻国的国王和人民是否聪明、有辨别力。于是他派人送了三尊黄金塑像到邻国去。这三尊黄金塑像不仅外观一模一样，甚至连重量也完全相同。他想让邻国国王判断哪尊金像更有价值。

邻国的国王召集了所有的大臣，大家左看右看也看不出三尊金像有何不同。全国的百姓都参与了这件事，可谁也认不出来。国王为此觉得很丢脸。正当大家绝望的时候，一位被关在监狱里的青年托人带出口信，说如果让他看看，他能分辨出它们的价值来。

于是他被带进了皇宫，国王将三尊金像交给他。他仔细地看了又看，最后他发觉每尊金像的耳朵都有一个小孔。于是他要了一根极细的银丝，从金像耳朵里穿进去。他发现，第一尊金像从耳朵里穿进去的银丝从嘴里钻了出来，第二尊是从另一只耳朵里钻出，第三尊则是从肚脐里钻出。年轻人想了一下，然后对国王说："尊贵的陛下，我认为我已经解开了眼前的这个谜，它就像一本书。你瞧，每尊金像都不一样。第一尊金像提醒我们，有这么一种人，他听到点什么事，一眨眼的工夫就从嘴里说了出去；第二尊金像就像另一种人，他从这个耳朵听到什么，马上就从那个耳朵溜出去了；而第三尊金像则很像一位能够把听到的事记在心上的人，陛下，您现在可以判断哪尊金像最有价值了吧？您愿意哪种人做您最亲密的朋友呢？一个嘴上存不住半句话的人，一个把您的话当耳旁风的人，还是一个把您的话牢记在心的可信赖的人呢？"

最有价值的人，不一定是最能说的人，而应该是最能听的人。善于倾听，才是成熟的人最基本的素质。

（资料来源：李锡元. 管理沟通. 武汉：武汉大学出版社，2006）

二、倾听的重要性

（一）倾听在沟通行为中所占比重最大

调查发现，倾听在沟通中所占的比重是最大的，达到了 53%，因此人们花费在倾听上的时间应该远超过其他的沟通行为。

课堂互动

松下集团的创始人松下幸之助，在担任公司社长的过程中，即便自身工作压力再大，日程安排再紧，也一定会挤出时间到世界各地的松下工厂车间去走走看看。松下为什么要这么做？这一做法说明了什么？

（二）兼听则明，偏听则暗

唐太宗的贞观之治使唐朝的经济与社会迅速发展，国际影响力巨大，史称大唐盛世。为什么会有如此辉煌的成就？其实这和唐太宗善于倾听是分不开的。唐太宗治理国家时广纳谏言，广泛听取各位大臣及各地官员的建议，及时发现问题并进行整改，甚至鼓励大家对其自身的管理提出质疑，以鞭策自己不断改进。皇帝尚且能够如此，普通的销售人员就更应该善于倾听了。销售人员是与市场走得最近的人，作为一线人员，销售人员有机会去观察市场，了解市场需求及开展必要的信息反馈，广泛听取客户的声音，以此作为企业不断改进、不断适应市场发展需求的依据。

（三）善听才能善言

在与客户的人际沟通中，很多客户可能会因为不了解销售人员而心生排斥，不相信销售人员及其产品。在这种情况下，销售人员最好先别急着向客户推介产品，应该先和对方拉近人际距离，如谈谈对方的穿着与品位，谈谈对方的事业等，然后在自然的交谈中逐渐找到对方的兴趣点，并以此为突破口，打开对方的话匣子。这时销售人员仅需要当一名忠实的听众即可，待其情感得到发泄，内心得到满足后，再向其推介产品就会变得水到渠成。

（四）倾听可以掩盖自身缺点

“沉默是金”就是倾听能掩盖自身缺点的最好诠释。如果自己不了解对方的真实想法，也不了解对方此刻交谈的话题，最好的办法就是先保持沉默，多听对方讲，即使不懂也要表现得很感兴趣，并不时予以回应，让对方感到自己找到了知音，甚至产生相见恨晚的感觉。

实例 8

一个印刷业主得知另一家公司打算购买他的一台印刷机，感到十分高兴。经过仔细琢磨，他决定以 250 万元的价格出售，并想好了理由。

当他坐下来谈判时，内心深处仿佛有个声音在说：“沉住气。”终于，买主按捺不住，开始滔滔不绝地讲这台机器多么不值钱。此时，卖主依然一言不发，没想到这个时候买家又说：“我们可以付您 350 万元，一分钱也不能多给了。”

不到一小时，买卖成交了。

思考：

为什么卖家以高于预期 100 万元的价格成交了？从中可以得到什么启示？

（资料来源：沉默不会使人后悔. http://tieba.baidu.com/f? kz=96360734）

（五）倾听能够获得友谊和信任

倾听能改善彼此关系，拉近人与人之间的距离。

实例 9

这是一个发生在美国的真实故事。那是一个圣诞节，一个美国男子为了和家人团聚，急急忙忙地从异地赶飞机回家，一路幻想着团聚时的喜悦情景。不巧老天变脸，这架飞机被迫改变航线，上下左右颠簸，随时可能坠毁。空姐面色苍白，惊恐万状地要求乘客写下遗书放进一个特殊的小袋子中。最后，由于飞行员的冷静驾驶，飞机终于平安着陆了。

男子回家后异常兴奋，不停地向妻子和孩子描述在飞机上遇到的险情，并且满屋子转着、叫着、喊着。然而，他的妻子和孩子都在分享节日的喜悦，对他的惊险经历似乎没有多少兴趣。男子叫喊了一段时间，发觉没人听他倾诉，他死里逃生的喜悦与被冷落的心情形成了极大反差，在妻子准备蛋糕的时候，那男子爬上阁楼，用上吊的方式结束了从飞机险情中捡来的宝贵生命。

（资料来源：倾听的意义. http://3h-sender.com/web/showhealth.asp? id=11）

三、倾听的类型

在人际沟通中，倾听按照不同的标准可以分为以下四种类型。

（一）获取信息式倾听

把重要的观点在头脑中进行勾画，并考虑提出问题或对提出的观点进行质疑，这时自己就是一个主动倾听的人了。即使什么也没说，但自己的思维已经与正在说话的人融合在一起了。

（二）批判式倾听

在获取信息的基础上更进一步对所讲的内容进行估量和质疑。

（三）情感移入式倾听

为了感情而倾听是一种不错的倾听方式。作为倾听者，要承认和识别对方的情感，投入对方的感情中去，给予对方找到问题解决办法的机会。

（四）享乐式倾听

享乐式倾听与其他倾听相比，唯一的区别就在于报偿。不管听到了什么，如果能够以一种开放的心态去听，去处理那些复杂的信息，这个过程就是充满乐趣的。

四、倾听的过程

在有效的人际沟通中，倾听包含以下六个阶段。

（一）预言

在沟通的相互作用中，倾听起到了决定性作用。作为销售人员，在和客户打交道的过程中需要通过察言观色洞察对方的心理，用自己的经验判断来引导自己对他（或她）可能如何反应进行预言。例如，如果看到一位曾经购买了某一商品的客户脸色铁青地向自己走来，根据以往的经验，应该认为他可能不是来购物的，感觉到他此刻很不高兴，这可能表示他将希望从自己这里得到些什么，是抱怨，是要求换货还是要求退款等。不管预测对方想怎样，都应该明白，最好的策略就是去听，而不是想办法去辩解。

课堂互动

多数情况之下，我们在与他人沟通的时候能够从他的表情、手势及引导语大概判断出他随后要讲说的内容。这样的预见性可能会在沟通中给我们造成什么样的障碍？

（二）接收信息

一天当中，销售人员要接收到比所需要或能处理的更多的信息。当客户有重要信息要反馈时，销售人员需要在倾听过程中剔除无关的信息，而把注意力集中在重要的内容上。

（三）注意

销售人员应把注意力集中在某种特定的刺激物上。例如，销售人员会对客户有关产品功能性问题及产品价格等信息非常敏感，此时不管外界有多少噪声，都应该全神贯注地排除干扰去倾听这些重要信息。这种把感知集中起来的能力在心理学上被称为选择性注意。

虽然能够按某种特殊方式集中自己的注意力，但是注意力集中的时间是有限的。很少有人能够对信息完全集中注意力超过 20 秒。所以，销售人员要克服自己思维上面与其他人的差异，抛开成见，努力培养自己集中思考问题的能力，避免开小差，尽可能做到在接触重要信息时能够坚持 20 秒左右的注意力时间。

（四）赋予含义

赋予含义其实就是在吸收信息后，使信息能够成为自身知识和经验的一部分。衡量对方的讲话内容，分析其讲话动机，发现其讲话的漏洞或者找到其中的某些观点进行质疑，同时需要对他们的腔调、手势和面部表情赋予相应的含义。

（五）记忆

记忆就是决定什么是重要的信息，什么是不重要的信息的选择过程。销售人员在结束与客户的交流后，需要通过适当方式对交流的内容进行记忆。例如，有必要在谈话结束时向客户复述对方信息的重点，或者把交流的重要内容以要点的方式记录在笔记本上，以免出现信息遗漏和纰漏。

（六）评价

评价是倾听的最后一个步骤，是对所发生的事情进行的估计。

五、倾听的障碍

（一）环境障碍

在人际交流中，最常见的障碍就是环境的干扰。过往的行人，周围灯光、声音的变化都可能分散一个人的注意力，从而影响倾听效果。具体来讲，环境的影响可以分为两种，一种是干扰信息传递的过程，另一种是影响沟通者的心境。

1. 封闭性

环境的封闭性是指谈话场所的空间大小、光照强度及有无噪声干扰等。如果环境的封闭性很差，那么大街上的车流声、外人谈话声等噪声，都会影响沟通效果。

2. 硬件因素

有时也会因为麦克风不清楚、投影仪无法清晰显示图像等原因使倾听效果大打折扣，这些都可以通过事前良好的调试准备工作予以避免。

3. 氛围

在什么样的氛围中进行沟通容易让人排斥或觉得拘束呢？很明显，在人际关系紧张、人与人地位差异悬殊、沟通人数不对等、沟通主题意见分歧大以及沟通环境过于正式等条件下，气氛会对人的情绪产生明显影响。表 2.1 列举了几种产生倾听障碍的环境。

表 2.1　产生倾听障碍的环境

环境类型	封闭性	氛　围	对应关系	障碍源
办公室	封闭	严肃、认真	一对一、一对多	不平等导致心理负担
会议室	一般	严肃、认真	一对多	顾忌在场其他人
谈判	封闭	紧张、投入	多对多	对抗心理
现场	开放	可松可紧	一对多	外界干扰
非正式场合	开放	轻松、舒适	一对一、一对多	外界干扰大，太随意

（二）沟通双方个人障碍

沟通双方在沟通中具有举足轻重的作用，其理解能力、态度、精神状态等均会对倾听产生影响，主要可以归结为以下几方面。

1. 理解能力

沟通方知识水平、文化素质、职业、生活阅历等均会影响倾听效果。如果销售人员在沟通时忽略了这种沟通障碍，而在沟通中融入太多专业术语，就会造成对方的理解障碍，对方听不懂、不感兴趣，沟通效果可想而知。

2. 内部噪声

内部噪声即所谓的开小差，指在倾听过程中，倾听者因为某些原因而转移了注意力，“人在曹营心在汉”，表面看似在用心听，实则是另有所思。因此，销售人员切不可将生活和工作中的烦心事带到与客户的沟通中来，以免遗失重要信息。

3. 疲倦

在生理上，人的思维速度远比讲话速度快。大脑对于文字的处理速度是惊人的，如果人们把处理的文字讲出来，则会花费相当长的一段时间。正因如此，在与客户的沟通中容易出现这样一个问题，即如果销售人员与客户交流的时候语速过慢，就会导致对方想要利用思维的空闲去做其他事，如考虑其他问题，想到家人或朋友，想到足球比赛等，而不再关注销售人员的话。因此，销售人员必须努力提高自己的语速，强化语音语调的变化，以牢牢抓住客户的思维进度。

4. 急于发言

有的销售人员总是喜欢自己占据发言的主动，总希望别人能够接受自己的观点，信任自己推荐的产品，所以往往忽视倾听，在别人还没有讲完话的时候，就迫不及待地打断对方，或者自己内心早已不耐烦，往往不能把对方的意思听懂、听全。

5. 心理定式

人是主观的，其活动大多由经验决定，人们容易将自己的心理定式和成见加在人际沟通当中，难以用冷静、客观的立场来对待沟通方，这样极容易导致因立场不一致而不接受对方观点，倾听效果极差。

6. 消极的肢体语言

销售人员有时会在不经意间做出一些消极的肢体动作，如在与客户沟通时，东张西望，双手手臂交叉抱在胸前，抖脚甚至双手敲打桌面等，这传递了“我已经听得不耐烦了”的信息，会给客户留下相当糟糕的印象，大大降低沟通质量。

7. 缺乏眼神交流

如果在沟通中缺乏眼神交流，眼睛处于迷离的状态，则会向对方传递一种不感兴趣、无聊、想要尽快结束谈话以及不尊重的感觉。

六、克服倾听障碍以及运用倾听技巧

（一）创造良好的倾听环境

1. 选择合适的沟通场所

合适的沟通场所能够提供一个安全和安静的环境，能够让双方都有安全感、稳定感。在与客户沟通时，可以选择相对正式的场所，如酒店、会议室等，这能够让客户感受到尊重和受重视；当然也可以选择一些非正式沟通环境，如酒吧、咖啡屋、餐厅等，这样可以使沟通双方保持心理平静，消除地位差异，拉近人与人之间的距离，畅所欲言，由友谊之情开始开展业务交流。应依据交谈对象的个性特点以及交谈的主题和重要程度等选择安静、舒适、典雅的沟通环境。

但是无论在哪里沟通，都应力求避免电话、手机、呼机等人为干扰，确保室内空间宽敞，并注意沟通场所的空气流通条件，保证室内空气清新和舒适。如有背景声音，一定要关闭或调小音量。

2. 选择恰当的时间

人际沟通的时间选择非常重要。在与客户沟通前，必须事先与对方预约合适的时间，得到对方许可，给予对方足够多的时间去准备，切忌冒昧前往。在一次沟通后，还需要继续跟进，保持与客户适当的沟通次数。此外，一些沟通场合的人流高峰时间应尽量予以回避，如果必须选择，则应提前预订。例如，上午 9 点至 11 点是会议室的高峰期，餐厅、咖啡屋等在中午和下午 6 点后客户较多。

3. 保持一定距离

销售人员在与客户沟通时应注意空间距离问题，距离的调整以关系亲密程度为依据。例如，双方第一次交流，彼此不是特别了解，需要保持必要距离，建议在 1.2 ~ 3.7 米；双方感情好，关系到位，私下沟通时可以相互挨得近些，建议距离为 45 厘米 ~ 1.2 米；但在公众正式场合，还是应该保持一定距离。需要注意的是，如果双方距离超过 3.7 米，则会让人感到很疏远，而且不利于双方信息有效传递。

课堂互动

当你分别接待来自英国和阿拉伯地区客户的时候，你会注意克服哪些倾听障碍？

（二）专注投入

在人际沟通中应该积极投入，做好必要的心理准备。

1. 集中注意力

集中注意力要求人们在沟通中避免因为特殊原因而导致分心，从而影响沟通效果。要做到专注，具体来说可以从以下两个方面加以改进。

1）沟通前储备好精力，不打疲劳战，精心细致地准备沟通内容，不将与客户沟通无关的事件和不良情绪带进沟通的准备阶段。

2）心态平和，乐于接受不同观点，在沟通时做到关注内容。在与客户交流时，不对对方妄加评价，不将心理定式和偏见带到倾听中，学会欣赏和赞美，完整倾听对方谈话的重点内容。当看法不一致时，先耐心倾听，不要去思考如何反驳对方，更不能打断对方谈话，应该在客观地听完所有谈话内容后，再思考问题。

2. 采取开放式姿态

倾听时要保持高度紧张的状态，选择合适的姿势，手臂不交叉，不僵硬，身体躯干、四肢和头都应该处于适当的位置，全身心地投入沟通中来。在倾听中，开放的姿态还意味着控制自身偏见和情绪，消除心理定式影响，在谈话前多发掘对方的优点，培养自己交流的兴趣。

3. 保持适当的眼神交流

在倾听时应始终保持与对方的眼神交流，一次一般以不超过 2 秒为宜。适当的眼神交流会缩短沟通双方的心理距离，彼此都获得良好的沟通体验。但注视时间太长会让双方觉得局促不安。出于礼貌考虑，交流时不可以东张西望，可以注视对方眼睛以下、嘴唇以上的三角区域，如图 2.3 所示。

（三）跟随技巧的运用

在倾听中，跟随是必不可少的，具体可以从以下两方面开展。

1. 复述内容

在与客户沟通结束后，为了避免因理解能力和表述问题造成沟通失误，应该将听到的信息准确、简洁地向对方复述一遍，这样不仅可以检验自己是否正确地理解了自己听到的话，还可以鼓励对方继续沟通。在复述过程中，应该做到 5W1H，即 What（是什么）、Why（为什么）、When（什么时候）、Who（谁）、Where（什么地方）和 How（怎么做）。

图 2.3　保持适当的眼神交流

2. 记笔记

在与客户的沟通中，极有可能出现大量重要信息，所以销售人员需要把听到的重要信息，尤其是涉及 5W1H 的内容用笔记录下来，切忌只是简单地听，因为人脑在短时间内记忆的能力是有限的，很多信息会随着后来的信息被冲淡或代替。

当然，适时地记笔记不仅可以有效地回避因目光直接接触而导致的沟通心理紧张，也可以向对方传递一种专注的态度，进一步激发其沟通的欲望。

课堂互动

在图 2.3 中，两个人的沟通效果应该是非常不错的，他们手中持有的笔除了能够帮助他们更好地记录关键信息外，还能起到什么作用？

（四）表示理解

理解是倾听的主要目的，提高理解效率可以从以下三个方面着手。

1. 捕捉要点

用心去倾听别人的谈话，获取各种宝贵知识和信息，从而触发自己的思考。

2. 感悟对方的感情色彩

努力体会沟通方的感情色彩，以尽可能完全领悟其含义。具体包含：听取谈话内容，听取语音语调的变化，感受语速的变化。只有将以上三个方面结合起来，才能完全领悟对方想要表达的思想和情感。

3. 结合视觉辅助手段

为了能充分沟通，提高沟通效率，可以提供一些传单、宣传册、提纲、小册子之类的纸质材料，也可以制作幻灯片通过计算机播放出来。这样将视觉与听觉刺激相结合，可以使对方的理解和记忆都得到加深。

（五）进行反馈

在人际沟通中予以必要的反馈是十分关键的。反馈分为口头反馈和肢体语言反馈。可以通过适时的提问引导对方深化交流的内容；同时予以积极的肢体语言反馈，如点头、微笑、皱眉、摇头、偏头、身体前倾等，并结合恰当的手势表达自己的心声。

【情境训练3】

形式：集体参与

时间：5~10分钟

场地：教室

目的：感受倾听的乐趣，体味倾听中人与人之间微妙的人际关系。

程序：按照游戏道具提供的三张卡片完成任务。

卡片1：选择一个你感到很幸福的话题，可以是你的生日，也可以是你生活中得到他人帮助的一段经历，向你的伙伴讲述两分钟。

卡片2：当你的伙伴在讲话时，用身体语言或打岔等表示你没有认真倾听对方的谈话。

卡片3：通过你的手势、身体语言、应答或赞同表现出你对对方的讲话非常有兴趣，你是一位积极的倾听者。

游戏中，参与人员两人一组面对面就座，分别发给他们卡片1和卡片2，请他们按卡片要求去做，并嘱咐他们不要让对方知道自己的卡片内容。

游戏开展两分钟后，持卡片1的学生将卡片交给自己的伙伴。

第三步是将卡片3发给手中已经没有卡片的学生，请他们按新卡片上的要求去做，进行两分钟后大家开展讨论。

讨论问题如下：

（1）如何知道你的伙伴是否在认真倾听？

（2）你的伙伴是好的或不好的倾听者，你的感觉？对方的表现对你的讲话有什么影响？

（3）你认为积极的倾听行为是什么？

子情境 2.4 非语言沟通

学习目标

1. 了解非语言沟通的定义。
2. 了解非语言沟通的方式。
3. 熟练运用非语言沟通方式进行沟通。

一、非语言沟通的定义

在与客户的人际沟通中，可能遇到这种状况，就是在自己和对方交流的时候，对方不停地看表，或者往窗外望，甚至变得反应冷淡，这时他就在传递一种非常明确的非语言信息，即他此刻已经对谈话不感兴趣了，或者他此刻有其他事情需要立即处理，但又碍于情面不好意思打断别人的谈话。在对方委婉地表示他想要离开时，聪明的人应该知趣地岔开话题并准备告辞。

所谓非语言沟通，就是指通过口头和书面沟通之外的沟通方式传递信息，包括语音语调、眼神、手势、表情、距离等。据专家统计，人在沟通中有至少55%的信息是通过非语言沟通完成的。

实例 10

小罗经过笔试、面试，终于进入世界知名品牌C.D代理店担任销售人员。今天她打扮入时，开开心心地走进了购物中心二楼大厅左侧的C.D店面内。衣架上的时装，件件吸引着靓女们的眼球，不少人乘兴而来，满意而归。尽管这些时装价格不菲，但销路不错。在实习的两周中，她发现进店观赏的客户中超过三成的女士都到了收银台，提着C.D的时装袋开心而去。

正式上班的第一天，直到下午4点，小罗仍然没有售出一件时装。突然，她发现一个中年女士已走到她柜台前，眼睛盯着她身边衣架上的时装。她知道，这几款套装有好多人试穿过了，只是有的腰围或胸围不符，也有的没说什么就走了。面前的这位女士要身材有身材，要三围有三围，皮肤白嫩，真叫小罗羡慕。于是她聚精会神，向这位女士介绍，请她随意试穿，同时赞扬着女士的身材和皮肤。

当这位女士换上一套又一套C.D套装时，在场的003号和008号服务员也围了过来，发出惊羡的声音。那位女士似乎也很满意这几款套装，特别是米灰和草绿的两套，她穿在身上反复照着镜子，走过来转过去，舍不得脱下，每件衣服她都仔细看，观察质地，看说明标牌。

小罗抓住时机请她确认一套，那位女士却幽幽地说："这套时装不适合我。"

小罗微笑着询问："哪儿不合适呢？你看这几款，款款都那么漂亮，这两天来试过的人如果像你穿得这么合身早就买走了。你看，价格也不贵，只有4 000元，如果有贵宾卡，可以9折优惠，今天我们就给你9.5折优惠，补给你一张贵宾卡。下次都可以打9折，一般购物5 000元以上，我们才发卡的。"

女士看了看小罗，没有出声。在小罗的询问下，女士说：“让我看看，还有没有适合我的。”说完她就走向其他的衣架，仔细摸摸，试试手感，看看标牌，最后还是走了出去。

小罗陷入了沉思，003号服务员叫道：“她那么好的身材给我就好了，我一定可以当上模特儿，哪用得着当这个售货员。”

思考：

（1）小罗在推销衣服的过程中运用了哪些非语言沟通方式？可以告诉客户什么信息？

（2）这么合适的时装，为什么没有成交？如何通过非语言沟通揣摩客户的心思？

（3）要成为一名出色的销售人员，哪些沟通技巧是必要的？

（资料来源：黄漫宇. 商务沟通. 北京：机械工业出版社，2010）

二、非语言沟通方式

非语言沟通方式可以分为身体语言、语调语言、沉默、空间距离、时间观念等。

（一）身体语言

身体语言又称肢体语言，是指借用人体的动作、姿态、表情、着装等形式表现特定感想和态度。身体语言是所有非语言沟通形式中内容最丰富、最复杂，使用最频繁的形式。研究发现，肢体语言往往比口头沟通更具可信度。换言之，伪装语言符号容易，但是伪装身体语言符号就难多了。所以，销售人员需要培养自己“察言观色”的能力。以下从十个方面介绍肢体语言。

1. 表情

表情是非语言沟通形式中最重要、使用最频繁、表现力最强的形式。在商务场合懂得“看脸色”尤其重要，特别在与客户谈判价格时，需要以敏锐的观察力来解读对方的心意。

笑容是最复杂的身体语言之一，也是最直观、最有感染力的身体语言。在与客户的沟通中，销售人员应该始终将真诚、灿烂的微笑挂在脸上，用快乐的情绪去感染对方，用自己的真心实意去打动客户，使他们产生一种亲近感、信任感，以此确保营销手段的有效性。

皱眉通常表达痛苦、无奈、百思不得其解等感受。

嘴部动作经常同笑容、皱眉等面部表情联系在一起，它们是一个统一的、不可分割的整体。辨认表情的诀窍就在于分析脸部，如嘴角上扬或下垂，嘴巴张开或紧闭，眼睛睁大或微眯等，前者一般与积极的沟通心态有关，而后者往往与消极的沟通心态有关。再如，一条眉毛扬起表示怀疑，两条眉毛扬起表示惊讶，两条眉毛下垂则表示沮丧和悲哀。

2. 手势

手是人体最灵活的部位之一。与声音相比，手势具有很多优点，如清晰、明确、系统地传递信息等。通常，手势的作用可以归为以下四种。

1）表示数字，常见的是表示1～10的10个数字。

2）表示对别人的评价，大部分情况下可以用大拇指或紧握的拳头表示赞扬和鼓励，小拇指表示看不起。

3）表示信念和态度，如V形手势代表的就是必胜的信念。

4）表示关注的焦点，如用手指指向某个事物或方向。

3. 姿势

不同的姿势具有不同的含义。例如，两腿站立，双臂向两侧展开可能表示疑惑、漠不关心、无奈；单手扶在墙上，单脚触地可能表示漫不经心、恼火、不耐烦；双臂交叉于胸前，两脚分开站立则可能表示自满、优越、惊奇、怀疑等；抖脚被视为缺乏教养或无聊的心理表现；身体歪斜则被视为缺乏激情，人很慵懒。

4. 方位

人与人的方位可以在很大程度上暗示彼此的关系和态度。如果两个人挨得很近，则表示两人关系到位，希望合作；如果是面对面或背对背，则表示两人关系对立，双方存在一定分歧；在会议沟通中，左为尊，排在第一位的人应坐正中间；在与客户的商务交流中，面对面会使双方产生较强的距离感和戒备心，不利于谈话的开展，应让两人分别坐在沙发或椅子上，两人的夹角小于90°。

5. 眼神

“眼睛是心灵的窗户”，眼神在沟通中发挥着非常重要的作用。眼神通常可以传递以下信息。

1）表示感兴趣。在一般的交谈中，有25%~75%的时间是在看对方。长时间的凝视表示感兴趣，以及一种亲近的渴望；而长时间不对视，则表明彼此没有兴趣。

2）表达反馈。例如，愉悦的眼神表示希望对方继续讲下去，疑惑的眼神表示希望对方能解释得更清楚，愤怒的眼神则表示反对，游离的眼神表示不感兴趣。再如，昂起头，眼睛由上往下看，表示高傲、看不起；低下头，眼睛由下往上看，表示顺从、胆怯；正常平视则表示平等与自信，如图2.4所示。

图2.4　眼神

3）表示不自信或内心愧疚。在倾听中，如果几乎不看对方，则可能向对方传递一种信号，即企图掩饰什么。如果在沟通中，眼神是闪烁不定的，那么这就反映出精神上的不温柔，以及性格上的不诚实。

6. 点头

点头的一般解释是表达同意，表示愿意继续听下去，是对对方谈话的一种鼓励。而在印度，点头的意思与其他国家不同，表示“不”或“不同意”。

7. 接触

身体上的接触表达的是一种亲近感，这是在表示同情和安慰时最好的办法，但在与客户的沟通中，应视具体情况而定，切忌侵犯别人的隐私。

8. 仪表

在正式的沟通场合，为了给对方留下良好的第一印象，给予对方必要的尊重，销售人员着装应该严谨得体；反之，在非正式沟通场合，可以穿得活泼甚至大胆。

9. 握手

握手者必须从内心真诚地接纳别人。握手时应热情有力，避免“钓鱼式”、“死鱼式”、“抓指尖”式握手。在人际沟通中，作为主人、上级或女性，应主动伸手与人相握。注意握手时不要戴手套，以示对对方的尊敬；握手过程中应保持与对方适当的目光接触，用力适度。

10. 递接名片

在商务沟通中，销售人员的名片是非常必要的一种沟通工具。为了表示对对方的尊敬，递交名片时应双手呈上，并请对方笑纳。同时作为接名片的一方，应该出于礼节，双手接名片后，仔细查看名片上承载的信息，而后装入相应的名片夹或衬衣口袋中，切忌看也不看就直接装进衣服口袋。

课堂互动

在实例10中，那位挑选衣服的女士有哪些肢体工作？小罗发现了吗？这些信号说明什么？

（二）语调语言

语调语言是指以音调的高低变化和语气的强弱变化表示一定含义。

语调在口语表达中具有非常重要的作用。由于人精力集中的时间非常有限，很容易产生疲劳感，所以如果在沟通时语音语调没有任何变化，那么听众很容易厌倦，从而影响沟通效果。据心理学家统计，每分钟120～261个字的说话速率比较适中，如果沟通者使用更快的速率，将被视为更有能力抓住对方的沟通兴趣。同时，销售人员可以通过语音语调的变化来判断沟通方的“言外之意”。

（三）沉默

沉默不是简单的不作声，沉默的后果是沟通暂时中断或沟通双方的对立。比如，当客户经理介绍完产品后，客户选择沉默，这可以理解为客户在思考刚才的谈话内容以便做出决策，也可以理解为客户厌倦了，拒绝回应，表达自己的异议。由于沉默的含义不甚明了，所以不可以轻易下结论。

（四）空间距离

每个人都有一定的属地意识，都希望在与人交往时保留自己的个人空间。人与人之间的空间距离相当于一种心理空间距离。这种距离一般分为四种类型，即亲密距离、私人距离、社会距离和公共距离，如图2.5所示。

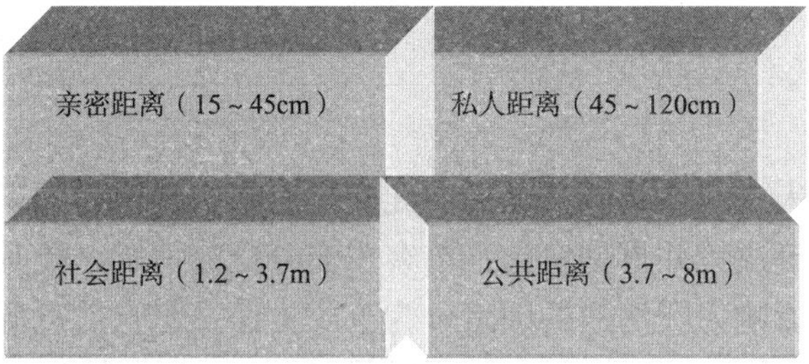

图 2.5　空间距离

亲密距离广泛适合家庭成员和亲密的朋友之间。私人距离适合普通朋友之间的交谈。社会距离适合非个人事务的谈话，在商务沟通场合经常可见。公共距离适合非个人性质的沟通，如演讲等。

（五）时间观念

时间观念虽然看似人们使用时间的方法和态度，但其实包含了个人做事的方式以及对别人使用时间方式的配合。

大部分人对时间观念的理解只是前者。例如，有人认为在与客户的沟通中，偶尔迟到是无所谓的，客户不会说什么。其实不然，在与客户的沟通中迟到了，哪怕只有一分钟，也是对客户的不尊重，这会向客户传递办事不积极、为人慵懒的错误信息，进而会影响自己在对方心目中的形象，甚至波及自己所代表的产品和企业。

在沟通中还有第二种意义的时间观念，即对别人使用时间的方式给予配合。如果作为销售人员不配合客户的时间，反倒让客户等自己，就会出现对待同一件事情松紧不一致的情况。例如，对于一位急性子的客户，如果销售人员在处理事情的过程中不紧不慢，缺乏紧迫感，就会让对方误以为销售人员缺乏必要诚意，对他不够重视，这样将使对方对后面沟通的内容失去兴趣，从而影响沟通效果。因此，强化时间观念，做到决策和行动都干脆利落是销售人员与客户人际沟通成功的一个有力保障。

【情境训练 4】

（1）你认为时间十分珍贵吗？

（2）你愿意尽快完成一件事还是按时完成即可？

（3）你喜欢一鼓作气完成工作还是慢慢地做事情？

（4）你希望别人在时间观念上总是与你一样吗？

（5）当其他人的时间观念与你不一致时你感到很恼火吗？

（6）你是否忽视了对方对你的时间观念很恼火？

如果你前三个问题都做了肯定回答，那么说明你是个时间观念很强的人；如果你后三个问题都做了肯定回答，那么说明你不具备第二种意义上的时间观念。

知识小结

人际沟通是个人之间在共同活动中彼此交流思想、感情、知识等信息的过程。人际沟通可以确保企业正确决策并贯彻实施；与客户充分交流情感，让其情绪得以发泄；可以增进企业对外宣传。影响人际沟通的因素分为五个方面：影响信息源的因素、影响信息的因素、影响信息渠道的因素、影响信息接收者的因素、沟通环境的因素。

自我沟通也称内向沟通，是指个人接收外部信息并在自身进行信息处理的活动。自我沟通可以运用很多技巧，包括恰当运用自我防御或自我肯定、正确使用投射效应、突破思维定式。

倾听是在对方讲话的过程中，听者通过视觉和听觉的同时作用，接受和理解对方思想、信息及情感的过程。造成倾听的障碍主要有环境障碍及沟通双方个人障碍。克服倾听的障碍可以通过五个方面来开展：创造良好的倾听环境、专注投入、跟随技巧的运用、表示理解、进行反馈等。

非语言沟通就是指通过口头和书面沟通之外的沟通方式传递信息，包括语音语调、眼神、手势、表情、距离等。

分组讨论

在本次任务教学中，要求学生自己设计客户沟通情境，并进行角色分配和互换，同时在课题训练中针对案例2-1、案例2-2和案例2-3进行分组模拟演练，讨论以下问题。

1. 人际沟通包括哪些方面？沟通中容易出现哪些问题？如何去克服？
2. 讨论可以运用哪些沟通技巧以有效地吸引客户或者解决客户的抱怨问题。
3. 讨论并总结容易导致人际沟通失败的行为。
4. 相互评价对方在模拟客户沟通中好的做法并加以肯定。

技能训练及素质拓展

一、案例分析

小王是新上任的经理助理，平时工作主动积极且效率高，很受上司的器重。那天早晨小王刚上班，电话铃就响了。为了抓紧时间，她边接电话，边整理有关文件。这时，有位姓李的员工来找小王。他看见小王正忙着，就站在桌前等着。只见小王一个电话接着一个电话，最后，老李终于等到可以与她说话了。小王头也不抬地问他有什么事，并且一脸严肃。然而，当他正要回答时，小王又突然想到什么事，与同室的小张交代了几句……这时的老李已是忍无可忍了，他发怒道："难道你们这些领导就是这样对待下属的吗？"说完，他愤然离去……

请各学习小组根据所学知识，分析讨论以下几个问题：

1. 这一沟通的问题主要出在谁的身上？为什么？

2. 如何改进其非语言沟通技巧？

3. 假如你是小王，你会怎样做？

二、沟通游戏

游戏——情感病毒

目的：情感是人与人交往中的重要因素之一，强烈的感情尤其是负面的情绪会在人与人之间犹如病毒一样传播开来，这个小游戏可以深刻地让学生明白这一道理。

游戏规则和流程

1. 第一轮

（1）游戏开始前，所有人围成一圈，并且闭上眼睛，主持人在由学员组成的圈外走几圈，然后拍一下某个学员的后背，确定“不安情绪源”，注意尽量不要让第三者知道这个“不安情绪源”是谁。

（2）学员们睁开眼睛，散开，并告诉他们现在是一个鸡尾酒会，他们可以在屋里任意交谈，和尽可能多的人交流。

（3）“不安情绪源”的任务就是通过眨眼睛的动作将不安的情绪传递给屋内的其他三个人，而任何一个获得眨眼睛信息的人都要将自己当作已经受到不安情绪感染的人，一旦被感染，他的任务就是向另外三个人眨眼睛，将不安的情绪再次传染给他们。

（4）5 分钟以后，让学员们都坐下来，让“不安情绪源”站起来，接着是那三个被他传染的人，再然后是被那三个人传染的人，直到所有被传染的人都站了起来，你会惊奇于情绪传染的可怕性。

2. 第二轮

（1）告诉学员们，你已经找到了治理不安情绪传染的有效措施，那就是制造快乐源，即用真挚柔和的微笑来冲淡大家因为不安而带来的阴影。

（2）让大家重新坐下围成一圈，并闭上眼睛，告诉大家你将会从他们当中选择一个同学作为“快乐源”，并通过微笑将快乐传递给大家，任何一个得到微笑的人也要将微笑传递给其他三个人。

（3）在学员的身后转圈，假装指定了“快乐源”，实际上你没有拍任何人的后背，然后让他们睁开眼睛，并声称游戏开始。

（4）自由活动三分钟，三分钟以后，让他们重新坐下来，并让收到快乐信息的同学举起手来，然后让大家指出他们认为的“快乐源”，你会发现大家的手指会指向很多不同的人。

（5）微笑地告诉大家实际上根本就没有指定的“快乐源”，是他们的快乐感染了他们自己。

相关讨论

1. 不安和快乐哪个更容易被传染一些？在第一轮中，当你被传染了不安的情绪，你是否会真的感觉到不安，你的举止动作会不会反映出这点？第二轮中呢？

2. 在游戏的过程中，你对于别人要传染给你不安的预期，导致你真的开始不安，同样你想让别人对你微笑促使你接受和给予微笑。在日常的生活和工作当中，你是否会遇到这种事情？

3．在一个团队里面，某个人的情绪是否会影响到其他人，是否会影响到团队的工作效率？为了防止被别人的负面情绪所影响，你需要做什么？

三、素质拓展训练

形式：2～3 名学生组成一组，每位学生向自己的组员介绍自己的家乡、兴趣爱好及对自己组员的评价。

要求：

1．每位小组成员都要参与到介绍活动中来。

2．每位小组成员在介绍完后，都要要求组员对自己进行一个评价，包括表情与动作的协调性、情绪控制能力、表达能力等。

3．每位小组成员都要将组员对自己的评价记录下来，尤其是表现不足的地方，同时，针对表现不足的地方提出改进方案。

延伸阅读

当你对一个人有好感的时候，你一定会乐于回应他，如此双方的面谈就会如沐春风。那么，哪些因素会影响人际沟通的印象好坏呢？销售人员又该把握哪些方面呢？获得客户好感有以下六种方法。

一、给客户良好的外观印象

人的外观会给人暗示的效果，因此应尽可能使自己给客户留下一个好的印象。人面部的眼睛、鼻子和嘴巴及头发等都会给人留下深刻印象。例如，双目近视或者双目大小不一，都容易给人留下不愉悦的感觉，应该使用眼镜将这些不好的地方加以修饰或掩盖；洁白的牙齿能给人开朗纯净的感觉；头发凌乱会让人觉得落魄而不值得尊重；穿着随意，行为不拘小节等会给人留下不够专业、办事不牢靠的印象。因此，好的外表是销售人员需要注意的一个方面，牢记“推销商品前请先推销自己”。

二、要记住并经常说出客户的名字

名字的功能非常强大，每个人都希望别人能够重视自己。重视别人的名字就如同重视他人一样。所以，销售人员应在工作之余，强迫自己不断回忆客户的相貌特征，以期尽快将其形象印在脑海中，日后再打招呼就会让对方产生一种强烈的亲切感。

三、让客户有优越感

让客户有优越感最有效的办法就是对于他所做的事、他本人及他所喜好的事情加以赞美。具体来说，可以赞美他的穿着，羡慕他的工作，佩服他的能力，欣赏他的品位等。这些都将在无形中拉近彼此的距离，客户的戒备心理自然就消失了。

四、替客户解决问题

十几年前，理光复印机曾通过一则广告进行宣传，很多人对其广告语仍记忆犹新——“用普通办公用纸就能复印文件”。人们记住了这份便利，也就记住了理光产品本身。在当时政务办公耗费办公材料非常严重的情况下，这种复印机对于政府部门的吸引力可想而知。因此，在客户面前，如果销售人员能事先知道客户面临哪些问题，有哪些因素困扰着他，并能站在他的角度和立场表达自己对他的态度，让客户感到销售人员愿意与他共同解决问题，他必定会对销售人员产生好感。

五、自己保持乐观开朗

快乐的情绪是可以感染别人的，没有一个人会对一位终日愁眉苦脸、深锁眉头的人产生好感。一个以微笑迎人，能让别人也产生快乐情绪的人，能很容易地争取到别人的好感。因此，作为销售人员，每天的必修课程之一，就是出发前，对着镜子笑上一分钟，使自己的笑容变得亲切和自然。同时对自己进行心理暗示：“我能行，我很快乐！”通过自我暗示，先让自己愉悦起来，再用这份愉悦和活力去感染别人，这样就奠定了坚实的沟通基础。

六、利用赠品去赢得准客户的好感

销售人员应该让客户觉得自己不是来推销商品的，而是来进行业务宣传的。公司可以选择一些小赠品配合自己的形象宣传，如印有公司标志和公司图片的台历、茶杯等，销售人员可以在拜访客户时随机赠给对方。虽然产品本身价值不高，却能发挥极大的效力，因为客户在受到重视时，内心的好感会油然而生。

如果销售人员能够熟练地使用上述六种方法，甚至将它们变成自己沟通中的一种自然习惯，那么到哪里都会是一位受欢迎的人。

学习情境三

商务礼仪

情境导航

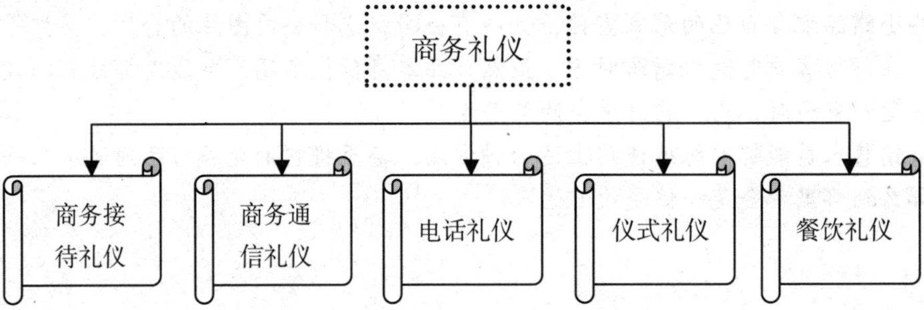

知识技能目标

知识目标

- 了解商务通信礼仪、仪式礼仪；
- 理解主要菜系的餐饮礼仪及基本的茶、红酒文化；
- 掌握基本商务接待、座次礼仪、电话沟通的技巧。

技能目标

- 能够塑造自身商务形象并在商务接待中展现得体的接待礼仪；
- 能够在商务通信活动中正确使用电邮、传真和基本的文书；
- 能够在中餐、西餐和自助餐中展现得体的餐饮礼仪；
- 能够进行简单的电话营销。

商务礼仪自测

以下这些问题看似小事，却有可能决定别人对你的看法和态度。想测一下你在商务礼仪方面的知识储备吗？那就来判定一下以下行为的正误吧！

1. 在社交场合化妆、补妆的行为是符合商务礼仪规范的。
2. 有一位男士穿着单排扣西装，上面有三颗扣子，他只系了下面两颗。
3. 一位商务男士领带的长度与腰带扣下沿齐平。
4. 男士穿西装的时候，里面的衬衣可以是长袖也可以是短袖。
5. 女士职业装的套裙长度应该与膝盖齐平，最短不能超过膝盖上面10公分。
6. 握手和递送名片的顺序是一致的。
7. 中国以右为尊，所以不管谁开车，司机右后座都是上座。
8. 挂电话的时候一般是谁先打谁先挂，但是如果是给领导打电话，最好让领导先挂。
9. 公司庆典仪式上，红色缎带上的花团数目必须大于剪彩嘉宾的人数，以保证每位嘉宾都“有花可剪”。
10. 签约仪式上水牌的摆放：客方签字人在签字桌右侧就座，主方签字人则在签字桌左侧就座。
11. 中餐的就餐座次是“以右以中为尊”、“面朝大门为尊”。
12. 餐巾不仅可以擦餐具还能用来擦嘴及手上的油渍。
13. 餐巾可以放在双膝上端的大腿上，不可以挂在西装领口。
14. 西餐的餐具取用原则：从外侧向内侧取用。
15. 咖啡匙除了可以搅拌咖啡，还可以用来舀着咖啡一匙一匙地喝。

计分方法：

本测试共15题，每题1分，其中1、2、3、4、6、7、9、11、12、15的描述是错误的，5、8、10、13、14的描述是正确的。根据自己的判定结果，计算自己的分数。

解析：

1～5分　表明你的商务礼仪知识匮乏。未来可能由于你对商务礼仪的重视程度不够，导致你在职业发展道路上遇到很多障碍。

6～10分　表明你的商务礼仪知识比较丰富，这会在你的职业发展道路上，助你一臂之力，但你还需加强学习与锻炼。

11～15分　表明你的商务礼仪知识充足。无论你处在什么样的商务场合，你都能应付自如，这将成为你在职业发展道路上的一笔宝贵的财富。

自我分析：请对照测试结果，对自己进行深刻的反思与剖析，总结出你在商务礼仪的哪些方面存在知识和能力的欠缺，并把这些问题列在表中，然后与同学交流，在本情境学习完成后掌握这些知识和能力。

我在商务礼仪中存在的问题	原因剖析	解决措施
1.	1.	1.

案例导入

案例 3-1 被“抖掉”的合同

一位美国华侨到国内洽谈合资业务，洽谈了好几次，最后一次来之前，他曾对朋友说：“这是我最后一次洽谈了，我要跟他们的最高领导谈，谈得好，就可以拍板。”过了两个星期，他回到了美国，朋友问：“谈成了吗？”他说：“没谈成。”朋友问其原因，他回答：“对方很有诚意，进行得也很好，就是跟我谈判的这个领导坐在我的对面，他跟我谈判时，不时地抖着他的双腿，我觉得还没有跟他合作，我的财都被他抖掉了。”

（资料来源：谷玉芬. 餐饮管理. 职业餐饮网，2007）

辩证性思考

商务会谈时应注意哪些礼仪细节？

案例 3-2 电话对白

一家国内 IT 企业进行笔记本电脑的促销活动，企业销售人员打电话给潜在的客户进行产品推销。以下是这次推销过程的电话对白。

销售人员：“先生，您好，这里是 HR 公司个人终端服务中心，我们在搞一个调研活动，我们可以问两个问题吗？”

客户：“你讲。”

销售人员：“您经常使用计算机吗？”

客户：“是的，工作无法离开计算机？”

销售人员：“您用的是台式机还是笔记本电脑？”

客户：“在办公室用的是台式机，在家就用笔记本电脑。”

销售人员：“我们最近的笔记本电脑有一个特别优惠的促销活动，您是否有兴趣？”

客户：“你就是在促销笔记本电脑吧？不是搞调研吧？”

销售人员：“其实，也是，但是……”

客户：“你不用说了，我现在对笔记本电脑没有购买兴趣，因为我有了，而且，现在用得很好。”

（资料来源：侯志春. 管理沟通理论与实务. 北京：清华大学出版社，2009）

辩证性思考

1. 请分析该销售人员推销失败的原因。
2. 请模拟销售人员和客户，完成此次产品推销工作。

学习档案

《论语》曰：“不学礼，无以立。”意思是说不学会礼仪礼貌，就无法在社会中找到立身之处。“礼者，敬人也”，礼仪的核心就是尊重自己、尊重他人，唯有以礼待人才能以理服人。中国自古以来就是一个讲究礼仪的国度，在古代，“礼”和“仪”是分开来使用的。古籍中对“礼”的解释有三层意思：一是等级制度及与其相适应的礼节；二是尊敬和礼貌；三是礼物。而“仪”在古汉语中也有三层意思：一是指容貌和外表；二是指礼节和仪式；三是指准则和法度。

将“礼”和“仪”连起来使用始于《诗经·小雅·楚茨》：“为宾为客，献酬交错。礼仪卒度，笑语卒获。”大体的意思是，宴会上宾客们竞相举杯，其言谈举止都十分讲究得体。时至今日，随着对外交流的不断发展，以及新技术如电子商务等的应用，“礼仪”被赋予了更多的含义。它泛指人们在社会交往中形成并共同遵守的行为规范和准则，是礼节和仪式的总称。

作为礼仪在商务场合中的具体应用，商务活动礼仪是一种交际的方法，是个人修养、企业文化的体现，是对细节的深入解读，是一门沟通的艺术。在商务场合，礼仪就是人际关系的“润滑剂”，它能非常有效地减少摩擦，最大限度地营造良好的协商氛围，避免冲突，从而实现企业的目标。

子情境 3.1　商务接待礼仪

学习目标

1. 设计自己的商务形象。
2. 掌握基本商务接待礼仪。

一、商务形象

（一）妆容与发型管理

不需要打扮得多么靓丽迷人，不需要穿得多么昂贵奢华，干净得体、优雅大方的职业形象既是对自己的支持与鼓励，也是对他人的礼貌与尊重。它能让客户、同事产生好感，辅助人们顺利开展工作，提升人们的自我魅力，为企业形象加分。

1. 日常清洁

面部清洁（见图 3.1），不仅指心灵的窗户——眼睛，还包括了嘴、鼻、耳、颈部等多个部位。健康的面部皮肤代表着旺盛的活力和良好的生活状态。正确进行日常清洁养护，合理使用护肤品，是塑造商务形象的基础。日常清洁如表 3.1 所示。

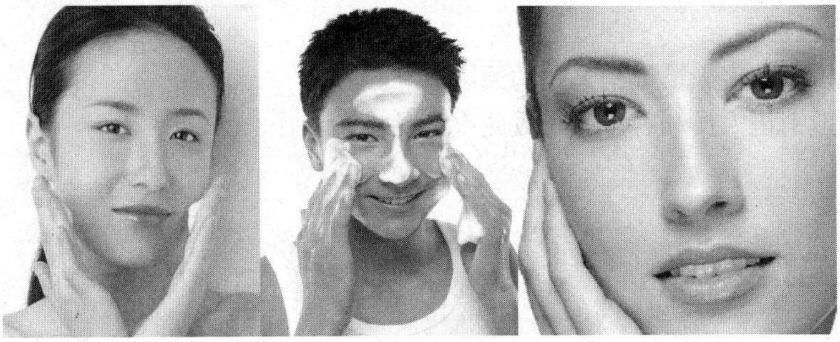

图 3.1　面部清洁

表 3.1　日常清洁

部　　位	清洁要求
眼部	眼部分泌物要及时清除，眉形随脸形修整，文眉不能太突兀
鼻部	鼻腔保持干净，定期修剪鼻毛，定期保养，避免“草莓鼻”
嘴部	口腔无异味，饭后无残留，定期修整胡须，无脱皮干裂现象
耳朵	保持耳朵干净，特别是耳廓部位；及时清理耳垢
颈部	保持颈部干净，呵护颈部皮肤，防止过早老化

对于面部的整体要求强调干净清爽，无汗渍和油光，没有脱皮现象。对细节的把握与关注，体现了个人的生活品质与职业修养。

2. *皮肤护理*

肤质和性格一样是因人而异的，不同的皮肤需要不同的护理，只有因材施“护”，才能让皮肤保持健康并焕发自信光彩。皮肤护理要求如表 3.2 所示。

表 3.2　皮肤护理要求

类　　型	皮肤特点	护理要求
油性皮肤	满脸油光，毛孔粗大，易长痘痘	彻底洗脸，使用收敛性化妆水，尽量不用油性化妆品。入睡时最好不用护肤品，以保持皮肤的正常排泄通畅
干性皮肤	两颊出现小雀斑，有脱皮现象	不用碱性化妆品，使用保湿性化妆水或乳液；每周做一次营养面膜以促进血液循环
混合性皮肤	面部 T 区（额、鼻、下颌）易出现油光，其余部位呈干性	分区域进行皮肤保养；加强保湿，不涂油腻的保养品；干燥部分着重保湿，可用热敷促进新陈代谢
敏感性皮肤	皮肤受不良刺激出现红肿、发痒、脱皮等现象	温水洗脸，使用性质温和的护肤霜；饮食均衡，加强运动，保证睡眠质量

课堂互动

在面部日常清洁中，你最容易忽视的是哪个部位？分享一下个人面部清洁和皮肤护理的经验。

3. 妆容选择

商务活动中，妆容应以淡雅为主，如图 3.2 所示。眼影、腮红、口红的颜色不能过亮、过浓，眼影颜色避免选择大红大绿，以棕色系为主。切勿戴假睫毛或用亮粉装饰面部。香水味道以清淡为宜。指甲干净，修剪得体，避免涂成黑色等太过个性化的颜色。休息或用餐之后妆容容易出现残缺。长时间的脸部残妆会给人懒散、邋遢的感觉。所以，在商务活动中要注意及时检查妆容和补妆。此外，在社交场合补妆是极为失礼的。

化妆最基本的步骤有五步，如果熟练，8 分钟左右就可以完成一个社交妆容。第一步，洗脸后拍爽肤水，等爽肤水完全吸收后擦润肤乳。第二步，拍粉底液，如果皮肤较白，可以不擦粉底，用隔离霜代替。第三步，画眉毛。推荐使用眉粉，相对于眉笔来说，眉粉更易掌握，适合初学者，如果画错也更易修改；眉粉颜色要选与自己眉毛接近的颜色，适合亚洲女性的颜色一般是咖啡色、棕色。第四步，刷眼影和睫毛。第五步，使用腮红、护唇膏和口红（唇彩）。

粉底方面，在购买粉底液时，可到专柜选两三种接近肤色的粉底，试擦于脸颊，来确定需要购买的粉底颜色。使用粉底液时（见图 3.3），用手指蘸取少量，分别点在额头、鼻梁、脸颊、下巴等处，然后轻轻拍打推匀。为了防止涂抹后皮肤起皮，可以把粉底液和润肤乳放在一起搅拌均匀后再涂抹，润肤乳的分量最多不超过所用粉底液分量的 1/2。此外，散粉是用于定妆的，可以让妆容更持久，日常工作中也可不用。

图 3.2　妆容淡雅

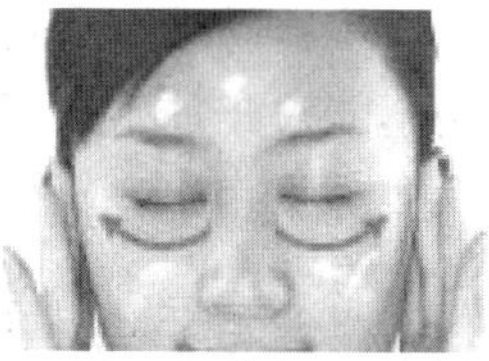

图 3.3　使用粉底液

眉毛方面，画的时候尽量淡，眉头不用画，从眉峰到眉梢依次刷开，不要一次画得过重，这样不易修改。慢慢地添加，根据自己的脸型来修正。画眉最重要的就是经验，应多加练习。

眼妆方面，刷眼影（见图 3.4）最简单的一种方法就是不使用叠加眼影，而是选用棕色或咖啡色等易搭配的眼影，在上眼皮眼球突出部位快速淡扫一层即可。稍微复杂一些的刷眼影方法，可按照以下步骤进行。第一，用淡色扫亮眼球部位的眼皮。第二，用同色系眼影中的浅色将双眼皮褶处填满。作为职场女性，以大地色系或棕色为主色调，可以突出成熟、稳重的气质。第三，将同色系眼影中的深色晕开在靠近睫毛根部的眼皮处。第四，在眉骨处，眉尾下面用高光扫亮。睫毛膏以 Z 字形由内往外多刷几层即可，关键的是夹睫毛，可从根部出发分三段夹，逐渐把睫毛往上夹，带来自然效果。此外，用小梳子梳理睫毛，使睫毛不纠结、不结块也是一种礼节。

商务女性代表的是公司的形象，优雅、端庄、给人一种信任感应该是妆容所要传达的感觉。腮红的面积不宜过大，颜色不宜过艳，选择粉色、砖红色、橙色的腮红比较合适。

刷腮红的时候（见图 3.5），面带微笑，以笑肌突起处（颧骨下）为起点斜着轻刷就好。此外，商务场合，口红切忌使用大红、大粉等鲜亮颜色，最好用亚光的唇膏。

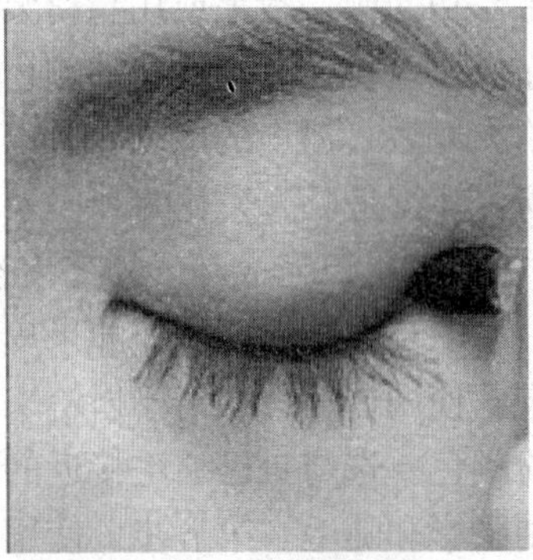

图 3.4　刷眼影

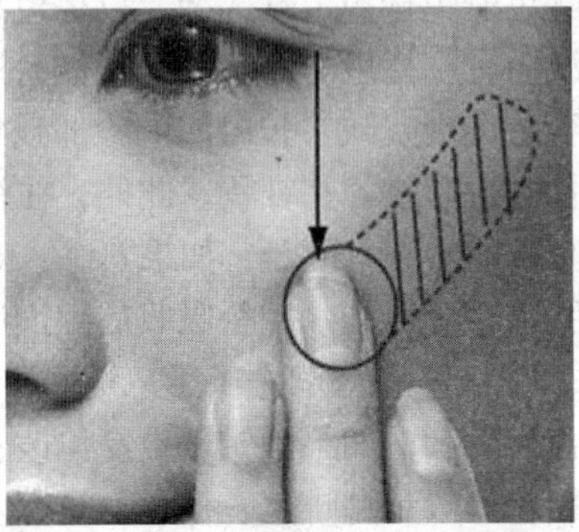

3.5　刷腮红

小贴士

职场女士，最好选择自然淡妆，不宜过度夸张。注意不在公众场合化妆，尤其不要在男士面前化妆。礼仪界是这么描述的："在男士面前化妆，就好比在男士面前脱衣服。"

4．发型选择

头发是人体的制高点，很容易引起他人注意。良好的职业形象需要合适的发型。它既要整洁、干净、时尚，又不能过于前卫。要取得最佳的效果，秘诀只有一个——适合自己的才是最好的。脸型与发型对照表如表 3.3 所示。

表 3.3　脸型与发型对照表

脸　型	特　点	发型建议	
三角形	额头窄，脸的下部比较宽		强调纵向的长度，有特色的刘海设计感十足
长形	下巴长，脸比较狭长，让人觉得不明朗		增加两侧发量，将头发做成卷曲波浪式，可增加优雅的品位
圆形	颧骨部分比较宽，脸比较短		增加发顶高度，避免面颊两侧头发隆起
方形	腮骨明显与额头差不多宽，下巴较短		用不对称的刘海破掉宽直的前额边缘线，避免留齐至腮帮的直短发
菱形	脸型的上半部为正三角形，下半部为倒三角形		额上部头发拉宽，额下部头发逐步紧缩，靠近颧骨处设计为波浪式

男性的发型多以短发为主，切勿光头或过于夸张、满头发蜡。在理发时告诉理发师自己的职业要求将有利于设计出适合自己的发型。此外，选择一款容易打理的发型会带来很大的方便。

（二）着装礼仪

1. 男士西装

西装可简单分为单排扣和双排扣两种。正式场合，西装色调应比较深，最好用毛料制作。在半正式交际场合，如一般性会见等，可穿色调较浅的西装。在非正式场合，如穿西装，最好穿单件上装，配以其他色调和面料的裤子。

西装穿在身上要想显得大方得体，首先要做到干净笔挺，去除商标，不放任何东西。其次，纽扣的系法也很讲究。单排两粒扣式的西装上衣，讲究“扣上不扣下”，即只系上边那粒纽扣。单排三粒扣式的西装上衣，可以只系中间那粒纽扣，也可以系上面两粒纽扣，以示郑重。若是双排扣式的西装上衣时，在通常情况下能系上的纽扣都要系上。

西装是男士永恒的时装，如何画龙点睛和凸显个性呢？领带和衬衣的作用不可小视。领带图案和颜色很多，最实用的就是单色，如灰色西装，搭配浅蓝色或暗红色领带。印有几何图案的领带比较普遍，这种领带的底色是主色。其底色应与西装同色系，领带上的圆点、斜条的颜色应与衬衣同色系。例如，宝蓝色底白色圆点图案的领带可以配白色衬衣加宝蓝色西装。而衬衣，最实用的是白色，怎么搭都可以，正式场合切勿穿花格衬衣。此外，正式场合不穿尼龙丝袜，不穿白色的袜子，袜子的颜色应与鞋子的颜色一致，而且要选择纯棉材质的袜子。

2. 女士套装

相比男士西装来说，女士套装的选择面就要广很多，如图 3.6 所示。如何既体现职业的素养，又展示女性特质呢？总体来讲，商务礼仪中女士着装有四不准：一不准过分杂乱，二不准过分鲜艳，三不准过分短小暴露，四不准过分透视紧身。只要遵循这四不准来选择套装就是比较规范的。

图 3.6　女士套装

其实，女士套装上衣的选择种类，要比男士多很多。比如从款式上来说，有大领、小领、圆领、方领、鸡心领、一字领和平领；长袖、中袖和短袖。在颜色上有深色、浅色和彩色，均可供选择。总之，只要是能穿出个人的品位和气质来，以上都可以接受。一般情况下，职场女士的定位，不像男士那么严格和正规。如果在非常庄重的场合，要求女士一定要追求正规的话，可以参照男士的着装标准。比如说西服里面加一件衬衫，应以白衬衫为好；衬衫的领子掖在里面比翻在外面正规；衬衫的下摆掖进西裙里面比悬垂在外面正规。简单来说，就是越接近男装的着装标准，越正规。

另外，商务场合的女士着装还要注意两个细节：袜子和皮鞋。

（1）袜子。女士穿着袜子的基本原则就是一定要覆盖腿部的任何一寸肌肤，在颜色上要首选肉色，其次是黑色，另外，现代商务场合中也有选择咖啡色的，只要不是特别正规的场合，咖啡色也是可以接受的。

（2）皮鞋。职业女士的皮鞋只有一种选择，即高跟鞋，而且是船型鞋。因为当女士穿上高跟鞋时，她的体态会有所变化，再加上一个职业短裙，女士会显得更加优雅、有风度。职业女士高跟鞋的高度，基本以五公分作为一个限度。粗跟和细跟之间，最好选择细跟。粗跟显得稍微粗犷一点，跟女士的定位不太协调。女士着装最容易出现的小瑕疵是，穿上一身西服套裙，但是穿了一双高腰的皮靴。这点我们要特别注意，因为皮靴不属于商务正装。

小贴士

在女士着装中，丝袜是一个非常重要的物件，破损的丝袜是绝对不能穿着的，职场女士应该养成在手提包里随时准备一双丝袜的习惯，方便随时更换。

3. 饰品选择

饰品在职业套装的搭配中，起着画龙点睛的作用。最基本的原则是，以职业套装中占大面积的颜色为搭配参照。例如，职业套装中占大面积的颜色是黑色、深蓝色，对应饰品可选择亮色条纹的丝巾，扎于领口或胸前，能起到提亮的作用。但是在商务交往中有些首饰不能戴：一是“显富”的珠宝不戴；二是个性化、夸张的首饰不戴。

男士的饰品比较简单，以皮带、钢笔、公文包、手表和名片夹为主，颜色为深色系，强调稳重得体。而女士的饰品从头到脚比较多，专业戴法是“同质同色”，耳钉、项链、手表都是不错的选择，切记不要戴脚链。色彩选择上以柔和低调为主，不能给人“远看圣诞树，近看杂货铺”的印象。

实例 1

郑伟是一家大型国有企业的总经理。有一次，他获悉有一家著名的德国企业的董事长正在本市进行访问，并有寻求合作伙伴的意向。他于是想尽办法，请有关部门为双方牵线搭桥。让郑总经理欣喜若狂的是，对方也有兴趣同他的企业进行合作，而且希望尽快与他见面。

到了双方会面的那一天，郑总经理对自己的形象刻意进行了一番修饰，他根据自己对时尚的理解，上穿夹克衫，下穿牛仔裤，头戴棒球帽，足蹬旅游鞋。无疑，他希望自己能给对方留下精明强干、时尚新潮的印象。然而事与愿违，郑总经理自我感觉良好的这一身时髦的“行头”，却偏偏坏了他的大事。

（资料来源：金正昆. 涉外礼仪教程. 北京：中国人民大学出版社，2005）

二、接待礼仪

人际交往，礼貌为先；商务接待，更需处处留心。在商务接待中，礼仪往往体现在以下几个方面。

（一）选择酒店

在商务接待过程中，酒店的选择是一门学问，主要遵循四个原则。第一，就近原则。选择离公司或开会地点相对较近的地方。第二，安静舒适原则。选择干净整洁的酒店，最好有洗衣服务项目；选择安静的房间，保证睡眠质量。如果是外国客人，尽量选择提供西餐的酒店。第三，便利原则。酒店应有宽带网络，并提供订票服务。是否有商务中心，以及提供打印、传真、扫描等服务也是考虑的因素之一。第四，热情原则。酒店服务质量高，口碑好，服务员热情。

（二）迎接与引导

接待客人时应面带微笑，身体前倾，以点头礼或鞠躬礼为宜。通行的鞠躬礼有 15°、30°、45°三种。15°鞠躬行礼表示轻微寒暄；30°鞠躬行礼是敬礼，表示一般寒暄；45°鞠躬行礼是最高规格的敬礼，表达深切敬意。在行礼过程中，上身应保持直立，以腰为轴，前倾后慢慢恢复直立，鞠躬时切忌臀部后翘。

在迎接的过程中积极响应宾客的需求，多说“您好”、“大家好”、“谢谢”、“对不起”、“请”等礼貌用语。引导时动作优雅，注意危机提醒。例如，在引导客人上台阶的时候，提前对访客进行危机提醒“请小心台阶”；如果地面有些滑，就需要提醒客人“地面有些滑，请您小心”。

（三）介绍与握手

初次见面时的介绍与握手是商务人员给客户留下良好印象的重要组成部分，是取得商务活动成功的重要保证。介绍的类型及礼仪要求如表 3.4 所示。

表 3.4　介绍的类型及礼仪要求

类　型	礼仪要求
自我介绍	介绍自己的名字、单位和职务；声音清晰，面带微笑
为他人介绍	使用尊称；站在位尊者（领导、长辈、客户、其他公司同行等）的角度，先把位卑者介绍给位尊者
被他人介绍	起立，打招呼，问候，如“您好，很高兴见到您”，“多谢您的关照，再见”

握手礼（见图 3.7）起源于欧洲，是当今世界商务社交场合最常用的问候礼节。一般情况下是位尊者先伸出手，位卑者后伸出手。女士不先伸手，男士不应主动握手。但在迎接

客人时，为了表示热情友善，先伸手是可以的。握手一定要用右手，要坚定有力，切勿蜻蜓点水。握手时间以 2 ~ 3 秒为宜。

图 3.7 握手

在握手的礼仪上应记住“五不”：一不可交叉握手，也就是说，当 A 和 B 正在握手时，C 不可伸手从 A 或 B 的手臂上方或下方越过与 B 或 A 握手；二不可戴手套或墨镜与他人握手；三不可东张西望或一只手插在口袋中；四不可握手时一脚在门内，一脚在门外；五不可握手后立即擦拭手掌。

课堂互动

请确定以下四种情景下，谁是尊者？

情景 1：你和一个非常要好的同事去吃饭，碰上了一个你非常要好的朋友。

情景 2：你陪领导接待客户公司经理。

情景 3：你和男朋友走在街上，遇到了闺蜜。

情景 4：你陪领导到下属单位视察。

（四）名片礼仪

名片代表着一个人的形象，应当保持干净整洁，不可折叠、损坏。因此，用名片夹是一个明智的选择。职位低者应先递出名片以示尊重。递名片时应使文字正面方向朝向客户并用双手递出，这样客户接受名片后即可以直接阅读。向多人递送名片时，可按照“由尊而卑、由近而远”的原则。值得注意的是，名片的设计要与企业整体风格一致，头衔不宜过多，简洁明了，写清楚联系方式和业务范围是关键。

小贴士

职场人士使用名片，一定牢记“名片即人，尊重先行”。不要在名片上面作标记或写字，接收的名片不可来回摆弄，更不可放在裤兜里。

（五）座次礼仪

商务会议非常讲究座次。一般会议，离门口最远的地方是主宾的位子，其旁边是主宾的随从的位子，离门口最近的位子安排给年龄较小或辈分比较低的员工。除了遵照一般原则，也要兼顾特殊。有些人位居高职，却不喜欢坐在主位，要让客户自己去挑选他喜欢的位置。

对于大型的商务会议，在座次安排上简单来说，其原则是前高后低、中央高于两侧、左高右低（我国惯例）和右高左低（国际惯例）。主席台座次以左为尊，如图 3.8 所示。当领导人数为奇数时，1 号首长居中，2 号首长排在 1 号首长左边，3 号首长排在右边，其他依次排列。从台下看即为 9、7、5、3、1、2、4、6、8 的顺序。当领导人数为偶数时，应是 1 号首长、2 号首长同时居中，1 号首长排在居中座位的左边，2 号首长排在右边，其他依次排列。从台下看即为 7、5、3、1、2、4、6、8 的顺序。

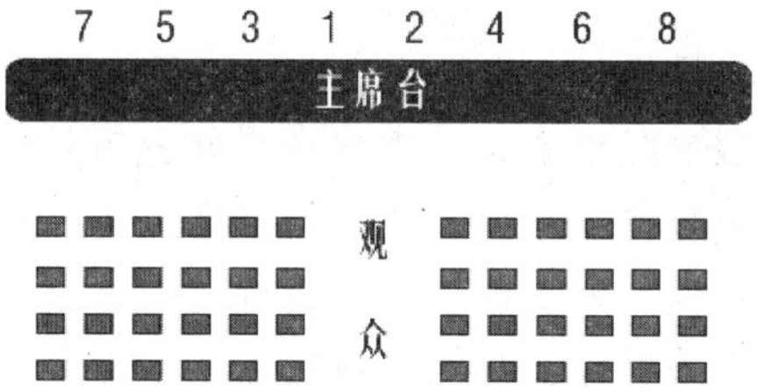

图 3.8　主席台座次

乘坐轿车的座次，按照国际惯例是右高左低、后高前低。具体而言，轿车座次的尊卑自高而低是后排右位—后排左位—后排中位—前排右位，商务车座次安排如表 3.5 所示。

表 3.5　商务车座次安排

<table>
<tr><td>轿车座次尊卑</td><td>主人开车时，驾驶座旁为尊位</td><td>司机开车时，司机的右后座为尊位；吉普车驾驶座旁为尊位</td></tr>
<tr><td>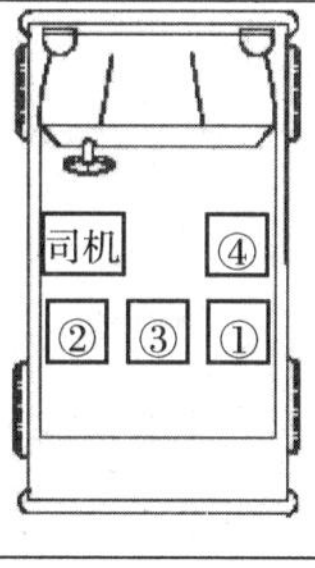
</td><td>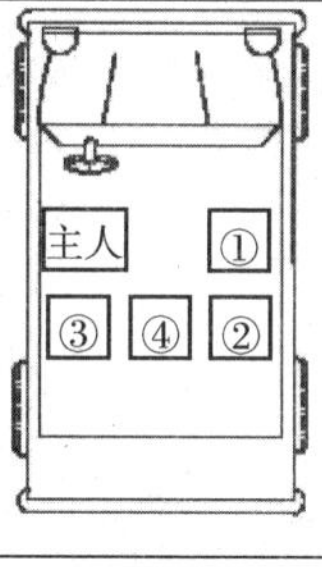
</td><td>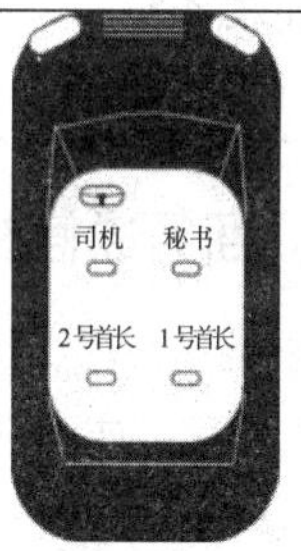
</td></tr>
<tr><td colspan="3">九座小客车座位有三排，以中排靠近右车门的座位为尊位，然后依次往左边推算，前排靠近右车门为卑位，负责帮忙拉开及关上车门</td></tr>
<tr><td colspan="3">两对夫妻同坐，女主人坐在男主人右侧，男主宾坐在女主宾右侧</td></tr>
<tr><td colspan="3">男主人与一对夫妻同车，男主宾陪坐在男主人右侧，女主宾则坐在右后座</td></tr>
<tr><td colspan="3">游览车从驾驶座后面第一排右侧开始，由右向左算，越往后面辈分越低</td></tr>
</table>

（六）礼品选择

以物表情，礼载于物，是商务活动中的重要一环。赠送礼物不仅仅是帮企业做广告，也宣告了自己与客户的关系。礼品本身的贵重与否并不是关键，关键在于它是否成功地将想要表达的思想感情传达给了对方。因人、因事、因时而施以恰到好处的礼品，使赠礼或回礼合乎礼仪规范，才能达到最佳效果。

馈赠的礼物可简单分为精神礼物和物质礼物。明信片、礼仪电子邮件、点歌等属于精神礼物。这类礼物强调“来而不往非礼也”。因此，所送礼品，不一定昂贵，重在情，重在送礼的方式。企业宣传品、特产等则属于物质礼物。这类礼物强调特色，包装精美，能给客户留下深刻印象。此外，商务礼品不要带有私密性，如送女性衬衣、丝袜等就不太合适。

选择礼品时，明确赠礼的性质至关重要。礼品是为企业成就、个人高升、开业而贺，是为道歉、请求谅解而送，还是逢年过节的赠礼？这在礼品选购之前就必须明确。了解客户的身份、性格、爱好也是礼品选购之前必做的功课。

实例2

某韩国公司董事长等高层将到上海考察上海分公司，需要预订一个可容纳200人的场地举办答谢晚宴。A星级宾馆营销部经理唐宁得知此事后，决定主动与之联系，做成生意。她知道在韩国文化中瓷器是地位和文化的象征，便专门托人制作了一套精美的瓷碟，并带着这一特殊礼品直奔韩方上海分公司接待处。在进行了一番自我介绍之后，唐宁把宾馆和宴会厅的资料交给对方，热情邀请对方实地考察。看到唐宁的努力与热情以及得体的礼物，对方爽快地将宴会举办地定在了A宾馆。

送礼一般选择在刚见面或临分手的时候。送礼时，应落落大方，双手奉上。在赠送礼品时，说几句祝福的话可以缓解尴尬的气氛。在接受他人礼品时，应双手捧接，并立即表示感谢。如果是外商赠送的礼物，按照国际惯例，最好当面打开并对礼品表示感谢。值得注意的是，初次在办公室或公开场合见面就送上重礼，有行贿之嫌。

【情境训练1】

各组进行迎接与引导、介绍与握手、递送名片与告别等接待礼仪训练。

子情境3.2 商务通信礼仪

学习目标

1．了解电子邮件、传真的基本礼仪。

2．掌握请示、会议纪要等商务文书的格式礼仪。

3．能够撰写邀请函。

当今社会，时间就是金钱，信息就是财富。在日益频繁的快节奏商务活动中，经常需要将某些重要的文件、资料、图表及时送给自己的客户，电子邮件（以下简称电邮）、传真等现代化通信工具的出现，为人们获取信息、传递信息提供了更有效的平台。

一、电邮礼仪

随着时代的发展，电子邮件已经成为重要的业务沟通和协作工具。对于商务人士来说，每天有大约30%的时间用在阅读、回复、拟写电子邮件上。懂得电邮礼仪，既是对公司形象的展示，又是实现有效商务沟通的需要。

电邮（E-mail）是现代商务沟通的重要形式，为了减少误解，提高邮件的表达质量，帮助交易顺利开展，有必要了解并掌握电邮的基本写作礼仪，即 5C 原则。

1. 有礼有节（Courtesy）

有礼貌的电邮不仅仅是使用“您好”、“谢谢”、“辛苦了”、“给您添麻烦了”以及祝福的话语，更重要的是站在客户的立场考虑他的诉求，真诚而周全。

2. 思路清晰（Clarity）

发邮件就是为了节约时间，所以内容一定要有逻辑性和重点，前因后果交代清楚，不要唠唠叨叨、绕来绕去、不知所云。

3. 简明扼要（Conciseness）

邮件的内容尽量选用简短、熟悉的词句，避免产生误会。能用数字、图表说明的问题就尽量用数字、图表说明，既简单又节约客户时间，重要的内容放在前面。

4. 准确无误（Correctness）

除了最基本的称呼和字句不得有误以外，因为电邮是业务交往的凭证，所以提供的材料、数字必须准确无误，格式规范，正确使用商业术语，绝不可模棱两可。

5. 内容完整（Completeness）

内容包括称呼、招呼语（事由）、正文、结束语、签名及附件。而邮件是否完整，则可以用 5W1H 来检验，即 Who、When、Where、What、Why 和 How。

在看中电邮方便性的同时，也请注意它毕竟是一种公共媒介。每次寄出或接收电子邮件时，信件的副本都将复制在服务器上，其他人可以通过技术手段看到邮件。所以，涉及商业秘密的信息、个人的秘密信息、敏感话题等一定不要通过电邮传递。

此外，随着科技的发展，电邮功能越来越强大，如个性化的信纸、定时发送、超大附件以及群发多人等。作为商务活动使用的工具，这些功能要谨慎选择。以群发邮件为例，客户可以看到群发给了哪些人，这对于其他客户隐私的保护是很不礼貌的。如果是新年祝福之类的邮件，群发或转发更是让人觉得缺乏诚意、不礼貌。

小贴士

编辑邮件有个基本的但是经常被忽略的常识，就是主题一定要明确，尤其是有附件的邮件，附件的文件名也应该具体明确，以方便接收邮件的一方整理、存档。

二、传真礼仪

传真必须合法使用。安装、使用传真设备，必须配有电信部门正式颁发的批文和进网许可证。如欲安装、使用自国外直接带入的传真设备，必须先前往国家指定的部门进行登记和检测，然后方可到电信部门办理使用手续。

本人或本单位所用的传真机号码，应被正确无误地告诉给重要的交往对象。一般而言，在商用名片上，传真号码是必不可少的一项重要内容。对于主要交往对象的传真号码，必须认真地记好，为了保证万无一失，在向对方发送传真前，最好先向对方通报一下。这样做既提醒了对方，又不至于发错传真。

发传真时，先放好要发的文稿，一般是字面朝下，再拿起手柄并拨对方号码。通了以后，让对方给传真信号，如果对方是自动接收的，就会直接听到信号音。听到信号音后，按传真开始键，就可以发出传真。收传真时，传真机电话铃响起，拿起电话，按传真开始键即可。如果传真机设置为自动接收，响铃后即可自动接收传真。

发传真前应和客户确定发送的时间，发送传真时，应言简意赅，强调传真的清晰度，切记加祝福和感谢的话语。此外，不管是电邮还是传真，在收到或发出之后，应当在第一时间及时告知对方，以免对方惦记。需要办理或转交、转送他人发来的传真时，千万不可拖延时间，耽误事情。

三、文书礼仪

商务文书的格式、内容直接影响到客户对公司的印象。文书要有自己的风格，它代表着公司的形象与文化。所以，商务文书礼仪在业务往来中占据着重要的地位。

（一）信函

每封信函，都是和客户的一次交流。所以信函内容要热情大方，既要体现人性的关爱，就如同两个朋友之间的交流一样，又要简明扼要、重点突出。涉及数据、价格、地址等信息一定要核实准确。写完之后一定要检查。信函里的失误会破坏内容的可信度，并使人对其他信息产生怀疑。

“不卑不亢”是商务信函交往中的一个重点。礼貌过头，太过于谦卑、奉承，会使企业的形象大打折扣。只有把握好“度”，才能为自己和客户营造一个既严谨又轻松的交流平台，达到预期的效果。

实例 3

××公司实地考察邀请函

________公司：

由于我方××项目建设的需求，特邀请贵公司专业顾问人员对我方项目进行实地考察，届时将与贵公司商议双方未来合作事宜。

一、考察日期

2014年12月4日至6日

二、考察内容

1．12月4日参观××项目生产基地并座谈；

2．12月5日商议相关合作事宜；

3．12月6日商务酒会。

三、收费标准及汇款方式（我方费用全包，需要在此说明）

四、要求（是否需要护照、身份证复印件、申请表等）

请贵公司在11月28日前将回执以电话、传真或电子邮件形式告知我方。

五、联系方式

单位负责人签字：

附：邀请回执表（请贵方予以确认并回复）

单位公章

2014年11月4日

实例 4

证明信（二号黑体加粗）

姓名，性别，身份证号。系我公司××部门××人员（职务），××（需要证明的内容）。

特此证明。

单位名称

公章

××××年××月××日

除了邀请函和证明信，工作中还可能会涉及道歉信、请示和会议纪要的写作。道歉信是因个人或公司工作上的失误，给对方带来了麻烦或损失，以表示赔礼道歉，消除误解的信函。

实例 5

称呼（个人或公司）:

原因；表示歉意，请求原谅与理解。

署名（职务）

××××年××月××日

请示是下级向上级请求指示、决断或批准所使用的一种公文。一般个人或本单位权限范围以内无法决定的重要决策、任务安排、人事安排等问题才可以用“请示”。请示应一文一事，一般只写一个受文领导，即使需要同时给其他领导审阅，也只能用抄送的形式。

实例 6

关于××（事情）的请示

称呼（领导）:

请示理由、请示事项。

妥否，请批复。

落款（公章）

××××年××月××日

请示的理由一定要充分，不要模棱两可，请示的事项要明确，材料、数据等一定要真实，不可虚构。除了请示以外，常用的还有会议纪要。会议纪要是记录、传达会议情况及议定事项的纪实性商务公文。

课堂互动

请就以下事项拟写一份请示：

某公司成立三年来，取得了很大的成绩，为总公司的发展做出了重要的贡献。但近年来由于办公设备陈旧，既影响了工作效率，也影响了公司的形象，因此申请更换办公设备。

实例 7

××公司××会议纪要

会议名称、时间、地点、主持人、主要议程、参加人员、会议形式。

会议情况（主要议题或解决什么问题）和会议结果。

会议主办单位

××××年××月××日（公章）

会议纪要的时间可以写在标题的下方，也可以写在正文的右下方、主办单位的下面，要用汉字写年、月、日，如“二〇一〇年十二月六日”。

为了叙述方便，眉目清楚，在会议纪要中常用“会议指出”、“会议强调”、“与会人员一致表示”等词语作为段落的开头语。会议纪要和会议记录最大的区别在于，会议记录是讨论发言的实录，会议纪要则只记要点；会议记录一般不公开，只作为资料存档；会议纪要通常要在一定范围内传阅，要求贯彻执行。以上所有需要加盖公章的文书，公章一般盖在落款时间处，齐年盖月。

（二）请柬

请柬是邀请有关单位或客户个人参加某种活动而发出的礼仪文书。按篇幅大小、文字多少、内容简繁可分为两种形式。篇幅大、文字多、内容繁的称为邀请函。文字较少，内容相对简单，印制较为精美的称为请柬。其形式有横竖之分，一般情况下以横式为佳。

由于请柬都是印制好的，所以需要填写的就只有称呼、正文、结尾和落款四个部分。称呼方面，要顶格写出被邀请者（单位或个人）的姓名和名称，称呼后加上冒号；正文要写清活动内容，是座谈会还是论坛、晚宴，并写明时间、地点、方式；结尾须写上恭候语，如“敬请光临”等；落款署上邀请者（单位或个人）的名称和发送请柬的日期。

有的请柬还需要加上其他附件。例如，邀请客户参观画展或演出应附上入场券，最好还能提供节目单或简单的宣传资料，以便客户自行选择来还是不来；邀请外地客人，可以随请柬附一张路线图。这些都是细节，细节做好，替客户考虑，客户才会满意。

此外，把握送请柬的时间很重要。建议在活动开始前三四天将请柬送给客户。太早，客户有可能因为工作繁忙而遗忘；太晚，显得不礼貌，不真诚，也有可能打乱客户的日程。而像报告、演讲等活动，这种请柬只能在对方同意应邀的前提下发出，否则就是“先斩后奏”，是一种非常失礼的行为。

（三）调查报告

调查报告是调查主体在对特定对象进行深入考察的基础上，经过准确的归纳整理，科学分析，进而揭示事物本质，得出符合实际的结论的汇报性文书。调查报告可分为介绍经验的调查报告、揭露问题的调查报告、反映新事物的调查报告以及针对社会情况的调查报告四种类型。

不管是哪种调查报告，从礼仪的角度来看，其形式都包括标题、前言、正文、结尾四个部分。

实例 8

××的调查报告

前言（调查目的、方法、时间、范围、背景）

正文（材料整理分类、资料分析、提出问题）

结尾（概括全文，提出建议）

标题可以用简单的“××的调查报告”作为题目，还可以添加小标题；前言部分可以概括调查对象的主要情况，交代调查的目的、方法、时间、范围、背景等，提出问题；正文部分可以由不同角度的观点和分析构成，也可以是调查材料的归类、整理、总结，还可以以调查过程的不同阶段为重点分别阐述；结尾部分，一般是概括全文，提出建议。调查材料的收集上，可采用个别采访、现场调查、开会讨论、阅读已有资料、蹲点调查等方式。调查态度要端正、目的要明确，材料要实事求是。

【情境训练 2】

某企业年销售额突破千万元，管理层决定举行庆功联谊会，并邀请相关的单位参加，还准备了精美的礼物。请你作为主办方人员向各个单位发出邀请。

子情境 3.3　电话礼仪

学习目标

1. 了解电话沟通的礼仪。
2. 掌握电话沟通的技巧并能进行简单的电话营销。

在商业竞争日益激烈的今天，电话作为一种成熟的信息工具，在现代社会的各个领域发挥着重要作用，尤其对于企业，固定电话、移动电话已成为与人沟通的必不可少的工具。电话营销也已经发展成为一个专门领域，可以取代传统销售人员四处奔跑联系业务，同时可以提高工作效率，降低工作成本。电话营销不同于传统面对面的推销，其中有很多技巧需要学习，销售人员有必要了解使用电话的基本礼仪以及接听和拨打电话的技巧，以树立公司的形象，达成沟通的目的。

一、电话沟通礼仪

面对面的沟通，除了语言的作用，还有面部表情、肢体语言等来加强沟通的效果，但是电话沟通只能通过声音、语言来诠释沟通的目的，因此，说话的声音、态度及措辞在电话沟通中的作用更大。对方通过整个说话过程，对打电话的人是哪种类型的人进行判断，也通过声音、态度、措辞形成对打电话的人的潜在印象。

（一）礼仪规范

为了更有效地进行电话沟通，可从以下九个方面规范电话沟通礼仪。

1. 姿势

最标准的电话沟通姿势是站立，因为站立时精力比较集中，呼吸比较顺畅，人也显得精神饱满，信心十足。其次是坐姿，比较方便记录。切忌躺在沙发上或床上给客户打电话，那样不仅自身比较散漫，而且显得中气不足，是对客户极不尊重的表现。

实例 9

某晚，有个销售人员在睡梦中突然醒来，因为他想到还有一个业务电话未打，于是他马上起身穿好衬衣，打好领带才抓起电话去打，他老婆觉得甚是奇怪，就问他："老公，你打个电话还穿那么整齐干嘛，你要出去啊？"他回答："我穿好衣服打电话，表示我对客户的尊重，虽然客户看不到，但我想客户能感觉到我对他的尊重。所以，我一定要穿衣服打这个电话。"

2. 问候

在拨打和接听电话时，我们都要问候对方，一般常用语是"您好"或"你好"，要尽量将生活中的"喂"、"哎"等习惯用词给省去，这样会显得更简练和专业一些。而在电话结束时，应该说"再见"而不能说"拜拜"，"拜拜"适用于比较亲密的朋友之间，不适合与客户之间的沟通。尽量使用"请"、"请稍等"、"谢谢"、"对不起"等礼貌性用语，避免使用非正式或草率的语言。

3. 称呼

中国人是很在乎姓氏的，因此打电话时切忌将对方的姓氏弄错，应准确地叫出对方的姓氏，这是对人最起码的尊重。称谓应根据具体情况而定，对方在单位是领导，应将其职位带上，如王局长、李主任、刘总、王经理，职位显示着地位，所以必须要格外重视。在不能确定对方职位、年龄的情况下，对男士称"先生"即可。对女士而言，在确定对方年龄的情况下可用"小姐"、"姐"、"姨"等称呼，在实在不确定的情况下，用"女士"也不会有太大问题。因此，在电话接通后，就要尽快通过声音判断出对方的年龄，以找到准确的称谓。

4. 微笑

在微笑的情境下，沟通的效果是最好的。人们的表情可以透过声音传递给对方，所以，面对对方可能出现的拒绝时，必须先用微笑去打动对方。在自己心情不太好的时候，切忌给客户打电话。接听电话前，也要先酝酿自己的表情，浮上浅浅的微笑再接听电话，效果会更好。

小贴士

微笑在电话沟通中尤其重要，为了保证自己可以随时笑着拨打电话，有一个很简单的方法，就是在办公桌上放一面镜子，一旦看到镜子中的你在板着脸打电话，就可以及时地提醒自己笑一笑，以增加自己的热情度。

5. 聆听

聆听就是认真地听对方讲话，不要老是打断对方的讲话，不要抢着讲话。电话营销的目的是通过沟通，让对方喜欢自己、接受自己，为促成销售而准备。电话营销不是在比谁的口才更好，谁更会说，所以，聆听对方的讲话，既是尊重对方的表现，也能从对方的讲话中找到突破点。

6. 回应

聆听不是一味地听，而是要给予对方回应。可以在对方说话时以“嗯”、“对”、“是”等给对方以回应，表示自己听到了对方的话，并理解了对方的话。有些人一味地听，不给对方任何回应，结果对方就会问“你在听我说话吗”、“你听到了吗”，对方说话而自己没有回应是对对方的极不尊重，所以要学会及时给对方回应。

7. 声音

声音在电话沟通中起着很大的作用。当打电话给某人时，若一接通，就能听到对方亲切、优美的问候声，打电话的人心里一定会很愉快，这样双方对话就能顺利展开。因为电话沟通时，彼此看不到对方，给对方的吸引力或好感都必须通过声音去体现，所以声音就是打电话的人展现给对方的第一印象。“带着笑意的声音”、“得体”和“反应敏捷”是良好的电话沟通中必需的基本素质。同样说“你好，这里是××公司”，声音清晰、悦耳、吐字清楚，就会给对方留下好的印象，对方对其所在单位也会有好印象。因此在接电话时，应有“我代表单位形象”的意识。

在电话沟通中音调应适度，过高给人感觉缺乏休养和素质，过低则显得自信不足，因此声音应尽量自信、自然，音调适度。男士带磁性的声音，女士甜美的声音都能给对方留下良好的印象。电话沟通最好用普通话，这样既能让对方听清楚，又可体现出自己良好的职业素质。在增强声音的感染力方面还有一个很重要的因素就是讲话的语速。如果语速太快，对方可能还没有听明白自己在说什么，说话却已经结束了，这势必会影响说话的效果。

8. 时间选择

接电话是不受时间限制的，客户何时打电话就何时接听，但主动打电话，是要注意时间的，不同时间给客户打电话，会产生不同的效果。所以，销售人员要把握好电话联系的时间。一般应做到“三不打”，即清晨不打，早上过早给别人打电话既不礼貌，又因为对方没有思想准备而难以达成目的；夜里不打，一般工作或业务电话最好在上班时间完成，下午下班到晚上属于私人时间，最好不要给客户打电话，除非有紧急重大的事情；吃饭不打，就餐时间通常环境比较嘈杂，通话质量不高，另外影响别人就餐心情，从而使沟通效果大打折扣，因此，不管是早餐、午餐还是晚餐时间都不要轻易与客户联系。一般认为上班后半小时到下班前半小时是理想的电话沟通时间，因为上班半小时后，沟通对象已经进入工作状态，而下班前的半小时，心不在焉，沟通效果不佳。

9. 挂电话

要结束电话交谈时，一般应遵循尊者先挂电话的原则。如果地位相当，一般应由打电话的一方提出，然后彼此客气地道别，并有明确的结束语，说一声“谢谢”、“再见”，再轻轻挂上电话，不可只管自己讲完就挂断电话。

小贴士

铃响不过三声；要有问候之声；注意力要集中；微笑还须热情；三分钟要讲清；要听挂断之声。——选自金正昆《电话沟通礼仪规范》(百家讲坛)

课堂互动

运用电话沟通礼仪，模拟给某企业打电话，邀请他们为你们组织的通过义卖筹集慈善基金帮助孤寡老人的活动提供赞助。

（二）电话沟通技巧

1. 拨打电话

打电话之前，必须明确打电话的目的。打电话前应准备好文具或有关资料，如铅笔、纸张、表格、目录、价格表及一些数字、实例。

电话沟通的思路要清晰。在商务活动中打电话一定要有条理地安排好谈话内容。如果想获得什么信息，那就应像与人面谈那样准备好将要提出的问题。掌握好对话的内容，不要受他人的影响。如果欲通过电话推销某些商品，那么就应像去做一次实际销售那样进行准备。

核对清楚对方的电话号码，并正确地拨号。打错电话既浪费自己的时间，又浪费别人的时间。万一拨错了号码，应向接电话者表示歉意，不要将电话一挂了事。拨号以后，如只听铃响，没有人接，应耐心等待片刻，待铃响六七次后再挂断。否则，如对方正巧不在电话机旁，匆匆赶来接时，电话已挂断了，这也是失礼的。

电话接通后，应该先问好，并主动报出自己的单位，然后再确认对方的号码或单位。当对方询问姓名时，一般应告诉对方，如果自己不说，反问对方“你是谁”，这是很不礼貌的。万一受话人不在，而打电话的人又不便说出自己的姓名，那也应该婉转地回答，如说“我是××先生/小姐的朋友，我明天再打电话吧，谢谢”。

2. 接听电话

当电话铃声响起的时候，最好在三声之内接听，不要故意延误。长时间无人接电话或让对方久等是很不礼貌的，对方在等待时心里会十分急躁，就会产生不好的印象。如果电话铃响了五声才拿起话筒，应该先向对方道歉。若电话响了许久，接起电话只是“喂”了一声，对方会十分不满，这会给对方留下恶劣的印象。

接听者可以先报一下自己的电话号码或单位（部门）名称，然后再问对方找谁。接电话时，第一声应说：“你好，（这里是）××公司。”双方都应将第一句话的声调、措辞调整到最佳状态。

切忌自己什么都不说，只是一味地询问对方：你叫什么名字？你是哪个单位的？你找他有什么事？这种做法极不礼貌。如果接听以后，自己不是受话人，应担负起传呼的责任。万一要找的人正忙着，应该重新拿起电话告诉对方“请等一下，他马上就来”。如果找的人不在，不能把电话一挂了事，而要耐心地询问对方的姓名和电话号码，以及是否需要转告，并在征得同意后详细记录下来，向打电话者重复一遍以验证记录的正确性。

听电话不是一个消极的过程，应做到集中精力。为了弄清对方在电话中所讲内容的全部含义，听电话时必须注意对方说话的音调、停顿之处以及通过声音反映出来的态度。打电话者是愉快还是不满？他的声音是否充满了信心？自己能获得哪些额外信息？这些额外信息要求自己去做哪些事情？要学会从对方语态里获得所有信息，通过声音能探索到身体语言的其他方面，就像看到人们在面对面谈话时所具有的面部表情。

另外接听或拨打电话还应养成随时记录的好习惯，并牢记 5W1H 技巧。在工作中这些记录下来的资料都是十分重要的。电话记录既要简洁，又要完备。

课堂互动

请分析这个电话沟通的 5W1H。

经理秘书：“小张，请你将这份调查报告复印 2 份，于下班前送到总经理室交给总经理。请留意复印的质量，总经理要带给客户参考。”

- Who（执行者）：______________
- What（做什么）：______________
- How（怎么做）：______________
- When（时间）：______________
- Where（地点）：______________
- Why（为什么）：______________

3. 电话沟通中特殊事件的应对技巧

（1）听不清对方的话语

当听不清楚对方讲话时，进行反问并不失礼，但必须方法得当。如果惊奇地反问“咦”或怀疑地回答“哦”，对方会觉得无端地招人怀疑、不被信任，从而非常愤怒。但如果客客气气地反问：“对不起，刚才没有听清楚，请再说一遍好吗？”对方一定会耐心地重复一遍，丝毫不会责怪。

（2）接到打错了的电话

在接到打错的电话时，最重要的是要耐心和仔细，即使对方再三询问，也不能表现出不耐烦。这体现了个人的素质和公司的管理水平。有一些职员接到打错了的电话时，常常冷冰冰地说：“打错了。”这是不对的，接电话的人可以仔细核对电话号码、单位和部门，澄清并帮助对方找到正确的号码，也许对方正是本公司潜在的客户。即使不是，热情友好地处理打错的电话，也可使对方对公司抱有初步好感，说不定就会成为本公司的客户，甚至成为公司的忠诚支持者。

（3）遇到自己不知道的事

有时候，对方在电话中一个劲儿地谈自己不知道的事，而且没完没了。职员碰到这种情况，常常会感到很恐慌，虽然一心企盼着有人能尽快来接电话，将自己救出困境，但往往迷失在对方喋喋不休的陈述中，好长时间都不知道对方到底找谁，待电话讲到最后才醒悟过来："关于××事呀！很抱歉，我不清楚，负责人才知道，请稍等，我让他来接电话。"碰到这种情况，应尽快理清头绪，了解对方的真实意图，避免被动。

（4）接到领导亲友的电话

领导对部下的评价常常会受到其亲友印象的影响。打到公司来的电话，并不局限于工作关系。领导及先辈的亲朋好友，常打来与工作无直接关系的电话。他们对接电话的人的印象，会在很大的程度上左右领导对该人的评价。

例如，当接到领导配偶找领导的电话时，由于自己忙着赶制文件，时间十分紧迫，根本顾不上寒暄问候，而是直接将电话转给领导就完了。领导配偶可能就会对领导说："今天接电话的人，不懂礼貌，真差劲。"简单一句话，便会使领导对自己的印象一落千丈。可见，领导及先辈的亲朋好友对下属职员的一言一行非常敏感，期望值很高，请切记时刻严格要求自己。

（5）接到客户的索赔电话

索赔的客户也许会牢骚满腹，甚至暴跳如雷，如果被索赔方缺少理智，像对方一样感情用事，唇枪舌剑回击客户，不但于事无补，反而会使矛盾升级。正确的做法是：处之泰然，洗耳恭听，让客户诉说不满，并耐心等待客户心静气消。期间切勿说"但是"、"话虽如此，不过……"之类的话进行申辩，应一边肯定客户话中的合理成分，一边认真琢磨对方发火的根由，找到正确的解决方法，用肺腑之言感动客户。从而，化干戈为玉帛，取得客户谅解。

面对客户提出的索赔事宜，自己不能解决时，应将索赔内容准确及时地告诉负责人，请他出面处理。闻听索赔事宜，不是一件愉快的事，而要求索赔的一方，心情同样不舒畅。也许要求索赔的客户还会在电话中说出过激和难听的话，但即使这样，在最后道别时，仍应加上一句："谢谢您打电话来。今后一定加倍注意，那样的事绝不会再发生。"这样，不仅能稳定对方的情绪，而且还能让其对公司产生好感。正所谓："精诚所至，金石为开。"对待索赔客户一定要诚恳，用一颗诚挚的心感动客户，以化解怨恨，使之从这次处理得当、令人满意的索赔活动中，理解与支持公司，甚至成为公司产品的支持者。通过对索赔事件的处理，自己也能了解公司的不足之处，并以此为突破口进行攻关。

二、电话营销

在激烈的市场竞争中，电话营销作为一种能够帮助企业获取更多利润的营销模式，正在越来越多地为众多企业所采用，并对社会发展产生了深远的影响。作为一种营销手段，它能使企业在一定的时间内，快速地将信息传递给目标客户，及时抢占目标市场。其优势体现在：它是最经济的主动联系业务的方法，可以在最短的时间内拜访更多的客户，假设每 5 分钟沟通 1 位客户，1 小时即可联系 12 位客户，每天打 3 小时的电话，就可与近 50 位客户进行比较有效的沟通。二是电话可以突破空间的局限，通过电话可与不同地域的客户进行沟通，成本极低，效率极高，节省了亲临客户过程中耗费在路上的宝贵时间。

实例 10

有一位老总到深圳学习陈安之老师的总裁班课程时非常激动，就很想把这种教育带到当地，让当地更多想成功的人尽快地成长起来。于是，他很快组织了一批当地销售领域中的优秀人士，积极投入市场的运行中。首先，对市场进行电话咨询、调查和调研，经过准确的分析后，发现想成功的人很多，但都困惑于没有正确的方法。于是，他们决定请陈安之先生到当地进行公开授课。他们向寿险、广告销售领域的朋友展开强烈的电话资讯传播攻势。1 000 个听课指标，电话营销人员仅仅用了 15 天时间就完成了，平均每人每天要打 50 个以上的电话。在业务人员仅有 8 人的情况下，电话带给企业如此之高的工作效率，可见，训练有素的专业人员所拨打的每个高品质的电话，都能给企业带来巨大的利润。

（一）电话营销与生活电话沟通的区别

电话营销和人们平常与家人朋友之间的生活电话沟通，有着本质的区别。生活电话的目的主要是沟通信息，联络感情。而电话营销的目的是促成销售。多数情况下，电话本身并不能直接促成销售，要销售可能还需要彼此见面并进行更深的沟通，所以电话就是一个预约见面的有效工具。电话营销的效果以最终的营销结果为衡量标准。因此，电话营销有一定的技术要求，未经过专业电话营销训练的人，其电话营销的效果可能并不太理想。当然，电话营销也是一种人与人之间的沟通，因此必须讲究沟通的礼仪。礼仪体现出对沟通对象的尊重，一切沟通只有在尊重对方的前提下，才有可能取得良好的效果。很多人往往就忽略了在电话沟通中讲究礼仪，从而导致沟通失败。

课堂互动

试分享你在生活中使用电话与人沟通的方式和方法，分析这些方式、方法如果运用到电话营销过程中，有怎样的帮助或者障碍？如何改进？

（二）电话营销的障碍

首先，电话营销面临的最大障碍在于客户的信任。任何一单生意的成功，靠的是双方建立起来的相互信任关系。通过电话与客户建立起信任关系，是电话销售的基础。信任来源于三个方面：对公司的信任、对公司所提供服务（产品）的信任及对电话销售人员的信任。这也可以概括为公司层面和销售人员层面。

1）公司层面的信任主要要求公司能提供让人信任的产品或服务，并让客户对公司产生信任感。如果能做到这一点，那实行电话销售相对就容易很多。因为当销售人员自报家门后，如果客户以前曾听说过该公司，或者认为该公司是一家可以让人放心的供应商，那么下一步就容易很多。因此可以从公司广告、宣传材料、专业网站、客户评价等方面着手增加客户的信任度。

2）销售人员层面的信任关系也是非常重要的。因为大部分客户是通过与销售人员的直接接触来形成对公司的第一印象，如果销售人员在电话中的表现让他产生不信任感，那么完成销售就会很困难，除非公司具有绝对竞争力。销售人员可通过自己的专业精神和坦诚来赢得客户的信任。

其次，电话营销还会面对诸如手机信号不好，客户周围有吵闹声，客户一边接电话，一边在做其他事情等外界障碍，以及客户的语言与理解障碍等。

最后，相对于面对面沟通，在电话营销中，客户缺乏产品的感性认知而更容易拒绝，同时销售人员对客户真实想法的判断难度有所增加。

（三）电话营销技巧

以客户为中心的电话营销通常分为六个步骤，具体流程如图 3.9 所示。当然，根据所销售的产品及所处的行业不同，以及客户的差异，这个流程可能会有些变化，销售人员的感受和体会也会有所不同。

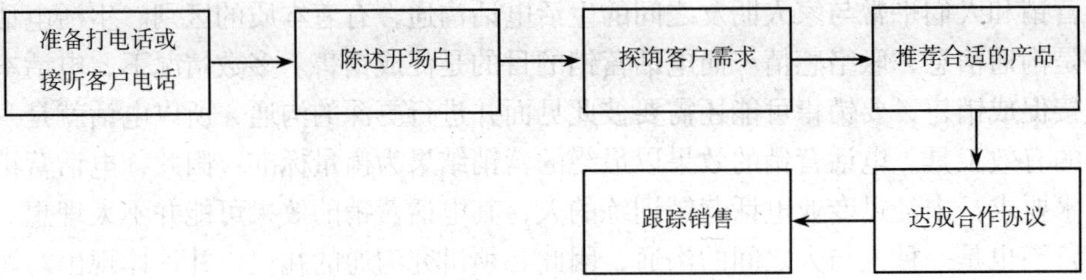

图 3.9　电话营销流程

1. 做好准备，百战不殆

在电话营销中，由于时间少、客户容易挂电话等因素的存在，使准备工作显得更重要。电话销售前的准备就像大楼的地基，如果地基打得不扎实，大楼很快就会倒塌。在电话中与客户沟通的结果，与电话营销前的准备工作有很大的关系。即使销售人员有很强的沟通能力，如果准备工作做得不好，也不可能达到预期的最佳效果。电话营销前的准备工作包括以下几方面。

（1）明确给客户打电话的目的

打电话的目的是想成功地销售产品还是想与客户建立一种长久的合作关系？这一定要明确。这样才有利于实现打电话的目的。

（2）明确打电话的目标

目标是电话结束以后的效果。目的和目标是有关联的，一定要清楚打电话的目的和目标，这是两个重要的方面。

（3）为达到目标所必须提的问题

为了达到目标，需要得到哪些信息，提哪些问题，这些在打电话之前必须要明确，所以电话营销中提问的技巧非常重要。

实例 11

情景 1

客户："我听说您能提供万能牌的套装工具，这种产品怎么样？"

客户经理："是这样的，我们这种套装工具包括 14 支扳钳，价钱是 220 元。"

客户："我明白了，不过这种货我不想要，谢谢。"

情景 2

客户："我听说您能提供万能牌的套装工具，这种产品怎么样？"

客户经理："是这样的，我们这种套装工具包括 14 支扳钳。这套工具经过精心设计，适用于市场上任何型号的螺栓、螺母，而且所有扳钳都经过磁化，可以将螺母从人手拿不到的地方吸出来，这套工具的保用期为 5 年，而价格仅为 220 元，如果靠自己来配齐这套扳钳，至少要花费 340 元。"

（4）设想电话中可能发生的事情并做好准备

作为销售人员一定要清楚在电话营销中随时可能出现什么情况，对于不同的情况要准备相应的应对措施。例如，销售人员打电话给客户，客户会提出一些问题，如果销售人员不是很清楚，或者需要花时间找一些资料，客户很可能怕耽误他的时间而把电话给挂掉，这就不利于信任关系的建立。因此销售人员要明确客户可能提出一些什么问题，而且应该事先准备好怎样去回答。

实例 12

汤姆是温斯特公司的销售人员，他准备向某公司董事长吉米推销西装。下面是他打给吉米的第一个电话。

情景 1：与总机对话

总机："你好，×××公司。"

汤姆："请问吉米·西佛董事长在吗？"

（知道并说出客户的姓名是很重要的，尤其是在初次接触的时候。这是建立在通话前充分准备的基础上的。）

总机听了汤姆的问话以后，毫不犹豫地把汤姆的电话转到了董事长办公室，由董事长的秘书小姐接听。

情景 2：与秘书（助理）对话

秘书："你好，董事长办公室。"

汤姆："你好。我是汤姆·贝柯，请问吉米·西佛董事长在吗？"

（汤姆在开场白中说出董事长的名字。这让人觉得汤姆跟吉米认识，他们是朋友。如果秘书真是这么想，那她一定会把电话转接给吉米。这样，汤姆希望和吉米通话的目的就达到了。不过，秘书没有这么想。）

秘书："西佛先生认识你吗？"

汤姆："请告诉他，我是温斯特公司的汤姆·贝柯。请问他在吗？"

（秘书的问题让汤姆很为难，他并不认识吉米。他只好不停地问董事长在不在，这样就使秘书不得不对这个询问进行适当的答复。汤姆也希望秘书小姐不再问问题。）

秘书："他在。请问你找他有什么事？"

汤姆："我是温斯特公司的汤姆·贝柯。请教你的大名。"

（汤姆没有正面回答秘书的问题，他不能告诉秘书他是来推销的，否则秘书肯定不会给他接通。汤姆只是重复说着自己和公司的名称。他还问了秘书小姐的名字，既方便日后再通话，又能拉近彼此的距离。）

秘书："我是比莉·威尔逊。"

汤姆："威尔逊小姐，我能和董事长通话吗？"

（称呼秘书的名字，给对方一种亲切感。）

秘书："贝柯先生，请问你找董事长有什么事？"

汤姆："威尔逊小姐，我很了解你作为秘书的处境，也知道西佛先生很忙，不能随便接电话，不过，你放心，我绝不占用董事长太多的时间，我相信董事长会觉得这是一次有价值的谈话，绝不浪费时间。请你代转好吗？"

（汤姆确实遇到了困难。但他不气馁，仍再接再厉，试图突破困境。他坚持一个原则——不向秘书小姐说出自己的真正目的。因为他顾虑到，一旦向秘书小姐说出自己的目的，再经由秘书小姐转达，难免会产生误解。汤姆的坚持终于有了效果）

秘书说："请等一下。"

她把汤姆的电话转给了董事长。

（秘书小姐给了汤姆很大的阻力，但是他没有气馁，经过一再努力，终于说服了秘书。在这个过程中，他始终没有告诉秘书小姐他的真正目的，一旦说出，他想跟董事长通话的目的就会化为泡影。汤姆终于能够跟董事长直接通话了。）

情景3：与目标客户对话

吉米："喂！"

汤姆："吉米先生，我是温斯特公司的汤姆·贝柯。温斯特公司是专门为企业经理定制西装的公司。请问你知道温斯特公司吗？"

吉米："不知道。贵公司是卖什么产品的？"

汤姆："我们是专门为企业高级管理人员定制西服的公司。有许多企业对我们颇为赞赏。这些企业包括××银行、××建设公司、××集团等。我希望下个星期能拜访你，当面为你进行详尽的介绍。我想在下星期三上午8点15分或星期四下午2点45分拜访你，你觉得方便吗？"

（汤姆提到了几家著名的大公司，希望借此能引起吉米的兴趣，要知道权威的影响力是非常大的。在这里汤姆使用了选择式的问句，这使吉米拒绝汤姆的可能性变小了。）

吉米："嗯，让我想想……就安排在下星期二上午7点钟吧。"

在这个案例中，汤姆并没有马上就找到目标客户，而是经过两次转接才能够直接与目标客户进行通话。一个是总机，另一个是董事长秘书。这种情况就要求销售人员具有随机应变的能力。在任何情况下，都能沉着稳定，不慌不忙，同时要具有绝对的自信心。

（资料来源：根据网络资料整理）

（5）所需资料的准备

如果给客户的某些回应需要查阅资料，销售人员不可能有太多的时间，也不能让客户在电话那边等太长的时间，所以资料一定要放在手边，以便需要查阅时立刻就能取出。

（6）做好自己的精神准备

销售人员每天打的电话非常多，每天遭受的拒绝往往也非常多，所以很容易造成精神上的疲倦，销售人员应调整好自己的心态、表情，以积极的心态、良好的姿态开始电话营销。

准备仅是销售的第一步。作为销售人员，大部分时间还是应该花在与客户的交谈上，所以，要避免犯过度准备的错误。

实例 13

销售人员：你好，麻烦您找一下陈总。

（这个电话销售人员找陈总找了无数次，每次都是不在，所以，这一次他也想当然地认为陈总会不在。）

客户：我就是，请问你是哪位？

销售人员：啊……您就是陈总。啊，我是海天公司的王海，我打电话给你就是，就是……

（他已经有些语无伦次了，因为他不知道该讲什么了，也不知道该提出什么问题，因为他没有做好准备。）

客户：我现在正忙着，回头再联系。

（资料来源：根据网络资料整理）

课堂互动

假设你是一位财务软件销售人员，在打电话寻找目标客户之前，你会做哪些准备工作？

2. 注重开头，吸引客户

现在，很多公司都采用电话营销方式，这就使得很多客户对这种纯粹的推销电话感到反感，电话营销技巧不够娴熟，很容易遭到客户的拒绝。良好的开头是决定营销电话能否进行下去的一个关键因素。可以说，接通电话后的 20 秒是决定销售成败的关键，因此，销售人员一定要抓住这 20 秒，提高电话营销的成功率。一定要让电话的开头吸引住客户，让他想听下去。

以下开头很容易遭到客户拒绝：

1）您好！王先生，我是 ABC 装饰公司，听说您在某小区有一套房子，您是否正在考虑装修的事呢？（我暂时不考虑，谢谢。）

2）您好，王先生，我是 ABC 装饰公司，我们公司是国家三级资质企业，我们……（好，我知道了。）

3）您好，王先生，请问您这个星期六有时间吗？我是 ABC 装饰公司，我们……（对不起，我没时间）

以下开头能吸引客户：

1）给对方带来好处的说法，如：“您好，王先生，首先告诉您一个好消息（什么好消息）。是这样，我是 ABC 装饰公司，我们公司最近推出一项 YH 活动，这个活动对您而言有很多的好处（对我有什么好处）。活动是这样的……”

2）能激起兴趣的通用说明，如“我了解到你的部门的手机话费每月上万元。我致电的目的是想让您知道我们的资费计划能使您的费用减少一半……”

3）用问题来吸引对方的注意力，如：“从您提供的信息上看，你的汽车保险保额为 5 000 元人民币。目前事故的平均修理、理赔费用为 9 300 元，你的保额不够时您是如何打算的呢？”

4）由衷地赞扬，如：“如同贵公司在打印机领域远超竞争对手的领先地位，我们公司所提供的集团客户的旅行业务去年占行业的 38%，远较第二名 15%高……”

5）指出问题的严重性，如：“张先生，我市房屋拥有者中每 10 人中有 8 人一旦遇到火灾等自然灾害房屋被毁时完全无法重建。如果你是 8 人中的一位，我建议您能了解一下我们推出的……”

6）用类比方式，如：“胡太太，东安小区有 56%的住家安装了防盗报警装置。小区的犯罪得逞率比这里下降了 10 个百分点。我相信您对社区安全也同样关注……”

7）提及客户熟知的同行已采用，如：“您好！李总。我是李阳，是信达公司的培训顾问。我们是国内唯一一家专门培训银行业务代表的专业公司，我们最近为 ABC 银行做了为期三周、全体业务人员参加的电话技巧培训。”

3. 有效提问，探询需求

在销售中无可争辩的一个事实就是：提问的能力与销售的能力是正比。这点对于电话销售来讲也不例外，并且显得更为重要。在销售中，销售人员为什么要提问？提问有两个目的：探询客户需求，发展销售机会。按照提问的形式，问题可分为开放式问题和封闭式问题。

通过开放式问题，可以引导客户谈话，获得更多信息。能体现开放式问题的疑问词有“什么”、“哪里”、“怎样”、“为什么”、“谈谈”等。而通过封闭式问题，可以引导谈话的主题，获得更加具体的资料和信息。能体现封闭式问题的疑问词有“能不能”、“对吗”、“是不是”、“会不会”、“多久”等。封闭式问题太多，会给客户造成一种压力，同时也不利于自己对信息的收集。因此在前期了解客户的需求时，应多问一些开放式问题，以便让客户能够自由、毫无拘束地说，这样才更有可能从中获得有用的信息，找到新的商机。

实例 14

销售人员：“您好，请问，李峰先生在吗？”

李峰：“我就是，您是哪位？”

销售人员：“我是××公司打印机客户服务部的章程，就是公司章程的章程，我这里有您的资料记录，你们公司去年购买了××打印机，对吗？”

李峰："哦，是，对啊！"

章程："保修期已经过去7个月，不知道现在打印机使用的情况如何？"

李峰："好像你们来维修过一次，后来就没有问题了。"

章程："太好了。我给您打电话的目的就是，这个型号的机器已经不再生产了，以后的配件也比较昂贵，提醒您在使用时尽量按照操作规程，您在使用时阅读过使用手册吗？"

李峰："没有啊，不会这样复杂吧？还要阅读使用手册？"

章程："其实，还是有必要的，实在不阅读也是可以的，但寿命就会降低。"

李峰："我们也没有指望用一辈子，不过，最近业务比较多，如果坏了怎么办呢？"

章程："没有关系，我们还是会上门维修的，虽然收取一定的费用，但比购买一台全新的还是便宜些。"

李峰："对了，现在再买一台全新的打印机什么价格？"

章程："要看您想要什么型号的，您现在使用的是3330，后续的升级的产品是4100，不过还要看一个月大约打印多少A4的纸张。"

李峰："最近的量开始大起来了，有的时候超过10 000张了。"

章程："要是这样，我还真要建议您考虑4100了，4100的建议使用量是一个月15 000张正常的A4纸张，而3330的建议纸张是10 000张，如果超过了会严重影响打印机的寿命。"

李峰："你能否给我留一个电话号码，年底我可能考虑再买一台，也许就是后续产品。"

章程："我的号码是888××××转999。您是老客户，年底还有一些特殊的照顾，不知道您何时可以确定要购买，也许我可以将一些好的政策给您保留一下。"

李峰："什么照顾？"

章程："4100型号的打印机，渠道销售价格是12 150元，如果作为3330的使用者购买的话，可以按照8折来处理或者赠送一些您需要的外设，主要看您的具体需要。这样吧，您考虑一下，然后联系我。"

李峰："等一下，我在另外一个地方的办公室添加一台打印机会方便营销部的人，这样吧，基本上就确定了，是你送货还是我们去取？"

章程："都可以，如果您不方便，还是我们过去吧，以前也去过，容易找的。看送到哪里，什么时间好？"

后面的对话就是具体落实交货的地点、时间等事宜了。

（资料来源：侯志春. 管理沟通理论与实务. 北京：清华大学出版社，2009）

4. 针对需求，有效推荐

如果说探询需求是为了对客户的需求有更清楚的了解，那有针对性地推荐产品，就是希望让客户明白，销售人员是如何满足他的这些需求的。如果销售人员已经对客户的需求有了清楚、完全的认识，并经过证实，那接下来销售人员就要根据自己的经验和专业知识，来为客户进行有针对性的产品推荐，提供最适合客户的产品给他们。例如，在实例14中客户询问购买全新打印机时，销售人员章程并没有立即进行推荐而是通过进一步的询问来明确客户的需求，并有针对性地实施产品推荐。

（1）准确把握推荐时机

为了使销售更顺利地进展下去，减少客户的不同意见，销售人员要把握好产品推荐的时机，不要过早推荐产品。销售人员常见的一个错误就是在对客户的需求还没有搞明白之前，过早地开始推荐产品。甚至有些销售人员根本不去关心客户的需求，而只是一味地介绍产品。当客户有明确的需求的时候，或客户乐于与自己交谈时，都是销售人员推荐产品的好时机。例如，在实例14中客户李峰说："对了，现在再买一台全新的打印机什么价格？"这就表示出了新的需求，那么销售人员就可以抓住这个时机进行产品推荐。

（2）熟悉产品推荐步骤

1）表示了解客户的需求。

2）根据客户的需求，陈述与客户需求有关的特点及这些特点是如何满足客户的需求的。这时经常用到的一个模式就是FAB，即特点—优点—利益。在有针对性地推荐产品时，一定要注意不要介绍太多不相关的特征，只陈述与客户的需求相关的特征和利益。如果所陈述的利益没有与客户的需求相联系，那就不能是利益陈述，顶多是在陈述功能或者优点。

3）确认是否得到客户的认同。

5. 适时结束，达成协议

当客户对销售人员的推销予以认可并表现出初步兴趣时，应及时促成协议的达成。协议的结果可能是客户下订单，也可能是预约。如果销售人员觉得客户在电话中已表达了浓厚的兴趣，而且判断有可能在电话中就达成合作协议，这时销售人员应该及时建议客户下订单，或要求下订单。例如，当客户提到具体细节问题时，则表明他已经表现出了极大的兴趣，那就抓住这个机会。如果时机还不成熟，也可以做出下一步行动建议——预约。预约应以方便客户为基本出发点，切不可急功近利，按自己所希望的时间、地点、方式见面，而要充分考虑客户的具体情况。电话营销达成的约定或者成果具有非常大的不确定性，这时应通过巧妙的方式促使客户做出承诺，例如，可以说"好的，王先生，非常感谢，那我下周一上午10点半到公司等您"。让客户在感觉到诚意的同时不能拒绝具体的约见，迅速和客户达成协议，并将重要的信息重述一遍，确保信息的正确性，然后礼貌地结束对话，感谢对方支持或感谢购买产品等。而对待不大可能签约的客户，则不能因为没和对方达成协议，语气就变得生硬或立即挂断电话，而仍应该礼貌地结束对话。

具体来讲，在尝试与客户达成协议时可以采取以下三个步骤。

1）总结客户已接受的利益（运用客户的利益来强调客户明确的需求及需求产生的原因）。

2）建议下一步行动。建议下一步行动中包含了两层含义，一层是指获取订单，另一层是指获得客户下一步要做什么的承诺。

3）做最后确认。确认客户对自己所提出的有关下一步建议的看法，如"为了使您尽快拿到货，我今天就帮您下订单，可以吗"，或者"我希望下个星期能拜访你，当面为你详细介绍。我想在下星期三上午8点15分或星期四下午2点45分拜访你，你觉得方便吗"。

实例 15

小李："您好！我是 A 公司的销售人员小李。"

客户："A 公司？你有什么事吗？"

（客户明显对 A 公司存在抵触情绪。）

小李："我们公司新开发了一种灯泡，据我所知，贵公司正需要这样的灯泡。"

客户："我对你的产品不感兴趣。"

（这肯定是客户的借口。）

小李："我们的许多客户在有机会看到我们带给他们的利益之前都和您说的一样。"

客户："是吗？你知道吗，我们公司跟你们公司曾有过不愉快的合作。你说我们还有必要谈下去吗？"

（客户说出了真正的原因——对 A 公司有不信任感。）

小李："对此，我感到很抱歉。因此我希望您能再给我一次机会，让我向您证明我们的产品和服务。"

客户："我们现在有非常稳定的供货商。"

小李："可据我所知，目前能够提供这种产品的只有我们一家公司。"

客户："要不你寄点产品材料过来吧。我会看一下的。"

（客户还没有对小李建立信任感。）

小李："为什么我们不见面谈一谈呢？请您相信我们的产品能够给您带来利益。下周五下午 3 点，如何？我想见一面对您也没什么损失吧。"

客户："好吧。"

这时已经预约成功，再确认一下地址，然后礼貌地结束谈话。不要试图在电话中说服对方购买自己的产品，否则之前的努力将功亏一篑。

（资料来源：黄漫宇. 商务沟通. 北京：机械工业出版社，2005）

6. 积极跟进，完成销售

到了这一步，可能销售人员已经与客户达成了合作，也可能与客户合作的时机还不成熟，无论哪种情况，销售人员都需要不断努力地与客户保持联系，以逐步加强自己与客户之间的信任关系。

对于已下订单的客户，千万不能忽视后续跟进业务，因为达成合作并不是销售的结束，而是销售的开始，应该尽最大的努力来确保质量和按时送货，并向客户询问使用情况，特别是新客户在刚开始使用产品或者接受服务的时候会有一个再评价的过程，他们可能会比较满意，也可能会有不满意的地方，这是一个正常现象。但此时如果销售人员忽视了客户的感受，就会给客户一种人走茶凉的印象。只有积极跟进并询问客户的使用情况，才能提高客户的满意度和忠诚度，与客户建立一种长期合作关系。

对于近期内有希望达成合作的潜在客户，重点是分析客户产生异议的原因，积极跟进，密切关注竞争对手与客户的接触，尽可能接触与决策有关的人员，尤其是竞争对手接触过的高层，耐心等待客户决策，并争取让客户下订单。而对于近期内没有合作可能性的客户，通过电子邮件、直邮等形式与客户保持联系，同时，每隔一段时间同客户通一次电话，这样，可以让客户感受到销售人员的存在，当他自发产生需求的时候，能主动找到销售人员。

总之，无论对于哪类客户，销售人员都应当致力于与客户发展长期的合作关系。对于现有客户，工作的重点是做好服务以提高客户的忠诚度；对于潜在客户，工作的重点则是争取订单。

实例 16

销售人员："陈总，您好！上次的一批机器有什么问题吗？"

客户："没什么问题，很好。"

销售人员："陈总，到现在我们合作已经有3个月了，我很想知道您对我们服务的看法，看有什么可以改进的？您对我的服务感到满意吗？"

客户："满意，很满意。"

销售人员："首先谢谢陈总对我的鼓励。我希望我也能把我满意的服务带给您身边更多的人，所以，陈总，就您所知，您觉得您身边有哪些朋友我也可以帮到他们？"

客户："让我想想，你和××公司王总联系一下看看，他是我多年的一个朋友，正在经营一家公司，可能会需要。"

销售人员："那太谢谢陈总了，王总的联系方式是什么？"

客户："电话是88888888。"

销售人员："陈总，我希望您能亲自给他打个电话，这样，当我打电话给他时，也不会觉得突然。"

客户："没有问题，我等会儿就打电话给他。"

销售人员："陈总，我会随时把与王总联系的情况告诉您。您以后有什么问题，请您随时打电话给我。"

客户："好的。"

（资料来源：www.glzy88.com）

【情境训练 3】

两人一组对下列背景材料进行分析后，分角色进行模拟训练。各组配备一名观察员记录电话营销的过程并进行点评，教师对各组的表现进行点评。

人物背景材料：

- 销售人员小马：联想电脑公司的业务员，现要通过电话对潜在客户王先生销售一台笔记本电脑。
- 潜在客户王先生：某公司的主管，经常出差，三口之家，女儿已经上中学。

子情境 3.4　仪式礼仪

学习目标

1. 掌握庆典的礼仪。
2. 了解交接仪式的基本流程。
3. 掌握签约仪式的接待礼仪。

在商务活动中，商务人员参加仪式的机会很多，既有可能奉命为本单位组织一次庆祝仪式，也有可能举办与客户的签约仪式。组织筹备或参加一次仪式，都要对其特殊的礼仪要求有所认知。

一、庆典礼仪

庆典是各种庆祝仪式的统称（见图 3.10）。就内容而言，在商界所举行的庆祝仪式大致可以分为四类：第一类是周年庆典，通常都是逢五、逢十进行，如××公司成立十五周年庆典等；第二类是荣获某项荣誉、取得重大业绩的庆典，如××乐园入园人数突破 2 000 万人等；第三类是开业剪彩庆典，如××酒店成都分店开业庆典；第四类是发展庆典，如××公司引进最新生产线等。

图 3.10　庆典

（一）庆典准备

为了把庆典办得喜庆、热闹，体现公司的实力，扩大公司的影响，在庆典开始前应做好充分准备。发邀请函给嘉宾，需要考虑到是否邀请上级领导、客户、媒体、社会知名人士、合作伙伴、单位员工等。庆典环境的选择很重要，根据具体事情，可选择礼堂或户外，还可邀请专业演出团体演出。但应注意，如果在户外举行，要做好天气变化预案以及避免过于喧闹带来的负面影响。

庆祝节目的选择应根据庆祝的主题开展。如果是剪彩类庆祝，可选择舞狮表演；如果是公司周年庆，可采取晚会等形式，由员工自行准备节目，或者请专业舞蹈团体或演出机构全面包干。但一定注意内容不要过于前卫时尚。

下面以剪彩庆典为例进行详细说明。剪彩作为一种仪式，开始于 20 世纪初，它可以单独开展，也可以作为一个部分附属于开业仪式。仪式上需要使用的特殊工具，如红色缎带、剪刀、托盘、红色地毯、薄纱手套等都要仔细准备。

红色缎带以2米左右的细窄红色缎带为主，缎带上的花团要硕大、醒目，不要奁拉在缎带上。缎带上花团的具体数目有两种计算方式。一种是花团数目比剪彩嘉宾人数多一个；另一种是花团数目比剪彩嘉宾人数少一个。前一类是比较传统的形式，可以让剪彩嘉宾总处于两朵花团之间。

剪刀一般是新的，选择修长款式，如果想有创意的话，还可以特别定制有公司标识的剪刀。一方面要注意剪刀的美观性，另一方面仪式前一定要检查一下剪刀是否锋利，以确保正式剪彩时“剪起带落”，避免出现剪不断的情况。剪刀必须每位剪彩嘉宾一把，剪彩仪式以后，可将剪刀包装后送给嘉宾作为纪念。

除了工具以外，剪彩嘉宾的邀请非常重要。一般邀请的嘉宾不超过5人，多由上级领导、合作伙伴、社会名流、客户代表、优秀员工担任。剪彩前，应尽早告知被邀请人，尊重对方的意见。位次的礼节上，中间高于两侧，距离中间者越远，位次越低，左高于右。值得注意的是，如果有外国嘉宾，应依照国际惯例即“右高于左”排位次。

剪彩服务人员主要有迎宾、引导员、服务员、捧花员、托盘员。其中，服务员的主要工作是安排剪彩嘉宾退场休息，提供小点心或饮料；捧花员主要负责托住花团，拉直缎带；托盘员主要负责为剪彩嘉宾提供剪刀等剪彩用品。

（二）来宾接待

与一般商务交往中的来宾接待相比，对出席庆祝仪式的来宾的接待，更应突出礼仪性的特点。不但要热心细致照顾好全体来宾，而且还应通过接待工作让来宾感受到公司的真诚。

首先，由专人，如公司领导，引导来宾入场。对于特别重要的来宾、年纪大的来宾或外国来宾，要安排人员始终陪同。其次，提供热饮、小点心或纯净水供来宾入场前或休息时食用。

按照常规，一次庆典大致上应包括以下五个程序：

1）介绍嘉宾，请来宾就座，出席者保持安静。

2）宣布庆典正式开始。

3）本公司负责人致辞，内容包括感谢来宾、介绍此次庆典的主要缘由和内容。

4）嘉宾讲话，主要是嘉宾致贺词回礼，需要提前预约好，不要现场临时指定。

5）安排文艺演出或者参观公司。

（三）出席庆典

出席庆典时，仪容应干净整洁，应着正装以示礼貌，不允许戴墨镜、穿便装。如果有统一制服，可穿着统一制服到场。此外，出席庆典应提前5~10分钟到场，如果确实临时有事来不了，可以委派助理或者相关部门经理出席，并提前告知对方。值得注意的是，委派的人要根据出席庆典的其他来宾的级别来定。例如，别的公司来的都是副总一级的人物，派一个经理出席就不太合适。

在庆典举行期间，应时刻提醒自己微笑，提醒自己代表的是公司形象，所以出席庆典有“三不要”：

第一，不要嘻嘻哈哈、大声谈笑或者愁眉苦脸、心不在焉，在整个庆典过程中，都要表情庄重、聚精会神。

第二，不要有意无意地做出对庆典毫无兴趣的姿态，如东张西望、与他人交头接耳。

第三，不要想来就来、想走就走，或者在庆典举行期间到处乱走、乱转。此外，当工作人员用托盘呈上剪彩用的剪刀时，作为剪彩嘉宾应向工作人员点头致意，并向左右两边手持彩带的工作人员微笑致意。

二、交接仪式礼仪

交接仪式是指承办方根据合同将完成的项目，经验收合格后正式移交给使用方的时候专门举行的庆祝典礼。它既是商务伙伴对于进行过的成功合作的庆贺，又是对给予过自己关怀、支持、帮助和理解的社会各界的答谢，还是一次扩大企业知名度的公共宣传活动。

（一）基本流程

1. 场地选择

一般情况下，可将交接仪式安排在项目现场、会议厅或者其他场所。安排在项目现场，可以对项目有直观的了解，方便仪式以后进行参观。安排在会议厅，可以通过多媒体设备回顾项目的启动、开展、成果等各个环节，增加亲切感和成就感，准备起来也比较容易，从安全的角度而言也容易控制。安排在其他场所，如租用酒店礼堂等，虽然开支大，但可以省去大量布置工作，提升仪式档次。

2. 物品准备

作为交接象征的物品是必不可少的，如验收文件、象征性物品、各种清单一览表等。主席台上方应悬挂一条红色巨型横幅，上书交接仪式的具体名称，如“热烈庆祝××正式交付使用”。通常，来宾都会赠送一些祝贺性花篮，可依照先来后到的顺序，将其呈一列摆放在主席台正前方，或者分成两行摆放在现场入口处门外的两侧。在交接仪式上，可以赠送来宾回礼表示感谢。回礼应突出纪念性、宣传性，如项目的微缩模型、画册、明信片、纪念章等。

3. 基本程序

1）邀请有关各方人士在主席台上就座，宣布交接仪式开始。此时，全体与会者应进行较长时间的鼓掌，以热烈的掌声来表达对东道主的祝贺之意。

2）进行交接。由承办方代表，将项目的验收文件、一览表、象征性物品等，正式递交给接收单位的代表。此时，双方应面带微笑，双手递交、接收有关物品并握手。如条件允许，在该项程序进行的过程中，可在现场演奏或播放喜庆的歌曲。

3）代表发言。按惯例依次应为承办方代表、接收单位代表、来宾代表等。发言应简短、热情。

4）宣布仪式结束。全体鼓掌表示祝贺。

（二）交接礼仪

作为东道主一方参加交接仪式的人员，必须妆饰规范，服饰得体，着正装出席。建议穿统一制服出席。整个交接过程中，服务主动，态度积极真诚，切勿到处炫耀。

作为被邀请方参加交接仪式的人员，接到正式邀请后，应尽早以单位或个人的名义发出贺电或贺信，向东道主表示热烈祝贺。在参加仪式时，赠送花篮等贺礼，花篮两侧悬挂特制红色缎带，右书“恭贺××交接仪式隆重举行”，左书单位全称。花篮可由花店代为先期送达，也可由来宾抵达后亲自交给主办方。除此以外，被邀请者还须与东道主方主要负责人握手，再次口头道贺。准时到场也是一种礼节。若无特殊原因，接到邀请后，务必牢记在心，届时正点抵达。

三、签约仪式礼仪

（一）布置签字厅

签约仪式前的准备包括布置签字厅，摆放桌牌及预备待签合同。一间标准的签字厅，室内可铺满地毯，除了必要的签字用桌椅外，其他一切的陈设都不需要。签字桌应为长桌，横放于室内，其上铺设深色台布。签署双边性合同时，可放置两张坐椅，供签字人就座。签署多边性合同时，可以仅放一张桌椅，供各方签字人签字时轮流就座；也可以为每位签字人都各自提供一张坐椅。签字人就座时，一般应面对正门。在签字桌上，应事先安放好待签的合同文本、签字笔、吸墨器等。

（二）摆放水牌

摆放水牌涉及座次安排问题。签字时各方代表的座次，应由主方代为先期排定。在签署双边性合同时，客方签字人在签字桌右侧就座，主方签字人则在签字桌左侧就座。双方各自的助签人，应分别站立在各自一方签字人的外侧，以便随时对签字人提供帮助。双方其他的随员，可依照职位高低，站立于己方签字人的身后。当一行站不完时，可以按照“前高后低”的惯例排成两行，原则上，双方随员人数应大体相近。

（三）交换合同

商务礼仪规定，签字人签完合同文本后应交由他方签字人签字。签字人应首先签署需要自己保存的合同文本，并把名字签在首位。在签字人正式交换签完的合同文本时，全场人员应热烈鼓掌，表示祝贺。签字人应握手表示祝贺，还可交换各自使用过的签字笔，作为纪念。按照国际惯例，签字仪式最后，有关人员可共饮香槟酒互相道贺。

【情境训练4】

某经济职业学院与北京××有限责任公司准备就建立校企合作关系举行一场签字仪式。请你来设计一个校企双方签字仪式的会议流程。

子情境3.5　餐饮礼仪

学习目标

1. 掌握中餐的基本礼仪。
2. 了解西餐的基本礼仪。
3. 掌握自助餐的礼仪。
4. 了解茶与红酒的基本礼仪。

商务活动中经常涉及的礼仪就是餐饮礼仪。不要为对方夹菜，进餐的时候声音不能过大，嘴里不要含着饭菜说话等基本礼仪常识大家都有所了解。下面从中餐、西餐、自助餐，以及茶与红酒 4 个方面具体探讨餐饮礼仪。

一、中餐礼仪

中华饮食，源远流长。中国作为礼仪之邦，饮食礼仪自然成为饮食文化的一个重要部分。如何坐？如何使用餐巾？筷子、勺子有什么讲究？用餐的时候有什么礼节？这些都是商务交流中必须注意的细节。

（一）就餐座次

总的来讲，座次是“以左以中为尊”、“面朝大门为尊”。如图 3.11 所示，用餐的时候，面对正门者是上座，背对正门者是下座。以圆桌为例，正对大门的位置为主客的位置，左手边依次为 2、4、6 等，右手边依次为 1、3、5、7 等，直至汇合；如果是大型宴会，桌与桌之间的排列讲究的是首席居前居中，左边依次为 2、4、6 席，右边为 3、5、7 席，根据主客身份、地位，亲疏分坐。

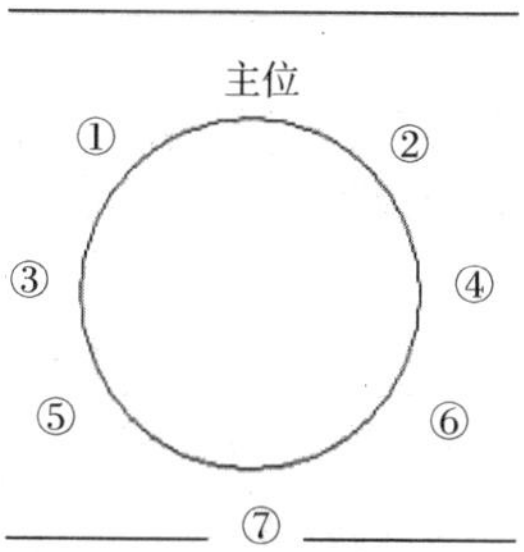

图 3.11　就餐座次

高档餐厅往往会有优美的景致或特色的演出供用餐者欣赏。这时，观赏角度最好的座位是上座。在某些中低档餐馆用餐时，通常靠墙的位置为上座，靠过道的位置为下座。

（二）选择菜品

正所谓“民以食为天”，一桌好的餐食能令人心情愉悦，缓和商务谈判中的紧张气氛。如果时间宽裕，可以由客户点菜；但一般情况下，为了避免出现餐桌上空无一物，等吃饭的现象，为了体现主方的诚意和细心，最好提前预订好菜品。

点菜是一门学问，点什么样的菜合适呢？优先考虑的菜肴有两种。一种是本地的特色菜肴，如川菜的五大名菜鱼香肉丝、宫保鸡丁、夫妻肺片、麻婆豆腐、回锅肉，鲁菜中的九转大肠、汤爆双脆，粤菜中的广州风味、潮汕风味、客家风味，湘菜中的东安仔鸡、腊味合蒸、冰糖湘莲、发丝牛百叶、吉首酸肉等。另一种是就餐餐馆的特色菜。很多餐馆都有自己的特色菜。上一份本餐馆的特色菜，能说明主人的细心和对被请者的尊重。如果是宴请外国客户或外地客户，担担面、野菜摊饼、炸春卷等小吃可以作为饭后点心供大家品尝。

课堂互动

中国有八大菜系，你了解多少？分享一下这些菜系的经典菜肴。

在预订菜品时，还必须考虑客户的饮食禁忌，特别是要对主宾的饮食禁忌高度重视。这些饮食方面的禁忌主要有：宗教禁忌，如佛教徒不吃荤腥食品，这不仅指的是不吃肉食，而且包括葱、蒜、韭菜、芥末等气味刺激的食物；健康禁忌，如患有脑血管疾病、高血压的人不适合吃盐味过重的食品；到了新的环境肠胃不适的人，不适合吃过辣的菜如毛血旺，或者甲鱼等太过滋补的菜肴；如果客户是外国人，一般不吃狗肉、蛇肉及动物内脏、动物的头部和脚爪。当特色菜和客户饮食禁忌发生冲突的时候，可适当点特色菜。例如，客户不能吃辣，特色菜中辣味的就适当点 1～2 个尝尝即可。

点多少菜合适呢？简单来说，少于 8 人，菜品数（凉菜、热菜和汤）可以是人数+1；多于 8 人，菜品数（凉菜、热菜和汤）可以是人数+2。首先，冷菜占 30%，热菜占 60%，汤类占 10%。以 10 人为例，可以点 12 个菜，其中凉菜 4 个、热菜 6 个、汤类 2 个。凉菜，首先以清淡爽口的素菜为宜，不仅开胃，还可以避免主菜油脂过多的问题。其次，动物内脏尽量少点，如猪肚、鹅肝等，胆固醇高，对健康不利；最后，凉菜还有调节口味的作用。如果热菜多以咸味为主，不妨点上几道甜口或酸口的凉菜，可以提神醒胃。需要注意的是，凉菜最好现点，这样可以避免健康隐患。

热菜是宴席上的重头戏，点热菜最重要的就是多样化，不论口感、风味，还是烹饪方式都要丰富些。最好是 1/3 的肉类、海鲜类，1/3 的蔬菜、豆制品和 1/3 的菌类。这样可以通过合理的荤素搭配保证营养平衡，还会在菜肴的色泽和口感上有新鲜感。

点汤类时一定要注意和凉、热菜搭配。如果肉菜偏多，选择的汤一定要素。此外，还可按照季节特点选择汤。春夏常喝清肺、解暑汤，如老鸭汤、绿豆百合汤等；秋冬应遵循生津润肺的原则，多喝养阴润燥、平补肺气的汤，如萝卜排骨汤、银耳莲子汤等。需要提醒的是，不要迷信药膳汤，特别是在不了解药性和客户身体状况的时候，最好不要点。

至于点心部分，可待用餐接近尾声的时候，征求客户意见，点一些有特色的地方小吃，或者蛋糕、面条、米饭、粥等主食，还可以点一些水果拼盘作为饭后甜点。

（三）餐具的使用

1. 餐巾

吃饭的时候总会有餐巾，它的主要作用是防止弄脏衣服，同时用来擦嘴及手上的油渍。使用餐巾时必须等到大家坐定后才打开，切记不可一来就把餐巾摊好，一副迫不及待想吃饭的样子。餐巾应摊开后，放在双膝上端的大腿上，不要挂在西装领口。另外，不要用餐巾擦拭餐具。

小贴士

主人拿起餐巾，是一种信号，表示宴会开始，准备进餐了，客人看到主人已先拿起餐巾后，才能随后拿起，以免出现失礼的情况。

2. 筷子

筷子是中餐最主要的进餐用具，在等待就餐时不要用筷子随意敲打餐具；忌舞筷，在商务用餐中忌把筷子挥来舞去，既影响他人进食又不卫生；取食物时动作不利落，汤水漏个不停，这也是不礼貌的行为；取有汤汁的菜可换用汤匙，并用碗碟接在下面；忌插筷，不要把筷子竖着插在自己的食物上面，因为在中国习俗中只在祭奠死者时才会用这种方法；忌交叉筷，也就是在别人夹菜的同时夹菜，造成筷子交叉打架，这时应请对方先夹菜，并说声“不好意思”。

此外，吃饭时如果需要使用其他餐具，应先将筷子放下。筷子最好放在筷架上，不要放在盘子或碗上，这样容易碰掉。在用餐过程中，已经举起筷子，但不知道该吃哪道菜，这时不可将筷子在各碟菜中来回移动，更不可在菜中翻来翻去。不要用筷子叉取食物或用舌头舔食筷子上的附着物。有事暂时离席，不要把筷子插在碗里，应把它轻放在筷架上。

3. 勺子

暂时不用勺子时，应将其放在自己的碟子上，不要把它直接放在餐桌上。用勺子取食物后，应立即食用，不要左挑右取囤积很多后才食用，更不能把刚舀出来的食物再倒回原处。如果取用的食物太烫，不可用勺子舀来舀去，也不要用嘴对着吹，可以先放到自己的碗里等凉了再吃。不要把勺子塞到嘴里反复舔食，更不可因太烫而把嘴里的东西吐出来，可以喝点果汁、凉水。

4. 食碟

需要特别介绍的是食碟。食碟主要用来暂放菜肴。用食碟时，一次不要取放过多的菜肴。不吃的残渣、骨、刺等不要吐在地上、桌上，而应轻轻放在食碟前端。放的时候不能直接从嘴里吐在食碟上，要用筷子夹放到碟子旁边。如果食碟放满了，可以让服务员换。有的地区在就餐的时候还有专门的吐碟，即专门放不吃的食物或残渣的碟子，所以请不要往地上和桌子底下扔垃圾。如果是吐碟，不要把食物放在吐碟里吃。吐碟和食碟最大的区别就是，食碟要大一些，吐碟因为要勤更换，所以相对小一些。

课堂互动

想一想，中餐的餐具还有哪些？在使用时都有什么禁忌？

（四）祝酒礼节

客户正在咀嚼食物的时候，应避免敬酒。他人给自己敬酒时应放下筷子，端起酒杯起身回应。敬酒时面带微笑，用双手举杯敬酒，眼睛注视对方，说一些感谢、祝福的话，喝完后再举杯表示谢意。当离对方比较远时，可以用酒杯杯底轻碰桌面，表示和对方碰杯。

一般情况下，领导相互喝完才轮到敬酒。可以多人敬一人，决不可一人敬多人，除非自己是领导。敬酒时应掌握节奏，不要一下子喝得太猛。巡酒时端起酒杯，右手握杯，左手托杯底，自首席按顺时针顺序一路敬下，不要跳跃，不要厚此薄彼。碰杯时，杯子不要高于对方的杯子。中国很多地方都有劝酒的习俗，但在现代商务交往中应尊重对方的饮酒习惯和意愿，不要以各种理由逼迫对方喝酒，不要把自己杯里的酒往别人杯里加。另外，注意酒后不要失言，不要说大话、失态。

课堂互动

祝酒词是敬酒时必不可少的环节，好的祝酒词能使人们耳目一新，从中得到良好的教益和积极的启发，也能润色自己的人际关系。假如你现在是一家公司的新员工，在公司年终聚会上，面对公司领导、你的直接主管、本部门同事、其他部门同事等各种角色，你会说出怎样的祝酒词？在敬酒时又要注意怎样的细节？

（五）其他餐桌礼仪

入席前烟、茶等不可全部让餐厅服务员代劳，招待人员应礼貌性地亲自递烟倒茶。入席时招待方应积极招呼客人入席，以免大家乱作一团。待尊者坐定后，接待人员方可入座。如果席上有女士，应等女士坐定后，才可入座。入座后姿势端正，脚踏在本人座位下，不可任意伸直，手肘不得靠桌缘或将手放在邻座椅背上。用餐时建议端起碗，大拇指扣住碗口，食指、中指、无名指扣碗底，手心空着。伏在桌子上吃饭，不但吃相不雅，而且压迫胃部，影响消化。

除此以外，在餐桌上不能只顾自己，也要关心别人，尤其要招呼两侧的女宾。与他人交谈时，要暂时放下筷子，不能一边说话，一边挥舞筷子。为了健康，最好准备公筷、公勺。避免在餐桌上咳嗽、打喷嚏，万一忍不住，要用手或手帕捂住嘴，把头转向后方并说声“对不起”。离席时，应帮助隔座长者或女士拖拉坐椅，并注意不要落下随身物品。

二、西餐礼仪

一般西餐厅的营业时间是中午11点半至下午，晚上6点半后开始晚餐。如果客人早到了，可以先在酒吧喝点酒，然后再进入主餐厅。

1. 入座姿势

就座时身体要端正，手肘不要放在桌面上，与餐桌的距离以便于使用餐具为佳。餐台上已摆好的餐具不要随意摆弄。将餐巾对折轻轻放在膝上。女士入座时，若是裙装，应在入座时，用手整理好裙子，不要坐下后再拉拽衣裙。正式场合一般从椅子的左边入座，离座时也要从椅子左边离开，这是一种礼貌。女士入座要娴雅、文静，两腿并拢，双脚同时向左或向右放，两手叠放于左右腿上。

2. 西餐餐具

西餐的餐具比较复杂，但原则很简单：从外侧向内侧取用，如图3.12所示。也就是说，如果第一道菜是开胃菜，那么吃开胃菜用的刀叉会放在左右两边的最外侧。吃完开胃菜后，服务员会将装开胃菜的盘和使用过的刀叉一并收走。喝汤时用汤勺，汤勺与刀放在同一边即右边。盘子前方的餐具同样是从外侧向内侧取用，万一用错餐具也不要大惊小怪，应安静地继续使用。用下一道菜时，请服务员帮忙再拿一副餐具就可以了。如果看到别人用错了餐具也不要去提醒，牢记“社交场合小错不纠”，以免使人尴尬。

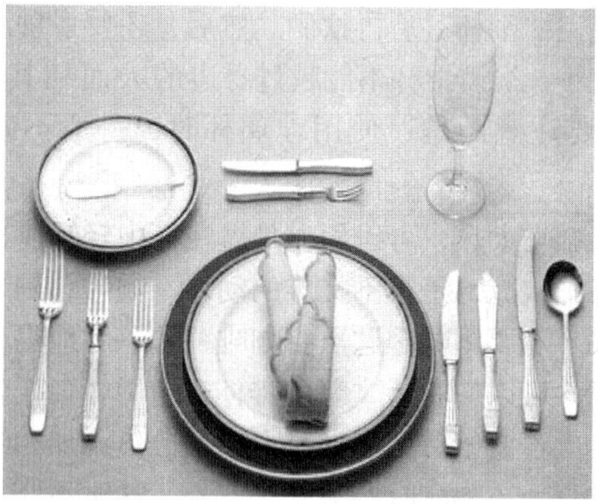

图 3.12　西餐的餐具

刀叉的使用分为美式和欧式两种方式。美式进餐，刀子只用来切食物，左叉右刀。切完后将刀放在盘子上部边上，刀刃向里，叉子转到右手，叉起食物放入嘴里。欧式进餐，仍然是左叉右刀，但叉子不转手。切完后，用刀将食物推到叉子上，然后食用。不管是美式进餐还是欧式进餐，进餐中放下刀叉时，应摆成“八”字形，分别放在餐盘边上。

喝汤的时候，从勺子的侧面喝，不能从勺子的尖处往嘴里倒。如果汤太热，可以用汤勺轻轻搅拌，实在不行就等一会儿再喝。注意不要使汤勺碰到碟子发出引人注意的声响。

吃面包的时候，一次不要拿太多，吃完不够可以再添。左手拿面包，右手掰一小块，然后把左手的面包放在自己的面包盘里，换左手拿着掰好的面包块，用右手持黄油涂抹刀将黄油抹到面包上再吃。涂抹刀用完后要横放在面包盘上，刀刃朝里。

此外，吃鱼的时候，一面的鱼肉吃完后，不要将鱼翻过来，而是剔掉鱼刺，把鱼刺放在一边，然后继续吃下面的鱼肉。

此外，用餐完毕可将餐巾放在盘子的左边，如果只是暂时离开，应把餐巾放在椅子上。

3. 上菜顺序

一般西餐的上菜顺序是酒水—开胃菜—汤—鱼—果汁（蛋奶、冰激凌）—肉或禽类—沙拉—甜食—水果—咖啡。高档西餐的分量很小，制作很精致，值得慢慢品尝。取菜时，不要盛得过多。盘中食物吃完后，如不够，可以再取。如果由服务员分菜，需要增添时，待招待员送上时再取，不要在餐厅大声呼唤服务员。如果有本人不能吃或不爱吃的菜肴，当招待员上菜或主人夹菜时，不要拒绝，可取少量放在盘内，并表示“谢谢，够了”。对不合口味的菜，不要显露出不高兴的表情。

4. 餐间交流

无论是招待他人还是被招待，都应与同桌的人交谈，特别是左右邻座。不要只同几个熟人或只同一两个人说话。邻座如不相识，可先自我介绍。和中餐的礼仪一样，每次送入口中的食物不宜过多，在咀嚼时不要说话，更不可主动与人谈话。

5. 敬酒礼仪

在西餐的礼仪里，提议干杯时，应起身站立，右手端起酒杯，或者用右手拿起酒杯后，再用左手托着杯底。此时，其他人应起身站立，即使滴酒不沾，也要拿起杯子以示礼貌。

将酒杯举到眼睛高度，说完“干杯”后再饮酒。然后，还要手拿酒杯与敬酒者对视一下，这个过程就算结束了。此外，祝酒干杯不能越过身边的人而和其他人干杯，尤其是交叉干杯更不允许。特别需要注意的是，使用玻璃杯时，一般不碰杯。

6. 咖啡礼仪

喝咖啡的时候，如果咖啡太热，可以用咖啡匙在杯中轻轻搅拌使之冷却，或者等自然冷却后再饮用。用嘴把咖啡吹凉，是很不文雅的动作。咖啡匙是专门用来搅拌咖啡的，饮用咖啡时应当把它取出来。不要用咖啡匙舀着咖啡一匙一匙地喝，更不要用咖啡匙捣碎杯中的方糖。喝咖啡的时候，可以用右手拿着咖啡杯，左手轻轻托着咖啡碟，慢慢轻啜。不要满把握杯、大口吞咽，也不要俯首去喝咖啡。请服务员添加咖啡时，不要把咖啡杯从咖啡碟中拿起来。有的时候会一边喝咖啡一边吃小点心，这时不要一手端着咖啡杯，一手拿着点心，吃一口喝一口地交替进行。饮咖啡时应放下点心，吃点心时则应放下咖啡杯。

三、自助餐礼仪

自助餐是现在非常流行的一种用餐方式，由于是一种非正式的宴会，所以通常穿插在正式的活动、会议之中或之后，作为辅助的招待形式。而以商务交流为目的的商务宴请通常不选用自助餐这种形式。

由于是自助形式，所以在用餐过程中，一定注意照顾好主宾，如陪同其就餐，与其进行适当的交谈，为其引见其他客人等。但要注意给主宾留下一点供其自由活动的时间，不要始终伴随其左右。除此以外，参加自助餐应遵循以下礼仪。

1）排队取菜。享用自助餐时，讲究先来后到，排队选用食物。不允许乱挤、乱抢、乱插队，更不允许不排队。

2）照顾他人。取菜时应用公共餐具，不要犹犹豫豫，选来选去，影响后面的人；更不应挑挑拣拣或直接用自己的餐具取菜。

3）循序取菜。取菜的时候不要盲目，什么都拿。各种菜混在一起，既坏了味道，又容易浪费。取菜的顺序依次是冷菜、热菜、汤、点心、甜品和水果。

4）多次取菜。在自助餐中遵守“少取”原则的同时，还必须遵守“多次”的原则。为了省事一次取用过量，装得太多，是一种失礼的表现。

课堂互动

在自助餐厅，哪些行为习惯让你觉得难以接受，分享并避免此类行为。

四、茶与红酒的基本礼仪

（一）茶的基本礼仪

茶源于我国，据《本草纲目》记载，茶有清火去疾的作用。我国有些地区还用茶做成各种茶菜、点心。正所谓“待客不可无茶”，根据制作工艺的不同，茶被分为绿茶、红茶、乌龙茶、黄茶、黑茶、、白茶、六大类（见表3.6）。

表 3.6　茶叶分类简表

类　别	制作工艺	特　点	代　表
绿茶 	不经过发酵，将鲜叶摊晾后直接在热锅里炒制而成	汤色绿，味醇，形美，耐冲泡；有降低胆固醇水平的作用	碧螺春、西湖龙井、黄山毛峰、信阳毛尖
红茶 	全发酵茶，经萎凋、揉捻、发酵而成	汤色红，可以帮助胃肠消化，消除水肿，强壮心肌功能，抗衰老	祁门红茶、滇红、英红
乌龙茶 	又称青茶，一种半发酵茶	泡法讲究，因其叶片中间绿、叶缘红，故有“绿叶红镶边”之称	铁观音、武夷岩茶
黄茶 	闷堆渥黄	黄叶黄汤；叶细嫩，性质清寒；有化痰止咳、清热解毒的作用	洞庭湖君山银芽、雅安蒙顶黄芽
黑茶 	原料粗老，制茶工艺包括杀青、揉捻、渥堆、干燥四道工序	解油腻，软化血管	四川边茶、湖南安化黑茶
白茶 	采摘后只经过杀青，不揉捻，再经过晒或文火干燥	叶背多白茸毛，有防暑、解毒、治牙痛的作用	福鼎白茶、安吉白茶

正所谓“浅茶满酒”，倒茶只要七八分满，敬茶要双手递上，手指不要碰触杯沿，杯把朝着客人右手的方向。喝红茶通常要加糖，喝法和咖啡的喝法相似。茶杯体积很小的时候，不要一口将茶喝完。俗话说“一口为喝，两口为饮，三口为品”，越是好茶越要细细品味。

（二）红酒的基本礼仪

红酒是国际商务沟通的第二种语言，这种观点已经得到了众多商务人士的认同。红酒（Red Wine）是葡萄酒的通称，但并不一定特指红葡萄酒。红酒有许多分类方式。以成品颜色来说，可分为红葡萄酒、白葡萄酒和粉红葡萄酒三类。

喝红酒的窍门是“观、闻、品”。“观”就是观其色泽，将酒倒在高脚杯中，握着杯脚，看其色泽；“闻”即闻其香味，轻摇酒杯让香气释放出来，闻其散发的香味；“品”即浅口品尝，啜饮小口，让酒在舌尖流动，感觉其味道及酸甜度。

值得注意的是，为避免手的温度使红酒酒温增高，正确的握杯姿势是用三根手指轻握杯脚，即用大拇指、中指和食指握住杯脚，小指放在杯子的底部固定。拿杯也要遵循“不让体温影响酒温”的原则，与菜品的搭配也要遵循“红肉配红酒，白肉配白酒”的原则。这里的白肉泛指白颜色的肉类。一般餐桌上的开胃酒以白葡萄酒为佳，食饭中饮用红葡萄酒为宜，餐后建议喝些甜型酒。

喝红酒的时候总会晃动酒杯。晃动酒杯的方法有两种，一种是拿起酒杯向内摇晃，这种方法杯子悬空，要晃动得均匀，需要一些技巧；另一种方法是用食指和中指夹住杯脚，整个手掌平贴杯底，将杯底压在桌面上如同磨墨般地旋转，要小力一点，不要让酒洒出杯。

好的红酒是艺术品，不要“喝”，而要“品”。每次品之前，先晃动酒杯，再用鼻子深吸一下，然后浅尝一口，让酒液在口腔保留一小会儿之后咽下去。葡萄酒不可一口喝完，也不应加雪碧或柠檬，这会破坏红酒原来的味道。

【情境训练 5】

各组学生自己设计宴请客户的情境，分组进行模拟展示，要求从餐厅的选择、座次的安排、点菜、酒水等细节中体现餐饮礼仪。

知识小结

商务活动礼仪是一种交际的方法，是个人修养、企业文化的体现，是对细节的深入解读，是一门沟通的艺术。在商务场合，礼仪就是人际关系的“润滑剂”，它能有效地减少摩擦，最大限度地营造良好的协商氛围，避免冲突，从而实现企业的目标。

商务形象的塑造要求妆容优雅大方、发型整洁时尚但不前卫、着装符合职业环境。

接待礼仪体现在酒店的选择、迎接与引领、介绍与握手、递送名片、安排座次、礼品选择等商务活动细节当中。

电邮、传真、文书是现代商务活动中必不可少的通信工具。使用电邮要做到有礼有节、思路清晰、简明扼要、准确无误、内容完整；使用传真要合法，收发传真的方式要正确；信函、请柬、调查报告作为商务活动中的常用文书，有其固定的格式要求。

电话沟通中要从姿势、问候、称呼、微笑、聆听、回应、声音、时间选择、挂电话九个方面注意规范电话礼仪，以使电话沟通更加有效。

在电话沟通中如果遇到听不清对方的话、接到打错了的电话、遇到自己不知道的事、接到领导亲友的电话、接到客户的索赔电话等情况时，应该妥善处理，维护企业和自身形象。

电话营销面临的最大障碍在于客户的信任。信任源于三个方面：对公司的信任、对公司所提供服务（产品）的信任及对销售人员的信任。这也可以概括为公司层面和销售人员层面。

成功的电话营销必须做到精心准备，注重开头、吸引客户，有效询问、探寻需求；针对需求、有效推荐；适时结束，达成协议；积极跟进、完成销售。

商务活动中，商务人员参加仪式的机会很多，其中，庆典活动、交接仪式、签约活动比较常见，也有其基本的礼仪要求。

餐饮是商务活动中一个重要环节，中餐、西餐、自助餐、茶与红酒都有其独特的礼仪要求。

分组讨论

在本情景的教学中，需要学生完成两项训练任务：

一、自己设计电话沟通情景，进行角色分配和互换，并在课题训练中针对案例 3-2 进行分组模拟演练，讨论以下问题。

1. 电话沟通的不足有哪些方面？如何克服？
2. 讨论可以运用哪些电话沟通技巧有效地吸引客户。
3. 讨论沟通对象、沟通方式带来的不适和具体表现。
4. 相互评价对方在电话营销中好的做法并加以肯定。

二、自己设计宴请客户的情境，分组模拟展示，并讨论以下 4 个问题。

1. 小组从八大菜系中任选一个菜系（小组间不可重复），用 PPT 展示其经典菜肴及其相关故事，时间 10 分钟。
2. 小组从所选菜系中确定供 15 人食用的菜单并说明原因，用 PPT 或视频进行展示，时间 10 分钟。
3. 小组用 PPT 汇报餐厅的选择和座位次序安排，时间 5 分钟。
4. 小组总结敬酒礼节，选择聊天话题，写祝酒词，现场展示，时间 8 分钟。

技能训练及素质拓展

一、案例分析

客户的投诉电话

客户：“是恒通公司吧？”

接线员：“是的，请问先生怎么称呼，我可以帮您什么？”

客户：“我姓王，是你们的一个客户，之前在你们那买的计算机快 1 年了，最近我发现显示器的边框裂开了。你们不是承诺保修 3 年吗，你看现在怎么解决？”

接线员：“您是指显示器的边框裂开了？”

客户：“是的。”

接线员：“您的计算机被碰撞过吗？”

客户：“我的计算机根本没摔过，也没有碰过，是它自动裂开的。”

接线员：“那不可能。我们的计算机都是经过检测的，不可能出现这种情况。”

客户：“但它确实是自动裂开的，你们怎么能这样？”

接线员：“对不起，王先生，显示器不在我们 3 年的保修范围之内，这点说明书上写得很清楚。”

客户：“那你们就不管了，我的计算机不到 1 年就裂开了？”

接线员：“很抱歉，我们没有办法。请问你还有什么问题吗？”

客户：“见鬼去吧！”

（资料来源：黄漫宇. 商务沟通. 北京：机械工业出版社，2005）

辩证性思考

1．如果你是该公司的接线员，你认为自己应该如何处理？

2．请分角色模拟完成此次客户投诉的处理。

二、礼仪游戏

目的：通过以下活动让学生直观认识商务礼仪的重要性，并熟练掌握商务礼仪规范。

流程：

1．分四类（人物、地点、对话、体态）准备卡片，每类卡片均做 *N* 种选项，有合情理、合规范的，有不合情理、不合规范的。

2．请参与游戏的成员分别抽取以上卡片，来决定他来演什么人物，在什么地点，干什么事，用什么语言，使用什么体态，并真实地表演出来。

3．然后请观看表演的成员，给表演者所表演的人物、地点、事件、语言、体态做总结，说出最合适的表现形式，以对比教学。

要求：

1．每类卡片要尽量多做一些，在人物、地点、对话、体态四个方面的组合越多，效果越好。

2．为了增加游戏的趣味性，在对话、体态上可以做得夸张一些。例如，参与者可能会抽取到这样的表演情形：学者+上课+说不符合身份的话+边说话边晃动身体、挖鼻子。

三、素质拓展训练

形式：2～3 名学生组成一组，每组通过各种方式联系不同的企业，并从大学生体验社会实践的角度说服其中一家企业，要求参与到企业的接待、文书、电话、仪式、餐饮等商务活动中，并在商务活动中运用所学的商务礼仪知识为企业做出一定的贡献。

要求：

1．在与企业接触的全过程中注意各种礼节。

2．保留图片或者视频资料，任务结束后用 PPT 完整展示各组的任务完成情况，并分享自己通过本次深入职场亲身体会企业商务活动的感受，发现自己在商务礼仪方面的欠缺和需要提升的技能。

延伸阅读

商务交往涉及面很广，但基本来讲是人与人的交往，所以可以把商务礼仪看成商务人员交往的艺术。人们对礼仪有不同的理解。有人认为礼仪是一种道德修养；有人认为礼仪是一种形式美；有人认为礼仪是一种风俗习惯，礼出于俗，俗化为礼。

一、商务礼仪的作用

1）提升个人素养。比尔·盖茨认为“企业竞争是员工素质的竞争”。从企业角度来讲，就是企业形象的竞争，“修养体现细节，细节展示素质”。

2）方便个人交往应酬。在商业交往中会遇到不同的人，与不同的人进行交往也是一门艺术，如夸奖别人要注意措辞，否则也会让人感到不舒服。

3）有助于维护企业形象。在商务交往中个人代表整体，个人形象代表企业形象，个人的所作所为就是企业的活体广告。

二、接待“三声”

从礼仪的角度而言，接待要做到“三声”。一是“来有迎声”，就是要主动与对方打招呼。二是“问有答声”，一方面对方有问题，自己要回答，另一方面不要没话找话。如果在窗口位置工作，如办公室、总机等，就要事先想好遇到不同情况怎么办。三是“去有送声”，如商店的服务员对客户。

三、热情“三到”

讲礼仪是为了与人沟通，沟通是要形成一座桥而不是一堵墙，只讲礼仪而没有热情是不行的。

“眼到”。注视别人要友善。注视部位是有讲究的，一般是看头部，强调要点时要看双眼，中间通常不能看。下面尤其不能看，不论男女，对长辈和客户，都不能居高临下地俯视，应该采取平视，必要时仰视。注视对方的时间有要求，在和对方沟通和交流时，注视对方的时间应该是对方和自己相处时间总长度的 1/3 左右。问候时要看，引证对方观点时要看，告别再见时要看，慰问致意时要看，其他时间可看可不看。

“口到”。一是讲普通话，这是文明程度的体现，也是员工受教育程度的体现，而且方便沟通和交流。二是要因人而异，区分对象。例如，南方人和北方人指路时的表达方法有所不同，南方人习惯用前后左右，北方人习惯用东西南北。

“意到”，就是意思要到。要把友善、热情表现出来，不能没有表情，冷若冰霜。表情要互动，不卑不亢，落落大方。

四、邮件的重点

1）要询问什么问题？

2）要发送什么文件？为什么要发给对方？

3）要陈述什么观点？

4）要征询什么意见？

5）要给予什么建议？为什么对方要接受？

6）要推销什么产品？为什么对方要购买？

7）为什么要表示感谢？自己的意见如何？

五、电子商务邮件的结构

1）建立关系：问候，明确交际双方的信息。

2）处理业务：提起先前业务，表明事由，附加文档，提出要求。

3）恳求答复：表明诚意，运用施压策略。

4）礼貌结束：结尾敬辞，签名，写明发信人身份。

六、接受名片的注意事项

（一）回敬对方

“来而不往非礼也”，拿到别人的名片一定要回。在国际交往中，在比较正规的场合，即使没有名片也不要直说，而应采用委婉的表达方式，如“不好意思，名片用完了”，“抱歉今天没有带”。

（二）阅读名片

接过名片后阅读是对别人尊重、待人友善的表现。接过名片一定要看，通读一遍，这是最重要的。

七、公文包的礼仪

公文包被称为商务人士的“移动式办公桌”，商务人士选择公文包，有许多特定的讲究。公文包面料以真皮为宜，并以牛皮、羊皮制品为最佳。色彩以深色、单色为好，浅色、多色甚至艳色的公文包，均不适合商务人士。一般情况下，黑色、棕色的公文包，是最正统的选择。从色彩搭配的角度来说，公文包的颜色若与皮鞋的颜色一致，则看上去十分完美而和谐。除商标之外，商务人士所用的公文包在外表上不宜带有任何图案、文字。手提式的长方形公文包是常用的公文包。商务人士外出前，随身物品均应尽量装在公文包内的既定位置，切忌把公文包装得过于膨胀。

八、手表的礼仪

手表是佩戴在手腕上的用以计时的工具。商务人士在社交场合佩戴手表，通常意味着时间观念强，作风严谨；而动辄向他人询问时间的人，则会被认为时间观念不强。

“手表不仅是男人的首饰，而且是男人最重要的首饰”。与首饰相同的是，在社交场合男士所戴的手表往往体现其地位、身份和财富状况。因此，商务男士的手表，其色彩应力戒繁杂凌乱，一般宜选择单色手表、双色手表，不宜选择三色或三种颜色以上的手表。不论是单色手表还是双色手表，其色彩都要高贵、典雅、清晰。金色表、银色表、黑色表，即表盘、表壳、表带均有金色、银色、黑色的手表，是最理想的选择。金色表壳、表带加上乳白色表盘的手表，也能经得住时间的考验，在任何年代佩戴都不会落伍。

九、接打电话注意事项

（一）接电话注意事项

1）随时记录。

2）自报家门。

3）转入正题。

4）避免将电话转给他人。

5）避免电话中断时间过长。

（二）打电话注意事项

1）理清自己的思路。

2）养成随时记录的习惯。

3）立即表明自己的身份。

4）确定对方是否有时间。

5）表明打电话的目的。

6）给对方足够时间反映情况。

7）避免与身边的人交谈。

8）设想对方要问的问题。

9）简洁道歉。

10）不要占用对方过多时间。

（三）电话结束后的整理工作

1）记录客户情况，主要是需求信息，如数量、时间、送货方式等。

2）如果电话没有接触到决策者，应做记录，日后再打，并记录电话次数。如连续拨打都无法接触决策者，可以考虑放弃。

3）记录没有希望成功的客户，以免重复拨打。

4）客户暂未决定的，应记录下来，日后再联络或确定联络时间。一定要把时间、地点、事宜及人名准确记录下来。

5）迅速调整情绪进行下一笔业务，学会控制自己的情绪。

（四）使用手机的注意事项

1）先拨客户的固定电话，找不到对方时再拨手机。

2）在客户身在异地的情况下，致电时说话要简洁明了，以节约客户话费资源，给人留下良好的印象。

3）在嘈杂环境中，听不清楚对方声音时要说明，并告知对方稍后再打过去。

4）在公共场合打手机，说话声不要太大，以免影响他人或泄露公务与机密。

5）在特定场合（如会场、影院或拜见重要客户）要关闭手机或调为静音。

十、电话营销沟通过程中的禁忌

（一）忌争辩

在与客户沟通时，销售人员的目的是推销产品，不是参加辩论，与客户争辩解决不了任何问题，只会招致客户的反感。首先要理解客户对产品有不同的认识和见解，允许客户发表不同的意见。如果和客户发生激烈的争论，即使胜利了，结果也只是失去了客户，丢掉了生意。

（二）忌质问

与客户沟通时，要理解并尊重客户的观点，不能强求，无论他买不买自己的东西，都不可以用质问的语气与他交谈。不要用下面的方式向客户发问：

1）您为什么不买？

2）您为什么对我们的产品有成见？

3）您凭什么讲这个产品不好？

4）您有什么理由说我们公司的售后服务不到位？

用质问或审讯的语气与客户谈话，是销售人员不懂礼貌的表现，是不尊重人的反映，这会伤害客户的感情和自尊心。

（三）忌命令

在与客户交谈时，态度要和蔼，语气要柔和，要采取征询、协商或请教的语气与客户交流，切不可用命令和批示的口吻与人交谈。销售人员要明白自己不是客户的领导和上级，无权对客户下命令或指示。

（四）忌炫耀

与客户沟通谈到自己时，要实事求是地介绍自己，稍加赞美即可，万万不可忘乎所以、得意忘形地自吹自擂、自我炫耀，否则会人为地制造双方的隔阂和距离。

（五）忌直白

销售人员要掌握与人沟通的技巧，客户来自不同阶层，知识和见解都不尽相同。销售人员在与其沟通时，如果发现他在认识上有不妥的地方，要把握谈话的技巧，委婉忠告。

（六）忌批评

在与客户沟通时，如果发现他身上有缺点，千万不要当面批评，更不要大声地指责。批评与指责解决不了任何问题，只会招致对方的怨恨与反感。与人交谈要多用感谢词；要多言赞美，少说批评，要掌握赞美的尺度和批评的分寸，要巧妙批评，旁敲侧击。

（七）忌专业

在销售产品时，一定不要使用专业术语，因为各个行业都有自身的特殊性，专业术语固然可以凸显出销售人员非常职业，但如果客户不能理解，就会影响沟通的效果。

（八）忌独白

与客户谈话，就是与客户沟通思想的过程，这种沟通是双向的。不但销售人员自己要说，同时也要鼓励对方讲话，通过他的话，销售人员可以了解客户的基本情况，如工作、收入、喜好、投资、配偶、子女、家庭情况等。双向沟通是了解对方有效的工具，切忌销售人员一个人唱独角戏。如果销售人员一个人喋喋不休，口若悬河，全然不顾对方的反应，结果只能让对方反感、厌恶。

（九）忌冷淡生硬

与客户谈话，态度一定要热情，语言一定要真诚，言谈举止都要流露出真情实感，要情真意切。销售人员在与客户说话时，声音要洪亮，语言要优美，语气要生动活泼。切忌说话没有朝气与活力。

学习情境四

销 售 沟 通

情境导航

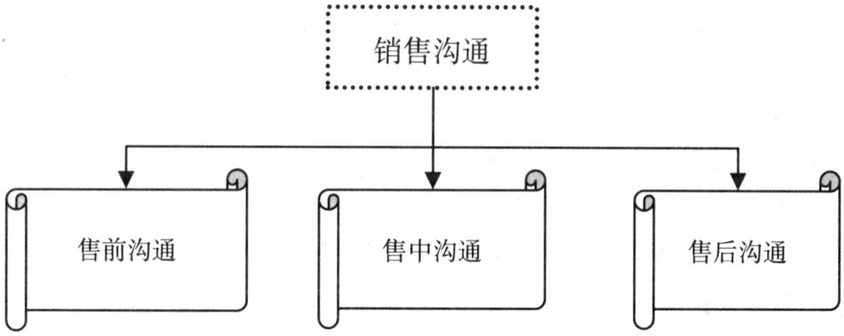

知识技能目标

知识目标

- 了解沟通在销售工作中的重要性；
- 熟悉售前沟通在宏观层面上和微观层面上的技巧；
- 掌握销售沟通中提问、表达和异议处理的技巧；
- 理解售后告知的重要性；
- 掌握售后回访的方式及售后服务的技巧；
- 熟练掌握处理客户投诉的技巧。

技能目标

- 能够根据产品特点选择恰当的售前沟通方式；
- 进一步训练自己的销售沟通能力，提高销售成功率；
- 能够根据客户情况，正确处理好客户投诉，从而提高客户满意度。

沟通能力自测

1. 假如你的客户询问你有关产品的问题，你不知如何回答，你将（　　）。
A. 以你认为对的答案，用“好像了解的样子”来回答
B. 承认你缺乏这方面的知识，然后去寻找正确答案
C. 答应将问题转呈给业务经理
D. 给他一个听来很好的答案
2. 客户正在讨论，很明显他所说的是错误的，你将（　　）。
A. 打断他的话并予以纠正
B. 聆听然后改变话题
C. 聆听并提出其错误之处
D. 利用质问并使他自我发觉错误
3. 假如你觉得有点泄气时，你将（　　）。
A. 请一天假不去想公事
B. 强迫自己更卖力去做
C. 尽量少拜访
D. 请求业务经理和你一道出去
4. 当你拜访经常吃闭门羹的客户时，你将（　　）。
A. 不必经常去拜访
B. 根本不去拜访他
C. 经常去拜访并试图改善关系
D. 请求业务经理换一个人去试试
5. 你碰到对方说“你的价钱太贵了”，你会（　　）。
A. 同意他的说法，然后改变话题
B. 先感谢他的看法，然后指出一分钱一分货
C. 不管客户的话
D. 诉说你强而有力的辩解
6. 当你回答客户的相反意见之后，你会（　　）。
A. 保持缄默并等待客户开口
B. 变换主题并继续销售
C. 继续指证以支持你的论点
D. 试行缔结
7. 当你进入客户的办公室时，正好他在读书，他告诉你，他一边读书一边听你的话，那么你会（　　）。
A. 开始你的销售说明
B. 向他说你可以等他读完才开始
C. 请求合适的时间再访
D. 请求对方全神聆听

8. 若你正用电话去约一位客户以安排拜访时间，总机小姐把你的电话转给他的秘书小姐，秘书小姐问你有什么事，你将（　　）。

A. 告诉她你希望和他商谈

B. 告诉她这是私事

C. 向她解释你的拜访将给他莫大的好处

D. 告诉她你希望同他讨论你的产品

9. 面对一个急进型的客户，你会（　　）。

A. 客气

B. 过分客气

C. 证明他错了

D. 拍他马屁

10. 对付一位悲观的客户，你将（　　）。

A. 说些乐观的事

B. 对他的悲观思想一笑置之

C. 向他解答他的悲观是错误的

D. 引述事实并指出你的论点是完美的

11. 在展示印刷的视觉辅助工具时，你将（　　）。

A. 交予客户辅助销售工具，在他阅读时解释销售重点

B. 先销售视觉辅助工具，然后再按重点念给对方听

C. 把辅助工具留下来，以待访问之后让他自己阅读

D. 答应他把一些印刷物张贴起来

12. 客户告诉你，他正在考虑竞争者的产品，他征求你对竞争者的意见，你将说（　　）。

A. 竞争者产品的缺点

B. 竞争者产品的特征

C. 熟悉他人的产品然后继续销售你自己的产品

D. 引开他的注意力

13. 当客户有购买的征兆如“什么时候可以交货”，你将（　　）。

A. 说明送货时间，然后继续销售你的产品特点

B. 告诉他送货时间，并请求签订单

C. 告诉他送货时间，并试做缔结

D. 告诉他送货时间，并等待客户的下一步骤

14. 当客户有怨言时，你将（　　）。

A. 打断他的话，并指出其错误之处

B. 注意聆听，虽然你认为公司错了，但有责任予以否认

C. 同意他的说法，并将错误归咎于你的业务经理

D. 注意聆听，判断怨言是否正确，适时答应予以纠正

15. 假如客户要求打折，你应该（　　）。

A. 答应回去后向业务经理要求
B. 告诉他没有任何折扣了
C. 解释本公司的折扣情形，然后热心的销售产品特点
D. 不予理会
16. 当客户向你说“你的产品某某朋友用后很不满意”，你应该（　　）。
A. 告诉他该用户在乱说，只是希望你不要买而已
B. 告诉他该用户跟我们公司关系没处理好
C. 详细询问什么地方不满意，并针对性地解答
D. 告诉他可能公司的培训、用户的操作等方面没有协调好
17. 在获得订单之后，你应该（　　）。
A. 谢谢他然后离去
B. 略为交谈他的嗜好
C. 谢谢他并恭喜他的决定，扼要地再强调产品的特征
D. 请他到附近去喝一杯
18. 在开始做销售说明时，你应该（　　）。
A. 试图去发觉对方的嗜好并交换意见
B. 谈谈气候
C. 谈谈今早的新闻
D. 尽快地谈些你拜访他的理由，并说明他可获得的好处
19. 在下列情况下，（　　）是销售人员充分利用时间的做法。
A. 将客户资料更新的时候
B. 当他和客户面对面的时候
C. 在销售会议讨论更好的销售方法
D. 和销售同仁讨论时
20. 当你的客户被第三者打岔时，你应该（　　）。
A. 继续销售不予理会
B. 停止销售并等候有利时刻
C. 建议他在其他时间再来拜访
D. 请客户去喝一杯咖啡
计分方法：

题号	A	B	C	D
1.	2	5	3	1
2.	1	3	1	5
3.	1	5	1	3
4.	1	1	5	3
5.	1	5	3	2
6.	2	1	2	5

题号	A	B	C	D
11.	1	5	1	1
12.	1	3	5	1
13.	1	3	5	1
14.	1	2	1	5
15.	2	3	5	1
16.	1	1	5	2

7.	1	5	3	2	17.	3	1	5	1
8.	1	1	5	2	18.	3	1	1	5
9.	5	1	1	1	19.	3	5	2	1
10.	3	2	1	5	20.	1	2	5	3

解析：

100 分　表明你是专业的销售人员。
90～99 分　表明你是很优秀的销售人员。
80～89 分　表明你是一个良好的销售人员。
70～79 分　表明你是一般的销售人员。
60～69 分　表明你是有待训练的销售人员。
59 分以下　表明你需要自问：我选择了销售这个职业是对的吗？

自我分析：请对照测试结果，对自己进行深刻的反思与剖析，总结出你在销售活动过程中经常存在哪些沟通问题，并把这些问题列在表中，然后咨询资深的销售人员，在本情境学习完成后认真剖析原因并列出解决措施。

我在与人沟通中存在的问题	原因剖析	解决措施
1.	1.	1.

CASE 案例导入

案例 4-1

乔·吉拉德被誉为世界上最伟大的销售人员，回忆往事时，他常念叨如下一则令其终生难忘的故事。在一次推销中，乔·吉拉德与客户洽谈顺利，正当快要签约成交时，对方却突然变了卦。当天晚上，按照客户留下的地址，乔·吉拉德找上门去求教。客户见他满脸真诚，就实话实说："你的失败是由于你没有自始至终听我讲话。就在我准备签约前，我提到我的独生子即将上大学，而且还提到他的运动成绩和他将来的抱负。我是以他为荣的，但你当时没有任何反应，而且还转过头去用手机和别人讲话，我一恼就改变主意了！"

（资料来源：侯志春. 管理沟通理论与实务. 北京：清华大学出版社，2010）

辩证性思考

1. 乔·吉拉德失败的主要原因是什么？
2. 你从乔·吉拉德的经历中得到了哪些启示？

案例 4-2

有一天，某高级公寓销售公司的销售人员来问我："你能把资金投到高级公寓上吗？"我和往常一样洗耳恭听他的讲话，一边翻看广告小册子，一边评论说："是啊，装上这种细长的空气调节器，加上厨房也很讲究，价钱很公道啊！"那位销售人员听了很高兴，他原想一定会吃闭门羹的，不料我会大加赞赏，并说这幢房子的"价钱很公道"，他竟流露出一副很满意的样子。

然而，我在和那位销售人员攀谈之后说道："先生，人们都说人不可貌相。实际上，我家也是这种情况，虽然过的是普通生活，可是被借贷所逼，明天也许连饭都吃不上，当然更谈不上买高级公寓了。"

我原想从销售人员那里会听到"请不要开玩笑"之类的应酬话，他却用深切理解的表情说："啊，原来是这样！"然后拿着我退给他的名片和小册子就走了。

但是，不到两个月，我又通过别的销售人员，买到了类似的高级公寓。作为一名销售人员，应该知道，客户有时说假话，有时说真话，在吐露真心话当中，往往也带有虚情假意。

（资料来源：二见道夫. 日本销售人员秘诀百条. 杨延梓，宋维炳，译. 北京：北京出版社，1991）

辩证性思考

思考第一个销售人员在处理客户异议时犯了什么错误而导致交易最终没有达成。

学习档案

在茫茫人海中寻找对自己产品有需求的客户并不是一件容易的事，而将有效沟通的信息传递到目标客户面前，让产品向需求转换，已变得越来越困难。这就需要与消费者进行有效沟通，让消费者了解产品，通过沟通技巧，改善沟通效果，以达到让消费者购买产品、让商家更有效地推广产品的目的。按照销售阶段的不同，销售沟通可以分为售前沟通、售中沟通和售后沟通。

子情境 4.1 售前沟通

学习目标

1. 了解售前沟通的含义。
2. 理解宏观层面和微观层面的售前沟通方式。
3. 掌握约见准客户的准备内容和约见方法。
4. 掌握接近准客户的方法。

小贴士

预先警觉，预先武装好；充分的准备是成功的一半。

——塞万提斯（西班牙作家）

一、售前沟通的含义

在如今这个快节奏的生活环境下，人们面临的精神压力越来越大，这同时也导致人们格外渴求他人的认同与尊重。这一心态体现在人们的购物过程中就是：他们越来越希望商家能真正地重视他们，清楚他们的需求，完全遵从他们的每句话并为之提供周到、完善的服务。只有这样，他们才能感受到个性化服务，他们才会对消费过程满意。一项调查显示，能否给予客户以人文化、个性化的对待，已成为未来企业竞争的重要领域。这就要求企业必须积极地搜寻和保存客户的行为资料，并对此进行分析，做好售前分析和沟通。因为只有这样，企业才能真正地了解每位客户的特殊需求。

二、宏观层面的售前沟通

一般来说，售前沟通可追溯到广告设计和投放，以及企业的公共关系活动和以消费者为目标的营业推广等，企业通过对潜在客户或目标客户的心理、行为分析，采用恰当的沟通方式引起客户的注意并激发其了解兴趣。

（一）广告设计和投放

现代广告理论认为广告是运用媒体而非口头形式传递具有目的性的信息的一种形式，它旨在唤起人们对商品的需求并对生产或销售这些商品的企业产生了解和好感，告之提供某种非营利目的的服务以及阐述某种意义和见解等。

从沟通的角度来看，广告是一种典型的售前沟通方式，广告主通过对产品信息进行整合，借助大众媒介传递给目标受众，形成消费者对产品的先期印象，为消费者购买行动奠定基础。具体来讲可分为两个阶段，第一个阶段是广告设计，即广告沟通主体通过产品市场定位分析、沟通对象即目标受众特点分析，进行完整的广告设计，确立广告诉求主题，并选择恰当的表现方式；第二个阶段是广告媒介的选择，即沟通渠道设计，在当前沟通渠道多样的情况下，如何将产品信息通过快速、有效的途径传递给广告对象，这不仅要考虑沟通渠道成本，更要结合沟通对象的群体特点，如广告受众的年龄层次、文化水平和职业状况等。

课堂互动

教师准备一组平面广告和一段视频广告，现场播放，请同学们讨论其表现方式和诉求主题。

（二）公共关系活动

公共关系活动是指一个组织为创造良好的社会环境，争取公众舆论支持而采取的政策、行动和活动，主要使用协调、传播、沟通等手段，即以创造良好的公共关系状态为目的的一种信息沟通活动。

公共关系活动与广告在传播媒介上具有一定的相似性，终极目标也基本一致，但两者的出发点和手段不尽相同。广告以销量增加为考量标准，公共关系活动则以知名度和美誉度为评价指标；广告着眼于近期的现实回报，而公共关系活动则着眼于长远的组织形象塑造。从沟通的角度来看，公共关系活动也是一种信息传播，只不过更多的是传播企业信息，而不是直接的产品信息。因此，作为售前沟通的公共关系活动，也要考虑信息特征和沟通对象特点。

实例 1

"中国——未来 50 年"——99 财富全球论坛国际公关案例

主办单位：《财富》杂志

咨询单位：奥美国际公关集团（上海、北京、香港）

如果说评选《财富》500 强是《财富》杂志一项创举，那么每年挑选世界经济热点举办财富全球论坛不愧为颇具远见、魄力和创意的公关实例。1999 年 9 月 27 至 9 月 29 日，世人所瞩目的财富全球论坛在中国上海成功召开。在此之前财富论坛已举办了 4 届，分别在新加坡城、巴塞罗那、曼谷和布达佩斯举行。今年这一盛事恰好选在中华人民共和国成立 50 周年的前夕，财富不仅挑中上海——当今中国最具经济潜力和活力的城市为论坛地点，还以"中国——未来 50 年"为主题，吸引了全球商界、政界、学术界各精英人物参与探讨。奥美公共关系公司有幸成为财富论坛的合作伙伴，协助世界上最优秀的商业杂志进行 99 财富论坛的新闻媒体宣传工作。

奥美在国内推广其经营理念时，有一个很有意味的阐述，即要成为客户的"品牌管家"。就本次公关活动而言，不论是说奥美在新闻传播方面很好地管理了"全球财富论坛"这一会议品牌，还是说奥美充分展现了其作为国际性活动"新闻管家"的能力，均不为过。

实例 2

奇正炎痛贴上市时，由于知名度低而乏人问津，在集团董事长雷菊芳的带领下运用免费送药的办法打开了市场。从兰州、北京到西安……从女排、男排、体操队到普通百姓，3 个月内送出了几万贴，价值几十万元，时间不长全国数十家媒体蜂拥而至，几乎每天报道奇正炎痛贴……求购者很快从四面八方涌来，3 个月断药 4 次，奇正炎痛贴很快打开市场。

（资料来源：张卫东. 市场营销理论与实训. 北京：电子工业出版社，2006）

（三）营业推广

营业推广是指企业在一定时期内，采用特殊方式对客户进行强烈刺激，以激发客户强烈的购买欲望，并促成客户迅速购买的一种促销方式。常见的方式有赠送优惠券、折价优惠、集点优惠、附送赠品、赠送样品、付费赠送、退费优惠和竞赛等。营业推广方式创意无穷、多种多样，每种方式都有其具体特点和适用范围，因此，策划时要反复分析、选择使用，并综合考虑推广目标、竞争条件、经济环境、推广预算、市场时机选择及活动持续时间等因素。同时在进行营业推广时还要考虑营业宣传推广，即根据客户的购买心理与特点，设计出使客户赏心悦目、心情舒畅的购物环境，通过样品陈列及橱窗布置，吸引购买者，诱导购买行为，刺激客户的购买欲望，真正实现销售前与客户的良好沟通。

实例 3

为了迎接国庆节的到来，某购物广场准备了丰富多彩的促销活动来带动销售，其中海报发挥了重要的作用。但是，有一则海报由于某种原因没有写清楚，引发了一系列本不该出现的问题。该海报内容为：在 9 月 30 日至 10 月 7 日期间，我商场有一系列促销活动，凡在本商场一次性购物满 50 元者，可获赠“珍极”牌酱油一瓶。由于该海报没有注明“本活动不可累计”，导致许多客户一次性购物满 100 元或 200 元，只能得到一瓶赠品酱油（按消费额本该得到 2～4 瓶），因此客户很不满意，有不少抱怨。

（资料来源：http://club.china.alibaba.com，经本书作者整理）

实例 4

克林顿·比洛普是美国 CFB 公司的总裁，在最初创业时，他曾经为康奈狄克州西哈福市的商会推销会员证。

有一次，他有幸通过朋友的介绍赢得了与一位商店老板的约见机会，但这位商店老板没有兴趣加入西哈福市商会，因为他的商店位于西哈福市的边缘，他觉得即使自己名义上是西哈福市商会的会员，但是由于地理位置太偏，客户是很难了解这点的。既然如此，他认为自己完全没有必要花钱购买商会的会员证。

克林顿·比洛普了解到商店老板的顾虑之后，他试图通过自己的真诚和尊重说服对方，可是对方根本就不吃这一套。后来，克林顿·比洛普与他约定一个小时之后再见面。

一个小时之后，克林顿·比洛普拿着一个特大号信封出现了，然后他继续同商店老板进行沟通。商店老板对他手中的大信封充满了好奇，终于在十几分钟后，商店老板忍不住问道：“那个信封里到底装了什么东西？方便看一看吗？”

原来克林顿·比洛普在大信封里装了一个印有西哈福市商会标志的金属牌，他告诉商店老板：“只要将这个牌子挂在商店边的十字路口上，那么所有来这里购物的人们都会知道您的商店位于一流的西哈福区，而您则是西哈福市商会的一名尊贵成员。”

正如克林顿·比洛普所希望的那样，商店老板很高兴地同意了加入西哈市商会，并且马上支付了商会会员的入会费。

在拜访客户时利用一些道具，这些道具既可以体现自己的身份、气质和尊重客户的态度，也可以引起客户的好奇心，当然也会为自己带来许多便利。不同的道具在沟通过程中起到的作用不尽相同，究竟选择什么样的道具，必须根据客观需要来决定。

（资料来源：http://www.71training.com，经本书作者整理）

三、微观层面的售前沟通

微观层面的售前沟通是指销售人员在见到客户之前的准备环节。销售准备是每次销售活动的前置工作，首先根据产品或者方案筛选出理想客户，然后对目标客户信息进行收集，再挖掘和确认有效商机，并分析目标客户的现状和潜在需求，进行初次拜访前的准备。

客户不同、沟通对象不同、场景不同、性格不同、需求不同，销售方法与策略自然也不同。找到理想目标客户，是销售的起点，成功约见客户，是销售迈进的第一步。

（一）筛选理想客户并收集客户信息

1. 理想目标客户模型

根据区域市场的分析，定义理想客户模型，并对目标客户进行筛选，在其中找到能契合产品或方案又能体现最大化价值的客户，从而对其开展有效的销售工作。

判断标准如下：

- 客户声誉如何？与其合作，对增强我们公司品牌价值有何帮助？
- 客户商业道德如何？与其合作是否存在回款风险？
- 客户是创新派还是保守派？与其合作是否有项目不成功的风险？
- 客户对人的态度（员工、客户、供应商）如何？
- 客户忠诚度如何？与之合作的潜力如何？是否能与之建立长期的战略合作关系？
- 历史合作关系如何？是否与我们或其他供应商有不良合作关系记录？

具体根据每个企业对理想目标客户模型的定义标准指标（如客户规模、效益等）来衡量，可以细化每个指标的占比来综合衡量。理想目标客户检核表如表 4.1 所示。

表 4.1 理想目标客户检核表

序 号	理想客户指标	占比（100%）
1		
2		
3		
4		
……		

课堂互动

请同学们思考当完成对目标客户的筛选之后，还需要对这些客户哪些方面的信息进行收集？

2. 目标客户信息收集

并不是所有客户都是理想客户或存在销售机会，若选择了一个非理想客户项目，将会导致销售资源的投入和产出不成正比，选择正确的客户项目作为销售目标，销售人员所做的行动和努力才会产生效益。筛选出理想客户后还要对目标客户信息进行收集。目标客户信息收集表如表 4.2 所示。

表 4.2　目标客户信息收集表

<table>
<tr><td rowspan="4">企业基本情况</td><td>单位名称</td><td colspan="4"></td><td>所属行业</td><td></td></tr>
<tr><td>企业性质</td><td colspan="2"></td><td>董事长</td><td></td><td>企业人数</td><td></td></tr>
<tr><td>主要产品及服务</td><td colspan="6"></td></tr>
<tr><td>上年产值/利润</td><td colspan="2"></td><td colspan="2">行业地位及影响</td><td colspan="2"></td></tr>
<tr><td>企业其他信息</td><td colspan="7"></td></tr>
<tr><td colspan="2">已用产品</td><td colspan="6"></td></tr>
<tr><td colspan="2">本次项目预算</td><td></td><td>项目范围</td><td colspan="2"></td><td>采购期限</td><td></td></tr>
<tr><td rowspan="4">联系方式</td><td>参与部门</td><td>联系人</td><td>职务</td><td>性别</td><td>年龄</td><td>联系方式</td><td>背景及爱好</td></tr>
<tr><td></td><td></td><td></td><td></td><td></td><td></td><td></td></tr>
<tr><td></td><td></td><td></td><td></td><td></td><td></td><td></td></tr>
<tr><td></td><td></td><td></td><td></td><td></td><td></td><td></td></tr>
<tr><td rowspan="4">跟进情况</td><td>接触部门</td><td colspan="3"></td><td>接触人员</td><td colspan="2"></td></tr>
<tr><td>客户需求</td><td colspan="6"></td></tr>
<tr><td>客户意向</td><td colspan="6"></td></tr>
<tr><td>销售难点</td><td colspan="6"></td></tr>
<tr><td rowspan="3">参与对手</td><td>参与厂商</td><td>介入机构/程序</td><td>客户偏好</td><td>优势</td><td>劣势</td><td colspan="2">应对建议</td></tr>
<tr><td></td><td></td><td></td><td></td><td></td><td colspan="2"></td></tr>
<tr><td></td><td></td><td></td><td></td><td></td><td colspan="2"></td></tr>
</table>

（二）挖掘和确认有效商机

1. 判断商机的标准

- 我们的产品提供给哪些客户使用？——是不是目标客户
- 这些客户具备哪些特征？——理想客户模型
- 他们为什么需要我们的产品？——需求、需要什么能力
- 他们将如何应用这些产品？——使用部门/人
- 他们将如何从中受益？——价值

小贴士

销售机会原则（MANT）

- Money（有资金实力与预算）——钱从哪里来？预算谁制定？预算制定标准是什么？
- Authority（有决策权）
- Need（有需求）
- Time（有明确的购买时间）

实例5

1950年，索尼公司生产出第一代录音机，本以为投放市场后一鸣惊人，但人们对这种录音机根本不感兴趣，录音机在市场上无人问津。

有一天，索尼公司创始人的盛田昭夫邀请一位政府官员到家中做客，闲谈中这位官员讲到，由于第二次世界大战后社会不稳定，犯罪率很高，现在各个法院审判工作繁忙，速记员们一个个累坏了，直埋怨政府……听到这个情况，盛田昭夫念头一动：我们为何不用录音机来帮助他们提高工作效率呢？于是，盛田昭夫迫不及待地带上一台录音机，跑到一家法院，找来几位速记员，当场为他们演示录音机的功能。速记员们反响热烈，纷纷要求订购这种录音机，当天，盛田昭夫就推销出20多台录音机……

从法院回来，盛田昭夫的思路开阔多了，他又想到学校。第二次世界大战后，日本把英语列为学生的必修课，人人都在学习英语。他找到教育部门的官员，向他们介绍利用录音机学习英语的好处，并且找到几所学校做实验。实验证明，录音机确实是学习英语的好工具。不久，全日本所有的学校都在英语教学中使用了录音机。索尼的录音机也因此被抢购一空，这在当时堪称奇迹，索尼公司也因此得到发展。

（资料来源：http://club.china.alibaba.com，经本书作者整理）

2. 商机挖掘的有效方式

销售要学会圈地并进行有序经营。“圈地”经营，积累经验、案例、人脉等，并进行相应的知识和工具准备。圈地能让自己针对性地准备知识和销售工具，商机不是找来的，是准备出来的。将地盘里的客户分类，结合自身优势和资源制定有效策略。用低端产品规模覆盖目标客户，然后再慢慢经营到中高端产品。销售还要多借名（行业标杆客户）、借势（市场活动等）、借力（第三方推荐）。

实例6

山田先生是日本一家肉店的老板，一次出席朋友举办的一个宴会，当服务员来问喝什么酒时，素不相识的同座中，有位提议“喝啤酒”，结果大家都没意见，一致同意喝啤酒。这一偶然事件使山田先生受到启发，于是他开始在客户中物色中心人物，有意拉拢那些交际广、知识丰富又爱讲话的人，给他们以各种优惠和周到的服务，使他们对肉店产生好感。很快，这些人就成了山田肉店的义务宣传员，逢人就讲山田肉店的肉新鲜，斤两足，价钱公道，态度好，于是带动了一大批客户到店里来买肉，山田先生用这种方法使周围的一大批居民成了自己的客户。

（资料来源：http://club.china.alibaba.com，经本书作者整理）

（三）分析客户潜在需求，进行初次拜访的准备

1. 分析客户的各种需求，制定客户可能关心的问题清单

1）客户概念：客户对处境、问题、方案及价值的认知，包括内心的感受、评价、愿景、想法等。

2）方案愿景：双方共同探讨目标、问题和需求并对如何解决达成共识。

3）明确需求：需求（“客户的解决方案”），客户相信自己很清楚需要什么，与你接触前就能清楚表达；问题（“影响目标实现的具体问题/障碍”），客户承认有一个问题、困难或挑战，但不知道如何解决；目标（“引起情绪、产生动机”），客户分享目标或动机，但不能清晰表达如何实现。

4）潜在需求：客户觉得不重要或未意识到该目标是可以实现的。

5）问题清单：列举客户可能的关注点或问题、管理难点或未来工作的挑战，这些问题通常有一定的典型性和普遍性，与客户的概念和期望实现的目标相关，并且是客户关心的而不是销售所关心的问题，也可表现为客户的“目标清单”。

6）“问题清单”的罗列方法——杜彬法（见表4.3）。

- 预测（客户的关注点）：在销售拜访之前问自己：“如果我是这家客户，对这次销售拜访，我可能会关注什么？”将客户的关注点列成一张清单，并确定其中你认为对客户来说最为重要的关注点。
- 转换（关注点为问题）：将最为重要的关注点转换为你认为客户最有可能会提出的问题。
- 回答（客户的问题）：针对从上述两个步骤得到的问题，准备你的回答。

表4.3　问题清单罗列法

预测 列出你认为客户可能 对此次拜访持有的疑虑	转换 将每个疑虑都转换成你认为 客户可能会提出的问题	回答 针对这些问题，准备你的回答

2. 约见准客户

过去，销售人员大多采取挨门挨户的方式登门造访准客户。但是，在现代社会里，由于通信工具的不断发展，沟通方式呈现多样化，那么推销方式当然也需要不断改进。要成功推销产品，首先就需要成功约见客户，它既是接近客户的前奏，又是接近过程的开始，只有通过约见，销售人员才能顺利展开推销面谈。现代商务活动中常见的约见方式主要有以下几种。

（1）电话约见

由于电话约见具有方便、经济和快捷等优点，能在短时间内接触更多的潜在客户，是一种效率极高的约见方式，因此电话成为销售人员最重要也是用途最为广泛的约见方式之一。电话约见的缺点也是比较明显的，客户是只闻其声，不见其人，销售人员很容易受到拒绝和推托，所以，约见的开场白、约见事由甚至态度和语气都十分重要。

（2）当面约见

当面约见是指销售人员与客户面对面约定见面的时间、地点、方式等事宜。这是一种较为理想的约见方式。销售人员可以利用在某些公共场合如展销会、订货会、社交场所、推销途中与客户的不期而遇等，借机与客户面约，也可以到客户的单位、家中去面见客户。若因客户忙于事务或一时不能决定，须和有关人士商量之后再作商谈时，销售人员可顺势约定时间再谈。但是当面约见常常受地理因素所限且效率比较低，另外面约一旦被客户拒绝，就使销售人员当面难堪，造成被动不利的局面，反而不利于下一次的接近和拜访。特别是面约团体客户的关键人士时，事前必须成功地突破客户的一些“关口”，如秘书、助理等。因此，在使用这一方法时，须察言观色，随机应变并灵活运用一些技巧，以确保约见工作的顺利完成。

（3）信函约见

信函约见是指销售人员通过信函或电子邮件来约见客户。信函约见是比电话更为有效的媒体。随着时代的进步出现了许多新的传递媒体，但多数人认为信函比电话更显得尊重他人一些。信函通常包括个人信件、会议通知、请柬、广告函件等。

（4）委托约见

委托约见指销售人员委托第三者，受托人与客户之间有一定的社会联系或社会关系，如师生、同学、同事、亲朋好友或邻居等，以便取得客户的信任与合作。

（5）广告约见

广告约见是指销售人员利用各种广告媒体，如广播、电视、报纸、杂志、路牌等将约见的内容广而告之，以达到约见客户的目的。在约见对象不太具体、明确或约见客户太多的情况下，采用这一方式广泛约见客户比较有效。也可在约见对象十分明确的情况下，进行集体约见。广告约见具有覆盖面大、节省时间、提高效率的优点，但也具有针对性较差、费用较高的局限性。

（6）网上约见

网上约见是销售人员利用互联网与客户在网上进行约见和商谈的一种方式。网上约见具有快捷、便利、费用低、范围广的优点；但同时也受到客户的邮箱、网址等信息的掌握情况的局限。

【情境训练1】

请同学们分组完成某品牌月饼的理想客户模型设计，列出问题清单，并根据所学内容对客户进行约见。各组派代表进行展示并讲解本组完成以上内容后对于销售沟通的作用和效果。

子情境4.2　售中沟通

学习目标

1. 掌握如何通过观察读懂和了解客户。
2. 掌握售中沟通中的提问技巧。
3. 掌握售中沟通中的语言表达技巧。
4. 掌握如何正确处理客户异议并最终达成交易。

售中沟通是指在销售过程中结合客户的需求向客户介绍企业和推荐产品信息，以达成销售的过程，也可以理解为推销洽谈过程。它是销售沟通中最重要的一个阶段。在这一阶段，销售人员既要帮助客户了解产品性能，又要促使消费者打消顾虑和产生购买冲动，也是促成交易的关键。

实例 7

留学英国的学者张戎，用英文写了一本书，书名叫《鸿》。书中讲述她外婆、妈妈和她，三个普通中国女子在过去近一个世纪的故事。

在一次出版社举行的记者招待会上，张戎要在短短的几分钟内，把自己和《鸿》推销出去。

她用了一句与众不同的开场白："这是我姥姥生前穿过的那种鞋。"她当着记者的面，展示了一双三寸金莲所穿的鞋。现代西方人无论如何也想象不出，以前的中国妇女是如何穿下这么小的鞋子的。

话音一落，场下顿时鸦雀无声。张戎成功了。她的书刚刚出版，便被抢购一空，名列英国图书销售榜首，后被转译成多个国家的文字在世界各地发行。

（资料来源：http://club.china.alibaba.com，经本书作者整理）

一、沟通在销售中的意义

在与客户面对面的销售活动中，沟通是销售的有力工具，对实现产品销售有着极其重要的意义。

1）通过沟通可以更加了解客户的欲望、需求、动机和行为，并能更有针对性地向客户传递产品的信息，从而激起客户的购买欲望，改变客户行为，达成交易。

2）通过沟通可以收集大量资料。通过推销过程中的沟通，可以收集到对企业十分有用的大量资料，如有关产品本身的各种资料，各种用户（客户）资料和竞争对手的资料。

3）通过沟通还可以树立公司形象，提升客户对品牌的忠诚度。

二、售中沟通技巧

在人员销售过程中如何运用沟通技巧来实现销售？首先，注意自己的仪表和服饰打扮，给客户一个良好的印象；其次，言行举止要文明、懂礼貌、有修养，做到稳重而不呆板、活泼而不轻浮、谦逊而不自卑、直率而不鲁莽、敏捷而不冒失。在开始洽谈时，销售人员应巧妙地把谈话转入正题，做到自然、轻松、适时。可采取关心、赞誉、请教、炫耀和探讨等方式入题，顺利地提出洽谈的内容，以引起客户的注意和兴趣。在洽谈过程中，销售人员应谦虚谨言，注意让客户多说话，认真倾听，表示关注与兴趣，并做出积极的反应。遇到障碍时，要细心分析，耐心说服，排除疑虑，争取销售成功。在交谈中，语言要客观、全面，既要说明优点所在，也要如实反映缺点，切忌高谈阔论、"王婆卖瓜"，让客户反感或不信任。洽谈成功后，销售人员切忌匆忙离去，这样做会让对方误以为上当受骗了，从而使客户反悔违约。应该用友好的态度和巧妙的方法祝贺客户做了笔好生意，并指导对方做好合约中的重要细节和其他一些注意事项。

（一）留下良好的第一印象

“要想成功推销产品，首先成功推销自己”。据有关报道，客户能在8秒钟内立即形成对销售人员的印象，并确定其是否值得进一步了解。也就是说，很多时候，在销售人员还没开口介绍产品之前，客户就已经决定不与其进行进一步的沟通了。既然给客户留下的第一印象如此重要，那么销售人员应该如何给客户留下良好的第一印象呢？销售人员应该从服饰打扮、仪容仪表、行为举止等商务礼仪和非语言沟通两方面加强修养，给客户留下良好的第一印象，并为进一步的销售沟通奠定基础。

（二）通过观察了解客户

1. 通过观察读懂客户

在推销过程中，没有什么比从客户角度出发的建议更具吸引力，也没有什么比研究客户更具有挑战性。通过观察，读懂客户，了解客户的特点，并且从这方面入手，寻找不同的应对技巧和沟通策略。

实例8

某旅游团到达某个旅游景点，游客结伴去商场购物，以下是几位游客的购物过程。

营业员：“各位好！大家需要点什么？请随便看看。”

（几位游客开始浏览商品）

游客李：“小姐，这件衬衣多少钱？”

营业员：“原价185元，现在正在搞活动，可以打8折，打折后是148元。如果您喜欢，我可以给您拿一件试试。”

游客李：“东西是不错，但这些颜色太新潮，没法穿！还有别的颜色吗？”

营业员：“这些颜色都是今年最流行的，您不妨换换风格，效果肯定不一样。”

游客李：“不行，不行，我接受不了，还是看看再说吧。”

（游客张正在试穿一件女式西装）

营业员：“准备买件西装吗？您穿这件有些大，我给您再找一件小号的试一试。您再试试这件效果怎么样。”

游客张：“嗯，这件还行，就是太贵了，您看这料子这么差，还1 380元钱一件，哪儿值呀？”

营业员：“您看这衣服的设计多么细致入微，而且这个品牌是今年《中国服饰》杂志推选的十大女装品牌之一，其实价钱并不算高。”

游客张：“品牌我倒不在乎，关键是要适合我，要经济实惠。好了，您先忙去吧，我再看看别的比较比较。”

营业员：“好的，您慢慢看吧，有什么需要随时叫我。”

游客许：“小姐，这件衣服有粉色的吗？”

营业员：“有的。请问谁穿？多大年纪？多高多胖？肤色是什么样的？”

游客许：“我老婆穿，30来岁，1.6米左右，我觉得她穿粉色可能不难看。”

营业员：“这是今年的流行款式，非常适合30岁左右、肤色较白的女士穿着，您看

> 一看别的款式有喜欢的吗？”
> 游客许：“不用看，这种款式就行，开票吧！”
> （游客贾一直在默默地观察着感兴趣的商品）
> 营业员：“我看您一直在看，有喜欢的吗？”
> 游客贾：“不打算买，就是看看。”
> （资料来源：http：//www.Tianya.cn．管理百味．营销故事大全）

（1）沉默型客户

沉默型客户对销售人员的任何陈述或激情都无动于衷，他们好像对事情都胸有成竹，自己的想法决定一切。

（2）腼腆型客户

腼腆型客户经常表现为双颊绯红、面如桃花、额头沁汗、手忙脚乱。这种人大多极端内向，或者自知有某种弱点。

（3）慎重型客户

在购物态度上，慎重型客户往往关注的方面比较多，如质量、包装、价格、品牌和售后服务等。他们不会因产品的某个优点而决定购买，他们经常会货比三家，多方面考虑后再做决定。

（4）犹豫型客户

犹豫型客户不容易下决断，他们对于任何事情都犹豫不决，甚至讲话也口齿不清，他们喜欢问问题，动作不利落，有时神情会有些恍惚。

造成客户犹豫不决的原因有两种：一种是客户本身完全不懂得选择；另一种是销售人员模棱两可的回答使其犹豫不决。这类客户主要有三个特点：首先是希望一切自己决定。犹豫型客户总是想一切根据自己的意志，凭自己的感觉决定。这种类型的人头脑很好，一旦行动会考虑很多，结果反而更加犹豫不定。其次是不让对方看透自己。最后是极端讨厌被说服。犹豫型客户很讨厌被人说服，特别是自认为自己想法正确的人，这种感觉也就越发强烈。如果被别人说服，他会认为自己没有知识和能力。

（5）顽固型客户

顽固型客户多为老年客户。他们是在消费上具有特别偏好的客户。他们对新产品往往不乐意接受，也不愿意轻易改变。

顽固型客户有两个特点：第一是坚持。这类客户说出自己的看法后就丝毫不让步。作为销售人员，一定要非常自信，顽固的人逆反心理比较强，越想说服他，他就越固执。第二是保守。这类客户以前做过类似的事，而现在再做时，发现情况变了，他们寄希望于用以前的方法处理此事，从而表现出固执的行为。

（6）商量型客户

商量型客户性格开朗，容易相处，内心防线较弱，对陌生人的戒备心理不如其他类型的客户。他们在面对销售人员时容易被说服，不会令销售人员难堪。

（7）交际型客户

交际型客户的长处在于热情而幽默，这类客户很容易适应一个变化的局面，不管话题是什么，他们总有话可讲，而且常以令人感兴趣的方式把话讲出来。其弱点是有时表现过甚，不注意细节，对任何单调的事情或必须单独做的事情都容易感到厌烦。

（8）爽快型客户

爽快型客户信任公司或销售人员，对这种信任应小心维护，切不可下意识地随便了事。

（9）刻薄型客户

刻薄型客户不一定心肠坏，有时他们只是为了发泄压抑在心中的各种不良情绪，便表现出“一触即发”的过激行为。

（10）虚荣型客户

虚荣型客户在与人交往时喜欢表现自己、突出自己，不喜欢听别人劝说，任性且嫉妒心较重。

各类客户的特征和应对方法如表4.4所示。

表4.4 各类客户的特征和应对方法

客户类型	外在特征	应对方法
沉默型客户	沉默寡言，无动于衷	寻找话题，拉近彼此距离
腼腆型客户	双颊绯红，面如桃花，额头沁汗，手忙脚乱	不要直接注视，注意要投其所好，不要过分热情
慎重型客户	关注商品的方方面面及细节	商品知识全面，商品介绍要专业、细致，使其心服口服，必要时可赠其试用品
犹豫型客户	犹豫不决，讲话口齿不清，喜欢问问题，动作不利落，有时神情会有些恍惚	要记住其第一次拿的是什么商品以及数次选看的是什么商品，根据其态度，留下几种适合他口味的商品，尽量缩小挑选范围；有同伴陪同时，可征求第三者意见
顽固型客户	对老产品有特别偏好，对新产品往往不乐意接受，不愿意轻易改变	利用手中的资料、数据来说服对方，避免出现逆反心理
商量型客户	性格开朗，容易相处，戒备心理较弱，容易被说服	销售人员要确立责任心，不能随意敷衍、失信于客户
交际型客户	热情而幽默，语言丰富	必须很巧妙地将话题引回到销售上来，要保持很亲切、诚恳的态度，要赞成其想法、意见，不要争论
爽快型客户	信任公司或销售人员	这种信任应小心维护，切不可下意识地随便了事，要满怀激情和喜悦
刻薄型客户	说话用词激烈，不留情面	耐心听客户说话，用平和商量的语气
虚荣型客户	喜欢表现自己，突出自己，不喜欢听别人劝说，任性且嫉妒心较重	熟悉他们感兴趣的话题，为他们提供发表高见的机会，不要轻易反驳或打断其谈话

课堂互动

请结合各类客户的特征学习、分析你的同桌属于哪种类型的客户。找几个同学来分享，并充分阐释理由，同时提出该采用什么样的应对方法。

2. 从非语言观察中寻找信息

在推销过程中，除了要制定正确的策略、方案以外，还要善于察言观色，在会谈的过程中，从对方的谈吐、举止、神情及姿态中捕捉各种反映其内心活动的蛛丝马迹，分析推断其大概的想法和情绪，据以采取相应的对策。这就要求销售人员在销售谈判中逐渐培养出一种敏锐的观察力。

3. 从环境观察中寻找信息

一个人或一家公司的环境也会提供有关这个人及其公司的信息，而有些是非常清楚的，有些则还须销售人员进行分析，如办公桌的布置方式、桌面摆设和办公室摆放的艺术品的类型等。可以把环境分为外围空间、接近空间和个人空间，以便更好地把握观察的过程。

1）外围空间包括销售人员所看到的公司外围环境，如公司的建筑物的年限、风格、标志物、员工的精神风貌以及生产车间和设备。从这类环境中可以寻找出有关公司文化、组织建设甚至公司的财务状况等线索。

2）接近空间包括一般的办公环境。在这一空间内，如办公室的布局方式、装饰品等，都是要考虑的重要因素。可以从该类环境中发现客户的身份、爱好等重要信息。

3）个人空间包括客户本人，销售人员要留意各种有关客户的线索，包括穿着打扮、特殊习惯、个人喜好及行为举止。

观察作为一种收集信息的重要技巧，应该以系统的方法来加以运用。当一个人从外围空间穿过接近空间进入个人空间时，信息的本质发生了变化，变得越来越特定化，即不但与个人有关，同时也与销售洽谈时周围的环境有关。因此，销售人员要把通过观察收集到的信息作为一种参考证据，通过提问、交谈等其他方式予以确认。

课堂互动

请同学们思考如果办公室里有家人的照片、有绿色植物、有奖杯、有运动器材等分别代表了怎样不同的信息？又该怎样运用到谈话中呢？

（三）有效提问发现客户需求

无论是什么形式的推销，销售人员为了最终达成交易，都必须有针对性地提问，使客户积极参与到推销过程中，从而更多、更好地了解客户的观点或想法，而不应当一味地向客户说明，劝说他们购买自己的产品。

实例 9

有一次，著名的推销培训师弗雷德·赫尔曼应邀出席电视节目“迈克·道格拉斯秀”。主持人迈克·道格拉斯在弗雷德出场时向观众介绍说：“让我们以热烈的掌声欢迎全球最出色的销售人员来到我们的节目。”事先道格拉斯并没有告诉弗雷德这个节目的具体内容。

接着道格拉斯便对弗雷德说：“弗雷德，据说你被誉为全世界最好的销售人员，那么你就向我推销一些东西吧。”

道格拉斯话音刚落，弗雷德便问他：“迈克，你希望我卖什么东西给你呢？”弗雷德提出的问题使得现场的主动权似乎又被交回到了道格拉斯手中。

弗雷德的这一举动显然使道格拉斯大吃一惊，他还以为弗雷德接下来就会滔滔不绝地说一些推销的行话。

道格拉斯四处张望了一下说：“既然这样的话，就卖这个烟灰缸给我吧。”

弗雷德接着又提出了一个看似非常天真的问题：“你为什么要买这个烟灰缸呢？”

道格拉斯有点迷惑，看了看烟灰缸说：“因为它看上去很新，色彩明亮，外形美观大方。此外，我们刚刚搬到这个新的摄影棚来，需要一个烟灰缸。”道格拉斯不知不觉中自己说出了这个烟灰缸的优点和自己购买的原因。

“那么迈克，你愿意出多少钱买下这个烟灰缸呢？”

“这个，嗯，我最近没有买过烟灰缸，不过既然这个烟灰缸这么漂亮、实用，我想我愿意出20美元买它。”

听到道格拉斯这句话后，弗雷德立刻接过话题说：“好吧，迈克，我就以18美元的价格将这个烟灰缸卖给你。”

听到这里，道格拉斯才恍然大悟。台下的观众禁不住报以热烈的掌声。

（资料来源：http：//www.Tianya.cn．管理百味．营销故事大全）

在销售洽谈中常常需要运用提问来引起对方的注意和兴趣，同时也获得信息和资料。提问的关键不在于数量的多少，而在于能否提出高质量的问题，能否根据沟通对象、内容及目的而采用不同的提问方式和技巧。提问主要分为封闭式提问和开放式提问两大类。封闭式提问是指提出的问题有特定的答复，不必花时间思考，一般可以用“是”或“否”作为回答。开放式提问是指提出的问题具有广泛的答复，能使销售人员获得更多的信息，更能提高客户参与沟通的积极性。在销售沟通中，发问者要多听少说，多运用开放式问句，谨慎采用封闭式问句，并注意发问的时间，由广泛的问题逐步缩小到特定的问题，避免含混不清的措辞，避免使用威胁性、教训性、讽刺性的问句，以及盘问式或审问式的问句。

小贴士

提问技巧

一、SPIN提问法

SPIN提问法是英文单词背景（Situation）、问题（Problem）、暗示（Implication）和需求–效益（Need-Payoff）的缩写。SPIN提问法由于具有连贯性和逻辑性，在销售实践中获得了广泛的运用。该提问法的优势是在提问过程中销售人员不用过多谈及自己的产品，而是鼓励客户自己定义需求，主动发现产品所能带来的利益，通常不会引起客户的反感，客户还会把销售人员当成能提供帮助的咨询专家，而不是一位推销产品的人，有利于销售人员与客户之间建立良好的人际关系。

1）背景型提问的目的在于收集资料和客户当前状况的背景信息，如“贵公司现在使用的是什么设备”。

2）问题型提问的目的是发现目标客户面临的问题、困难和不满，如“您现在的机器维修起来是不是很难”。

3）暗示型提问的目的是引导目标客户考虑问题可能造成的后果或影响。销售人员必须在通过问题型提问找出一些存在的问题之后，再通过暗示型提问使客户重视原先以为无关紧要的问题，认识到有必要对这类问题采取行动，如“这个问题对贵公司的盈利有多大影响”。

4）需求–效益型提问是让目标客户相信某个解决方案是有价值的。通过这类提问可以将目标客户的注意力集中到解决问题的方案上，使客户自己认识到自身利益所在，如“如果我给您展示一种有效降低次品率的方案，您想了解吗”。

二、灯笼式提问法

灯笼式提问法是将提问的过程想象成一只灯笼，灯笼的狭窄部分表示用封闭式问题，宽大的中央部分表示需要开放式问题，销售人员从封闭式问题开始收集事实，并用一些肯定的答案使潜在客户放松。接下来用开放式问题来确定潜在客户的需要。抓住了客户需求之后再用封闭式问题来最终确认客户需求。

（资料来源：周琼，吴再芳. 商务谈判与推销技术. 北京：机械工业出版社，2007）

（四）注重表达技巧助推销售

1. 注意称呼得体

销售人员在推销过程中首先要与客户打招呼，引起客户的重视，那么在称呼上就要讲究一点艺术性。称呼因人而异，在确定了客户的称呼以后，在推销过程中还要不断地提及，切忌在交谈过程中随意变更对方的称呼，而应前后保持称呼一致，在语调上注意增强感染力。

2. 注意把握分寸

销售人员在推销产品时要正确评价产品的功能、价值和质量。掌握说话的分寸，进退有度，否则会起到相反的作用。销售人员只有掌握语言的分寸，才能使表达逼近真实，从而使客户产生信任感。语言过于直白，缺乏感染力；过于夸张，容易产生逆反心理。在直白与夸张之间掌握一个度，才是语言的分寸艺术。

3. 注意适时激发

客户购买产品是为了满足某种需要。销售人员在推销产品时，如果能使用适当的语言激发客户的需要，则容易使客户产生购买欲望。人的需要简单分为生理需要、安全需要、社交需要、尊重需要和自我实现需要。对于不同的需要应使用不同的语言去激发。

4. 注意时时尊重

每个人对自身的声望、尊严、地位、能力、成就都十分看重。销售人员在推销产品时，通过尊重客户，满足客户的自尊需要可使客户对销售人员产生亲近心理。

5. 注意突出重点

销售人员在推销过程中要让客户明白产品的特别之处，表达应言简意赅、突出重点，而不要长篇大论、词不达意。在突出产品性能时，一是要注意加强语气和声调；二是要注意选择适当的词语，最好选择有鲜明感的词语。

6. 注意否定技巧

在推销过程中，否定的词语及口气容易造成客户的反感和对立情绪，从而破坏气氛，带有否定意义的反问句也会导致同样的结果。如不可避免地要否定客户的观点，销售人员可以尽量使用肯定语气，如将“不能”改成“应该”，将“你的说法不对”改成“我认为……”尽量将客户拉到销售人员的同一面，而不要对立。这样，销售人员的推销方能成功。

7. 注意道别艺术

推销结果不管成交与否，销售人员最终要与客户说再见，如何说再见也是一门艺术。如果销售人员已说服客户，推销成功，那么销售人员不要忘记对客户说声“谢谢”；若推销失败，销售人员要给自己回访并再次推销留下后路。一个艺术的道别方式，正是下一次推销的开始。

实例 10

纽约商人博斯先生打算购买一笔金额高达 25 万美元的人寿保险。某销售人员获知消息后，通过他的朋友和博斯先生约定了拜访的时间。

当销售人员走进博斯先生的办公室时，博斯先生直接告诉他：“我想你是在浪费时间。我已经把人寿保险相关的计划送给了纽约所有大的保险公司，其中纽约人寿保险公司的总裁是我的好朋友，每个星期我都和他一起打高尔夫球，况且我知道他的保险公司的确不错。如果你仍然要向我提供人寿保险，那么你可以根据我的情况做一个方案寄给我，我会将你的方案同其他的方案做一个比较，然后做出最后决定。如果你的方案很优秀，那么你会胜出。”

销售人员信心十足地说：“我是做保险这一行的，如果您是我的亲兄弟，我就对您说实话。对于那些保险方案，您现在所选择的也许是价格最低廉的，但是保险市场是不断变化的，以后的几年中它也许就是最昂贵的。而那些公司在您在世的时候可以让您信任，可是万一您去世了，他们还会一如既往地值得信任吗？”

“嗯，我想是这样的。”

“那么最需要的是不是当您申请了这个保险后，您就把风险转移给了保险公司呢？设想一下如果您的农场里大片农作物的火灾险昨天就到期了，您是不是很着急，第二天就会打电话给您的保险经纪人要再次保险呢？”

“当然。”

“是啊，其实人身的安全同保护农场中的作物一样重要，甚至更重要。难道您不觉得应该买一份人寿保险，把风险降到最低吗？”

“嗯，我想是这样的。”

“博斯先生，今天早上我已经和纽约一位有名的医生约好了体检，他的诊所里各种各样的先进设备应有尽有，他的体检结果是所有保险公司都承认的。”

“其他的保险公司不能这么做吗？”

“今天早上他们是不能了。博斯先生，请您认识到尽快做这次体检的重要性吧。试想一下，如果您今天下午给那些保险公司打电话，让他们给您安排体检。他们也许会给一个一般的医生打电话，他们让那个医生到您的办公室来做第一次体检，就算体检结果当晚寄给一个主管的医生，然后还要安排第二次具有权威性的体检。您为什么要拖延哪怕一天的时间呢？”

"让我考虑一下吧。"

"博斯先生，假如您明天感冒了，一个星期以后才痊愈，体检就必须延迟到一周以后。保险公司还有可能会说，博斯先生您现在的身体很健康，但是考虑到您最后的病史，我们还有一个小小的附加条件，就是要对您进行三四个月的观察，看看您的病是急性的，还是慢性的。这表示您还得拖延下去，直到最后的检查全部完成。博斯先生，我的话都有可能发生吧？"

"嗯，当然。"

"现在是 11:10，如果我们现在出发，还可以赶得上和医生预订的 11:30 的体检。如果您的体检没有什么问题的话，您所购买的保险将在 48 小时后生效。我相信您一定希望看到这样的结果。"博斯先生抬起头，从办公桌旁起身，抓起帽子说："咱们走吧。"

（资料来源：http：//www.Tianya.cn. 管理百味．营销故事大全）

（五）正确处理客户异议以达成交易

客户异议是指销售过程中客户对销售人员、推销活动和推销品交易条件等所提出的疑问或反对意见。客户在接受推销的过程中，不提任何反对意见就着手购买的情况是不多见的。俗话说："褒贬是买主，喝彩是闲人。"对销售人员来说，应该欢迎这些异议，因为它体现了潜在客户对推销品感兴趣。客户异议具有两面性。其一，它可能是成交的障碍。如果异议未得到圆满解决，客户就不会采取购买行动。其二，客户异议也为交易成功提供了机会。客户一旦发表了异议，推销便进入了双向沟通阶段，因为通过潜在客户提出的异议，销售人员可以了解客户到底在想什么，同时也有助于确定潜在客户处于购买过程的哪个环节，是注意、兴趣、欲望，还是准备购买，并了解客户对自己的建议接受的程度，迅速修正自己的推销战术，为处理异议和达成交易提供依据。相关调查显示，异议在推销过程中有着很重要的作用，当异议不存在时，交易的成功率只有 54%；当客户有异议时，交易的成功率达到了 64%，正好印证了"推销是从客户的拒绝开始的"。然而要处理好客户异议，应该了解客户异议产生的根源，在异议出现之前做好准备。

1. 客户异议产生的根源

推销活动的最终目的是达成交易。无论产品能够给客户带来多少利益，客户都必须付出与推销品市场价值相等的代价。对于这种代价，客户理所当然地站在自身利益的基础上来进行评价，并考虑由此而将承受的风险和后果。客户异议产生的根源是多种多样的，这些根源有必然性，也有偶然性；既有主观的因素，又有客观的因素；有来自客户方面的因素，也有来自销售人员的因素。从产生异议的根源看，异议大致有以下几种。

（1）需求异议

需求异议是指客户自以为不需要推销品而形成的一种反对意见。需求异议的主要根源在于：随着现代科技的发展，产品的生命周期日趋缩短，新产品层出不穷。有些新产品或新服务的特点与优势近期还不能被客户认同，因此，容易使客户产生疑问。从异议的性质上看，需求异议是属于客户自身方面的一种异议。真实的需求异议是推销成交的直接障碍，虚假的需求异议是客户拒绝销售人员及其推销品的一种借口。

（2）产品异议

产品异议是指客户认为推销品本身不能满足他的需要而产生的异议。这种异议表现为：客户对推销品有一定的认识，具有比较充分的购买条件，但就是不愿意购买。有关产品方面的具体异议有质量太差、设计陈旧、型号不对、颜色不符、结构不合理和造型没特色等。产品异议的根源十分复杂，客户的认识水平、带有强烈感情色彩的偏见和购买习惯以及广告宣传等因素，都有可能导致产品异议。

（3）财力异议

财力异议是指客户以缺乏货币支付能力为由拒绝购买的异议。财力异议也属于客户自身方面的一种常见的购买异议。财力异议的主要根源在于客户的收入状况和消费心理。一般来说，在客户资格审查和接近准备阶段，销售人员对于客户的财务承受能力进行过严格审查，因而在实际推销中能够准确辨识真实的财力异议或虚假的财力异议。真实的财力异议是成交难以克服的困难，虚假的财力异议则是客户拒绝销售人员及其推销品的一种借口。

（4）权利异议

权利异议是指客户以缺乏购买决策权为由而提出的购买异议。在很多场合，客户并不提出其他问题，只是强调自己不能做主。事实上，无论是集团购买还是家庭购买，购买决策权都不是平均分布在每个成员手中的，多数成员可以对决策形成影响，但不一定具有决策权。权利异议的主要根源在于客户的决策权力状况或心理成见。销售人员在进行客户资格审查时，应该对客户的购买资格和决策权力状况进行认真的分析，找准决策人。面对没有购买权利的客户极力推销商品是推销工作的失误。

（5）价格异议

价格异议是指客户以推销品的价格比相似产品的价格高为由拒绝购买。价格异议属于推销政策方面的异议，它产生于需求异议、财力异议、产品异议和权利异议之后。当客户提出价格异议时，往往表明客户对推销品产生了购买兴趣和购买意愿，只是认为价格高了，要千方百计通过讨价还价迫使销售人员降低售价。价格异议的根源比较复杂，各种外部推销环境、客户的购买习惯和购买经验、价格竞争、客户的认识水平等因素，都可能导致客户的价格异议。

（6）货源异议

货源异议是指客户对提供推销品的企业或销售人员不满意而拒绝购货。货源异议是来自销售人员方面的客户异议。当客户提出货源异议时，通常表明客户愿意按照销售人员的报价购买这种产品，只是不愿向眼下这位销售人员或其所代表的公司购买。货源异议的根源主要有企业形象欠佳、知名度不高，销售人员态度不友善、服务安排不周到等。货源异议有一定的积极意义，有利于促使销售人员努力改进工作态度和服务质量，提高企业信誉。

（7）时间异议

时间异议是指客户通过拖延时间来拒绝推销或达到其他目的的一种购买异议。这种异议的真正根源一般不会是时间问题，而是价格、产品或其他问题。当然，买方存货过多，资金周转困难，也会导致真正的购买时间异议。

（8）服务异议

服务异议是指客户对购买产品后能否获得运输、安装调试、产品保修等售前、售中和售后服务项目而提出的异议。

小贴士

异议有真假

日本有位推销专家曾对 387 名销售人员做了如下调查："当你受到销售人员访问时，你是如何拒绝的？"结果发现：

- 有明确拒绝理由的只有 71 名，占 18.8%；
- 没有明确理由，随便找个理由拒绝的有 64 名，占 16.9%；
- 因为忙碌而拒绝的有 26 名，占 6.9%；
- 不记得是什么理由，好像凭直觉拒绝的有 178 名，占 47.1%；
- 其他类型的有 39 名，占 10.3%。

这说明，有近七成的人并没有什么明确的理由，只是泛泛地反对销售人员打扰。于是，随便找个理由把销售人员打发走了事。

2. 处理异议的步骤

无论销售人员的推销能力多么出色，在交易过程中总会有一些异议发生。因此，事先规划好处理异议的步骤非常重要。

（1）倾听客户异议

倾听客户异议是收集信息的过程，这些信息非常有助于解决问题。第一，要耐心听完，不要急于做出反应，否则，会让客户感到销售人员非常敏感而起疑心。第二，不可打断客户，因为这样会激怒他。第三，听取客户意见时要诚恳。总之，要多听少说。

（2）对客户异议表示理解

在对一个异议做出反应之前，应保证完全理解客户。这种理解包括两个方面：一是正确把握客户异议的真实含义；二是向客户表示自己对客户异议的善意和诚意。对客户提出的意见要表示感谢，态度要诚恳，应表现出赞同客户观点，充分理解客户的感受。

（3）澄清和确定客户异议

客户提出异议后，销售人员必须澄清其真伪，通过一系列的提问，确定真实的客户异议，然后销售人员应确认对客户提出的异议的理解是否与客户的出发点一致，并对自己的判断予以确定。找不到真实的客户异议，就不能解决客户心中的顾虑。就像医生看病一样，只有找出病根，才能对症下药。

（4）解答客户异议

澄清客户异议的同时，要掌握处理异议的技巧，选择最佳的解答。需要强调的是，最佳的解答总是取决于客户当时的情况和异议本身的特点，只有完全满足了客户的一切要求，异议才会消除。

（5）努力完成销售

在销售人员圆满地处理客户异议之后，就有可能达成交易，但是如果客户对销售人员的解答仍然表示不满，则说明销售人员没有真正弄清客户的需要，这时仍要进行沟通，直至客户满意，推销才能成功。

课堂互动

请同学们分组进行模拟：任意选择销售一种产品，根据以上处理异议的步骤进行分角色模拟。

3. 处理客户异议的技巧

（1）运用转折法处理客户异议

转折法是销售人员处理异议时常用的方法。销售人员应用这种方法，先要承认客户的看法有一定的道理，即向客户做出一定让步，再根据有关事实和理由来间接否定客户的意见，提出自己的看法。

从转折法的基本思想来看，它不适合那些敏感、固执、个性强且具有理智型购买动机的客户，也不适合探索研究性的、疑问类型的客户异议，而适合那些因客户成见、偏见及信息不通而产生的异议。转折法适宜在“以柔克刚”的情况下应用，此外不得滥用。

实例 11

某高尔夫球杆销售人员向一位客户推销高尔夫球杆，客户对他指责道：“你卖的那个破玩意儿太贵了，只有傻瓜才会买。”该销售人员微笑着回答：“是啊，我也觉得这东西太贵了，但是您是有身份、有地位的人，像您这样的人所选择的产品自然要与别人不同。您业务上的合作伙伴杨先生选用的正是这种球杆。”销售人员此话一出，这位客户就欣然购买了。

（资料来源：周琼，吴再芳. 商务谈判与推销技术. 北京：机械工业出版社，2007）

（2）运用转化法处理客户异议

转化法是利用客户的反对意见本身来处理异议的方法。客户的反对意见有双重属性，它既是交易的障碍，又是很好的交易机会，销售人员要利用其积极因素去抵消消极因素。

实例 12

一位中年女士来到化妆品柜台前，欲购护肤品，售货员向她推荐一种高级护肤霜。

客户：“我这个年纪买这么高档的化妆品干什么？我只是想保护皮肤，可不像年轻人那样要漂亮。”

销售人员：“这种护肤霜的作用就是保护皮肤。年轻人皮肤嫩，且生命力旺盛，用一些一般的护肤品即可。人上了年纪，皮肤不如年轻时，正需要这种高级一点的护肤霜。”

（资料来源：http：//www.Tianya.cn. 管理百味. 营销故事大全）

（3）运用补偿法处理客户异议

如果客户的意见的确指出了商品和服务的缺陷，销售人员千万不可以回避或直接否定，明智的做法是承认有关缺点，然后淡化处理，利用产品的优点来补偿甚至抵消这些缺点。

实例 13

销售人员："您可以看一下这种饼干，老少皆宜，很受消费者喜欢。"

客户："这批饼干还有两个月就过保质期了，我不要了。"

销售人员："这批饼干是一位老客户订购出口的，由于客户方面出了一些问题，没有履行合约，所以积压下来。这批货什么都好，就是保质期短，现在我打个五折卖给您，您愿意吗？"

（资料来源：http：//www.Tianya.cn．管理百味．营销故事大全）

（4）运用询问法处理客户异议

在没有考虑好如何答复客户的反对意见时，销售人员不妨先用委婉的语气，把对方的反对意见重复一遍，或者用自己的话重复一遍，这样可以削弱对方的气势，有时转换一种说法会使问题容易回答得多。

注意，销售人员只能减弱而不能改变客户的看法，否则客户会认为是在歪曲他的意思而对销售人员产生不满。销售人员可以复述之后问一下"您的意思是这样的吧"，然后再说下文，以求得客户的认可。

询问法主要适用于处理各种不确定型的客户异议，不宜用于处理各种无关异议。如果客户希望得到销售人员直接的答复或得到明确的澄清，而销售人员不理解客户的心理活动，不仅不能给予客户简单明确的答复，反而滥用询问法去追问客户，就会引起客户的反感，甚至使客户产生抵触情绪。客户本来就存在不少异议，在销售人员的进一步追问下又会引发新的异议，就会造成对销售更为不利的局面。此外，销售人员对客户的异议一再追问，也会破坏销售气氛甚至可能导致最终无法成交。

实例 14

销售人员："您想看一下我们新进的铸砂吗？您看一下这个品牌，这是最新出的，性能挺好的。"

客户："这种铸砂倒是不错，不过我们和红星厂已有十几年的合作关系，现在要换这种新砂我可做不了主。"

销售人员："科长，您真会说话，您是这个厂的决策者，您做不了主谁能做主？"

（资料来源：一分钟情景销售技巧研究中心．一分钟情景销售技巧．北京：中华工商联合出版社，2005）

（5）运用反驳法处理客户异议

从理论上讲，应该尽量避免使用反驳法。直接反驳对方容易使气氛不友好，使客户产生敌对情绪，不利于客户接纳销售人员的意见。但如果客户的反对意见是由于对产品的误解而引起的，或者销售人员手头上的资料恰好能帮助说明问题，销售人员不妨直言不讳。

反驳法只适合处理因客户的无知、误解、成见、信息不足等引起的有效客户异议，不适合处理无关的、无效的客户异议，因情感因素或个性问题引起的客户异议，以及有自我表现欲望与较为敏感的客户提出来的异议。

实例 15

销售人员：“现在好多家庭都装这种分体式空调机，噪声小、功能多。”

客户：“这种分体式空调机只负责上门安装，又没说上门维修，坏了不知道怎么办？”

销售人员：“您尽管放心，我们有特约维修服务部，随时可以上门维修、保养。您看商品说明书上都说明了维修服务部的地址和电话。”

（资料来源：一分钟情景销售技巧研究中心. 一分钟情景销售技巧. 北京：中华工商联合出版社，2005）

【情境训练 2】

销售人员：“您好，我是光达公司复印机销售人员，这台复印机是我们最新推出的产品，它具有放大和缩小功能，纸张尺寸从 B5 到 A3，有 3 个按键用来调节浓淡，每分钟能印 20 张，复印效果非常清晰……”

客户：“谢谢你，不巧得很，四方公司也生产同样的产品，我有朋友在那里工作，我们一般都使用他们的产品，质量有一定的保证。”

……

训练要求：

（1）一位同学扮演销售人员，一位同学扮演客户，就以上情境进行模拟演练。

（2）请销售人员扮演者总结该客户的异议根源及所采用的处理技巧。

子情境 4.3 售后沟通

学习目标

1. 理解售后告知的重要性。
2. 掌握售后回访的方式。
3. 掌握售后服务的技巧及处理客户投诉的技巧。

实例 16

7 月 15 日，赵先生在漕桥一家通信器材店购买了一部诺基亚 5200 手机，用了一个半月后，因为响铃故障，让店方免费维修了一次。可时隔仅一个月，手机又发生了相同故障，这次，店方认为属人为原因，不肯免费维修。于是，赵先生投诉至消协。

漕桥消协从诺基亚常州售后服务点了解到，这只手机第一次故障是因为进灰（铁屑）所致，属人为使用不当，考虑到消费者购机时间不长，才免费更换了扬声器。但第二次故障也是同样的原因，就不能再免费维修了。原来，赵先生在一家机械加工厂工作，其工作环境含有较多微小铁屑，而这款手机本身定位于低端市场，其做工不够精密，密封性不佳，日积月累，许多铁屑被慢慢吸附到手机扬声器的磁铁上，便产生了振铃故障。诺基亚常州售后服务点称，早在第一次故障后，维修人员便向消费者解释了“患病原因”，并提醒消费者在使用过程中注意，可赵先生却称并不知情。

漕桥消协认为，手机只为一般用途而设计，在特殊环境中使用应加以特别的照顾。手机经营者不该把售后服务的范畴简单理解为把手机修好交给客户，做好善意的使用说明、警示指导等信息沟通工作更不容忽视。究其原因，还是店方在送还手机时并未做好相应的解释工作，才导致第二次相同故障的发生。经漕桥消协调解，双方达成一致意见，手机由店方负责送至诺基亚常州维修点维修，更换一只扬声器的费用 110 元中，店方承担 60 元，赵先生承担 50 元，同时，由店方赠送一个手机套。

售后服务，不仅仅是将手机修好交给客户，做好善意的使用说明、警示指导等信息沟通工作更不容忽视。

（资料来源：《常州日报》，2007 年 10 月 28 日）

一、售后沟通的重要性

从以上实例不难看出售后服务中沟通的重要性。售后服务是指在客户购买产品后提供的其他服务，如送货、安装、维修和升级等。时代已把商业社会由卖方市场转变成买方市场，各商家纷纷在商品质量及环境上下工夫，在两者相同的情况下，只有凭借提供不同的服务来吸引客户，而在提供高附加值服务的过程中，“售后服务”成为销售过程中的一个主要方面，企业要尽可能地为客户提供满意的服务。

全球第一 CEO 杰克·韦尔奇在讲述他的成功之道时说：“企业的存在就是向客户提供服务，发现客户的需求并满足它，任何企业最重要的问题都是如何做好客户服务。”任何企业在竞争过程中都期望拥有一个成功的秘诀，可以让自己处于不败之地。如果说客户是企业的生命，服务则是维持这种生命的血液。

实例 17

一家理发店有一种很独特的对待客户的方法，即他们总是与客户保持经常性的联络。每位客户第一次来理发店，他们总会让客户留下他们的姓名和联系方式。他们希望客户在来过一次之后还会想着他们，所以他们制定了一项写信计划。

他们几乎每个月都要给所有客户寄出一封信，这些信都装在普遍信封里，但信封的颜色和大小却经常变化，这样就总能保持一种神秘感。他们还注意不让这些信看起来像邮寄的广告宣传品，因为那些宣传品常常还未拆开就被客户扔进垃圾箱里。有时，他们也会随信附上一张卡片，表面一律写上“我爱你”。但每次的祝福都不一样。例如，1 月是“祝您新年快乐”，2 月是“情人节快乐”……一直写到第二年 1 月。

他们偶尔也会在里面介绍一下最近有什么新的发式或有什么优惠活动。

有时，客户的孩子甚至会期待着他们的信，当客户收到理发店的来信时，孩子常会高兴地喊道：“妈妈，他们又来信了！快拆开看看有什么好看的卡片！”可见他们全家都参与了进来。这家店每月要寄出几千张卡片。也许你会问，他们每个月都花费这么多精力和财力有多大作用呢？要知道他们每年所有交易的 65%都来自那些老主顾的再度合作。

（资料来源：雅琴. 小故事，大商道. 黑龙江：哈尔滨出版社，2008）

二、售后沟通的技巧

（一）尽可能地为客户提供方便

要想使客户在交易完成后对产品保持尽可能长时间的青睐，那么销售人员首先应该尽可能地让客户感受到使用和享受产品的方便。最基本的工作包括为客户安装产品，指导客户使用产品，介绍某些操作技巧等。要想让客户对产品的体验更深刻、更愉快，当然不是仅仅做到以上基本工作就可以了。如果销售人员提供的服务确实可以极大地方便客户，而其他竞争对手却做不到这些，那么客户会产生非常愉快的体验，从而主动成为销售人员的忠诚客户，而且还会介绍更多的新客户。

实例 18

奥斯汀·D 是一名医疗监控设备的销售人员，他清楚地证明了这条原则——增值服务提高满意度。他经常会自己制作一些临床应用手册，当一家医院购买了他的设备时，他会给每名在职的麻醉医生提供一份。这个手册针对每名医生都要遇到的典型病例进行了说明。奥斯汀甚至制作了一本单独的培训手册，供参与医疗监控的所有护士和技术人员使用。医院的员工对这样的售后服务大加赞赏，这简化了他们的工作，而其他的销售人员却没有为他们提供过这样的服务。

（资料来源：http://www.cnbm.net.cn）

（二）注重售后服务，树立品牌形象

产品的售后服务逐渐成了每个品牌不得不关注的热点，因为它直接关系到一个产品品牌形象的确立，关系到一个企业的生存与发展。企业必须要转换观念，除了优良的产品以外，良好的售后服务品质已经成为企业的一种核心竞争力。一个重视售后服务，不断改善售后服务品质，提高售后服务质量的企业必然会受到客户的认可，满意度的提升会使客户成为忠诚客户，直至成为永久客户。

希尔顿饭店是全球著名的跨国旅游集团，希尔顿本人也被誉为美国“旅馆大王”。有人询问希尔顿的经营诀窍，希尔顿的回答是：“请你在离开我的希尔顿饭店时留下改进意见，当你再次光临我的饭店时就不再会有相同的意见——这就是我的经营诀窍。”

在德国大众汽车公司流传着这样一句话：对于一个家庭而言，第一辆车是销售人员销售的，而第二辆、第三辆乃至更多的车都是服务人员销售的。服务的本质是销售。那么，我国的服务业者有没有这样的理念呢？如果我国的企业也像希尔顿、大众一样注重售后服务，重视服务营销，是不是也会涌现出“旅行社大王”、“景区大王”和“航空业大王”呢？

实例 19

台塑集团总裁王永庆先生，这位“经营之神”年轻时曾经开过米店。那时，还没有送货上门的服务，但是王永庆却主动给客户送米（十一分的付出），而且并非送到就算，还要帮客户将米倒进米缸里（十二分的付出）。如果米缸里还有米，他就将旧米倒出来，将米缸刷干净，然后将新米倒进去，将旧米放在上层（十三分的付出）。这样，米就不至于因存放过久而变质。就是这个“十三分”的付出令客户感动得一塌糊涂，大家都铁了心要买他的米。

（资料来源：百度百科，经本书作者整理）

实例 20

某汽车品牌的销售人员余小姐在客户的回访中发现：一名客户的汽车后挡玻璃除雾电阻丝接头因为装载货物时脱落，造成雨天行驶时后挡除雾系统不能正常工作。余小姐在接到客户的反馈后并没有把它当成一般的维修问题处理，而是举一反三，想到很多客户在平时的使用过程中都有装载货物的情况。该公司接到这个案例后，立即向所有客户重点了解这种情况，发现了六例类似情况，便向此类用户推荐了相关防护装置，用户们非常满意地接受了经销商的关心和产品销售。该经销商不仅将售后回访电话当成维护客情关系的窗口，而且让其成为创收增收的一个行销平台，可谓一举两得。

（资料来源：经理人文库，经本书作者整理）

（三）有效处理客户投诉

有时客户抱怨变少了，其实并不一定代表服务的质量在提高，很可能是客户已经流失。很多人认为客户投诉是坏事，其实不然，客户沟通至少说明客户还是希望公司改进服务，这就给了公司一个机会去弥补，使这些投诉的客户可能再次选择公司的产品和服务。

美国消费者协会有一项调查：100 个不满意的客户中只有 4 个上门投诉，96 个不了了之。另有数据显示：1 个满意的客户会把他的满意告诉 3～4 个人，不满意客户中有 4%会投诉，另外 96%不会投诉，但是会将他的不满意告诉 16～20 个人。

1. 客户投诉的目的

为了更好地了解客户投诉带来的好处，销售人员必须明白客户为何投诉。客户投诉无非为了达到两方面的目的：一是最终目的，即获得应得的钱或服务，以及解释、道歉和补偿；二是情感目的，即需要被关心、被倾听等。因此，在处理客户投诉的过程中，首先要具备同理心和克制心，这样才能为双方架起一座沟通的桥梁，更好地处理客户投诉。

2. 投诉处理六步法

只有当售后服务人员克制自己的情绪，并站在客户的立场上去看问题，理解、信任客户，才能借助于有效的方法，去解决客户的投诉。

（1）鼓励客户发泄

客户不满的时候，他只想做两件事：表达他此时的心情和迅速解决问题。服务人员需要做的就是鼓励客户发泄。在鼓励客户发泄的过程中，服务人员要注意以下几点，以免客户愤怒升级。

1）请客户到环境适宜的地方。嘈杂、简陋的环境不利于客户发泄，甚至可能使客户更加烦心。所以，应把客户请到一个安静、有座位和有水喝的地方。

2）在听客户表达的过程中，要有回应，如点头、交流、眼神和口头应答等。这让客户觉得服务人员的确是在急他们之所急。

记住一点：客户只有在发泄完，才会听服务人员讲话。在客户发泄的过程中，服务人员需要细心聆听，发现对解决问题有效的信息。也许此时客户表达的更多的是自己的感受和观点，但同样对解决问题有一定的参考价值。另外，服务人员还需要控制自己的脾气。客户此时发泄，并不是针对谁，只是想一吐心中的不快，是对事不对人的。服务人员要注意语言的使用。

恰当的表达方式包括“我理解您的感受”、“我明白您的意思”、“是的，谁遇到这种情况都不会开心”。避免使用的表达方式包括“你可能不明白……”、“你肯定弄混了……”、“你应该……”、“我们不会……我们从没……我们不可能……”、“你弄错了……”、“这是不可能的……”“、你别激动……”、“你不要叫……”、“你平静一点……”。

（2）道歉及感谢客户

有些人认为向客户道歉，会使自己的企业蒙羞，令自己承担责任。事实上，这种想法是不合逻辑的。服务人员的道歉表明了公司对客户的诚意，使客户感到自身的价值和重要性，这只会让客户更加认同该企业。接待的人可能不是制造错误的人，但即便如此，也应该道歉，因为这个客户由自己接待，而自己代表着公司的形象。不要在客户面前责备其他同事，或者为自己找借口，客户需要的是解决问题，错误在谁并不会让他有兴趣。找借口或责备其他同事可能会令客户产生推诿的感觉。道歉不是认错，道歉是让客户知道，企业对他的遭遇表示遗憾，企业很在意他的烦恼，并且会想办法尽快改正。

与此同时，要向客户致谢。感谢客户提出了有利于企业在管理或服务方面亟待改善的问题。客户的位置发生了变化，不单是一个企业产品、服务的使用者，同时也是监督者。客户会满意这种变化，怒火会相应降低。可用这样的话表示感谢：“很抱歉我们让你感到失望了”、“抱歉给您带来了不便”、“你的话提醒了我们……谢谢”。

（3）提问，了解问题所在

通过提问的方式，收集足够的信息，以便帮助对方解决问题。尽管客户在发泄阶段说了很多话，但可能会忽略一些重要的信息，他们以为那不重要，或者忘了说出来，而这也许正是问题解决的关键。因此，提问可以收集到更完整的信息，了解客户真实的需要，正确地解决问题。在国内众多行业中，在处理客户投诉上，通信行业做得比较好，其他许多行业在这方面应该向通信行业学习。

除了可以收集到更多的信息外，提问还可以使客户跟着服务人员的思路走，避免漫无边际的抱怨。有的服务人员担心提问会打断客户的话，给客户压力。其实，如果不通过提问收集足够的信息，最终给出的解决办法很可能是错误的，如果那样，后果会更严重。在聆听客户的回答时，要注意重复，以检验客户说的和自己理解的是否一致，人们不同的理解能力常让事情出现多个结果，同时还要做好记录，便于思考和保存。

实例 21

艾利森是威斯汀豪斯电器公司的销售人员，他费了很大劲儿才向一家工厂销售了几台发动机。

三个星期后，他再度前往那家工厂推销，本以为对方会再向他购买几百台发动机。不料，那位总工程师一见到他，就对他说：“艾利森，我不能再从你那儿买发动机了，因为你们公司的发动机太不理想了！”

艾利森惊讶地问："为什么？"

"因为你们的发动机太烫了，烫得连手都不能碰一下。"

艾利森知道同对方争辩没有益处，于是连忙说："史宾斯先生，我完全同意您的意见，如果发动机发热过高，应该退货，是吗？"

"是的。"

"自然，发动机是发热的，但您当然不希望它的热度超过全国电工协会规定的标准，不对吗？"

"对的。"总工程师又答道。

"按照标准，发动机可以比室温高 72 华氏度，对吗？"

"对的。但你的产品比这高出很多。"

艾利森没有争辩，只是问道："你们车间的温度是多少？"

"大约 75 华氏度。"

艾利森继续说："车间是 75 华氏度，加上应有的 72 华氏度，一共是 147 华氏度。您即使把手放在 147 华氏度的热水龙头上，也会感到烫手啊！"

总工程师不得不再一次点头称是。

"好了，以后您不要用手去摸发动机了。放心，那完全是正常的。"

结果，艾利森又做成了一笔生意。

（资料来源：雅琴. 小故事，大商道. 黑龙江：哈尔滨出版社，2008）

（4）承担责任，提出解决方案

在明确了客户的问题之后，很显然，下一步要做的就是拿出一个双方均可接受的解决问题的方案。注意，解决方案中不应包含不在自己权限或者公司不允许的内容，这将在最后承诺无法兑现时让客户更加愤怒，客户很可能再也不回来了。

常见的解决方案包括以下几种。

1）退款。如果最后的解决方法是退款，应得体地把款项退回给客户，而不要像在施舍客户一样，把钱扔给客户或带着轻蔑的眼神。如果公司规定要经过上级部门或财务部门批准后才能给客户退款，也就是客户无法立即拿到退款，那么就要向客户详细解释这个规定，并告诉客户什么时候可以拿到退款。最后，虽然没做成这笔生意，也要多谢客户的惠顾，并欢迎他下次光临。

2）修理或更换货品。客户看中一件商品后，即使出现问题，也不会轻易要求退货，所以，当商品出现问题时，他们可能会提出修理或更换的要求。不过，不要以为货品送去修理或等待更换货品，问题就已经解决了，应该了解事情是否正在迅速办理。因为某种原因，可能修理的事情被耽误了，或者没人催促就被认为不紧急而慢慢修理，这样只会让事情变得更坏。如果被延误，就要通知客户，让客户知道事情的进展，避免再次引发不满。如果货品已送回客户那里，那么在送货过后不久就应该打电话过去，询问修理后或者更换后的货品是否让客户觉得满意了。

3）道歉。当服务人员的服务态度或服务技巧欠佳时也会引起客户的投诉，此时客户需要的也许仅仅是道歉。

4）补偿性关照。当错误看起来无法通过退换货进行改正或通过道歉弥补时，就要给予一定的补偿性关照，包括：送赠品，如礼物、商品或服务；公司承担额外的成本，如送货费用；个人交往，表示歉意和关心；打折。补偿性关照是在感情上给予客户一定的安抚和补偿，它不能替代服务。

（5）让客户参与意见

尽管从专业的角度服务人员提出了相应的解决方案，但是可能客户还是不满意，这时最好征询客户的意见。"您希望我们怎么做？"这样客户会感到被尊重，心里会很满意。但是，客户的要求可能会出乎服务人员的意料或无法满足，或者问题是由客户造成的，又该怎么办呢？

当不满的客户提出要求时，首先尽量满足他们的要求，人们对于自己得不到的东西，可能会很失望，有挫折感或者不安，甚至不满。而服务人员不计对错地满足客户的需求，就会发现客户的不满减少，满意增加。结交一位新客户的成本是保持一位老客户成本的五倍！也许有的服务人员会认为这种方式会助长客户的占便宜心理。其实不然，客户大多是理智的，不会为了占便宜而要求退钱或换货。况且，从满意客户口中传播出去的免费广告给企业带来的利润，会远远超过一小部分别有用心的客户造成的损失。

作为普通服务人员，有时可能没有足够的权限去满足客户的要求，这时应快速找到一个有权限处理的人。如果客户的要求超出公司规定的范围，可以考虑向他道歉，并表明自己的确是想帮他，客户在这种诚意之下，也许就放弃了自己的固执。或者可以向客户提供其他的选择，把客户的注意力从一处转移到另一处。

（6）跟踪服务

在某些品牌公司的售后服务中，当客户购买了他们的产品之后，他们会在之后的几天内给客户打一个电话，询问产品的使用情况，客户对此举非常喜欢。即使在没有出现问题的情况下都需要追踪客户的感受，那么在客户投诉之后，就更需要追踪客户的感受了。

跟踪服务的形式有打电话、发电子邮件或发信函。通过追踪服务，向客户了解解决方案是否得到执行，是否有用，是否还有其他问题。如果服务人员与客户联系后发现他对解决方案不满意，就需要继续寻求一个更可行的解决方案。在对客户的追踪服务中，无论是打电话，还是发邮件和信件，都应遵循一定的格式。追踪服务可以强调公司对客户的诚意，打动客户并给客户留下深刻印象，所以，要善于运用追踪服务，而不仅仅是在投诉中采用。

【情境训练3】

假设你是中国移动的一名客户服务人员，请你找一位同学扮演移动公司的新客户，你将通过售后回访的方式试图让该客户购买公司新推出的增值服务。分小组进行方案设计，然后进行现场演示，通话时间控制在3分钟以内。

知识小结

销售沟通中要注意做好售前、售中和售后的沟通，充分利用每个环节的技巧，改善沟通效果，以达到让消费者购买产品，让商家更有效地推广产品的目的。

消费者越来越希望商家能真正地重视他们，清楚他们的需求，完全遵从他们的每句话并为之提供周到完善的服务，只有这样，他们才能感受到个性化服务，他们才会对消费过程满意。这就要求企业必须积极地搜寻和保存客户的行为资料，并对此进行分析，做好售前分析和沟通。售前沟通包括广告设计及投放、公共关系活动、营业推广等宏观层面的售前沟通，还可以追溯到销售人员在见客户之前的准备环节，如收集客户信息、制定拜访问题清单、约见准客户等销售活动的前置工作。

售中沟通是指在销售过程中结合客户的需求向客户介绍企业和推荐产品信息，以达成销售的过程，也可以理解为销售洽谈过程。售中沟通技巧包括了如何给客户留下良好的第一印象，通过观察了解客户，有效提问发现客户需求，注重表达技巧助推销售，正确处理客户异议以达成交易。

售后服务是指在客户购买产品后提供的其他服务，如送货、安装、维修和升级等。“售后服务”成为销售过程中的一个主要方面，企业要尽可能地为客户提供满意的服务，如尽可能地为客户提供方便，注重售后服务，树立品牌形象，有效处理客户投诉等售后沟通方式以提高售后服务效果。

分组讨论

第二次世界大战的时候，美国军方推出了一个保险，这个保险是什么内容呢？如果每个士兵每个月交 10 美元，那么万一上战场牺牲了，他会得到 1 万美元。这个保险出来以后，军方认为大家肯定会踊跃购买。结果他们就把命令下到各连，要每个连的连长向大家宣布这种险种已经出现了，希望大家购买。

这时其中的一个连，按照上级的命令，把战士们召集到一起，向大家说明这了个情况，可是这个连没有一个人购买这种产品。连长就纳闷了说：“这可怎么办？怎么会是这个样子呢？”

大家的心理其实也很简单，在战场上连命都将要没有了，过了今天都不知道明天在哪里了，我还买这个保险有什么用呀？10 美元还不如买两瓶酒喝呢！所以大家都不愿意购买。

这时连里的一个老兵站起来说：“连长，让我来和大家解释一下这个保险的事情。我来帮助你销售一下。”

……

1. 请分组讨论老兵如何解释才能说服士兵们购买保险。
2. 请分组总结客户心理与推销模式。

技能训练及素质拓展

一、案例分析

销售人员小李正在向小张推销新车。小张刚走进展示厅，参观了几分钟。下面是他们的对话。

小李：我是小李。请到我办公室喝杯茶吧，我们聊聊好吗？

小张：谢谢。

小李：我可以问你一些问题吗？

小张：当然，你可以叫我小张。

小李：谢谢，小张。能否告诉我你想要什么样的车吗？

小张：我想要一种小型车，一种……

小李：太好了。让我向你介绍我们新推出的"康拓"，这种车前轮驱动，还有可以横向发动的发动机、齿条齿轮式的方向盘，以及盘式制动器。你觉得如何？

小张：听上去很好。我有家庭，我经常外出旅行。

小李："康拓"可以舒舒服服地坐 4 个人。最近的评级显示这款车每升汽油可行驶 50 千米，这应该很合适你。你现在开什么车？

小张：（犹豫了一会儿）我现在开桑塔纳，这种车车厢很大，行李箱也很大。

小李：你知道现在以旧换新用桑塔纳买别克要花多少钱吗？

小张：我想再看看，货比三家，我还不能确定……

小李：让我告诉你吧，在我们车行，你会得到最好的交易。在整个地区，我们因为诚信和服务而享有最好的声誉，没有人比我们更出色。我打算在直销价的基础上再减 5 000 元卖给你，但不知道经理会不会同意。如果他知道今天能与你达成交易的话，他或许会同意的。

小张：（打算离开）我不想今天做出决定，买车之前我想再看看。

小李：请不要走，或许我能让经理同意再给你点折扣。

小张：（走出小李的办公室）不，如果我有时间的话，我会再和你联系的。

小李：好的，但是你会后悔的。今天我本可以给你一个好价钱。

请各学习小组根据所学知识，从沟通基本原理的角度出发，完成以下分析。

1．本次销售失败的原因是什么？

2．在本次销售沟通中小李是否了解目标客户的真实需求？

3．如果你是销售人员小李，你会运用哪些售中沟通技巧来获取客户信息，并达成此次沟通的目的？

4．请你重新设计洽谈过程，并分角色进行销售模拟。

二、沟通游戏

销售中的异议

目的：商品的销售和售后服务是一个公司人员会面临最多异议和争端的时候，怎样才能跟客户进行很好的沟通，让他们对公司的产品感到满意，是每个营销管理人员应该考虑的问题。通过以下活动让学生能够完成沟通能力的训练、沟通词语的选择和销售技巧培训。

流程：

1. 将学员分成2人一组，其中一个是A，扮演销售人员，另一个是B，扮演客户。
2. 场景一：A现在要将公司的某件商品卖给B，而B则想方设法地挑出本商品的各种毛病，A的任务是一一回答B的这些问题，即便一些吹毛求疵的问题也要让B满意，不能伤害B的感情。
3. 场景二：假设B已经将本商品买了回去，但是商品现在有了一些小问题，需要进行售后服务，B要讲一大堆对于商品的不满，A的任务仍然是帮他解决这些问题，提高他的满意度。
4. 交换一下角色，然后再做一遍。
5. 将每个组的问题和解决方案公布于众，选出最好的组给予奖励。

相关讨论：

1. 对于A来说，B的无礼态度让你有什么感觉？在现实工作中你会怎样对待这些客户？
2. 对于B来说，A怎样做才能让你觉得很受重视，很满意，如果在交谈的过程中，A使用了如“不”、“你错了”这样的负面词汇，你会有什么感觉？谈话还会成功吗？

要求：

1. 参与人数：2人一组。
2. 时间：15分钟。
3. 场地：室内。
4. 道具：无。

三、素质拓展训练

形式：让学生分小组在校内策划并完成节日促销活动，让学生感受实际销售过程中的沟通，熟悉销售工作中的各种沟通场景，使学生对沟通在销售工作中的重要性有深刻的体验与感悟。

要求：

1. 校内销售体验可以和本学院的校企合作单位联合完成，在运动会或某个节日进行。
2. 要求每组选出合适的产品进行校内销售，不得违反学校的相关规定。
3. 要求遵循售前、售中、售后三个环节进行销售活动，规范自己的沟通技巧。
4. 结束之后每个小组总结销售活动开展情况，包括收获与所遇到的问题，教师结合“销售沟通知识”进行点评和指导。

延伸阅读

一、了解客户的关注点

（一）案例背景

一对年轻夫妇想给孩子买一些百科读物，销售人员过来与他们交谈。以下是当时的谈话摘录。

客户：这套百科全书有些什么特点？

销售人员：你看这套书的装帧是一流的，整套都采用这种真皮套封烫金字的装帧，摆在您的书架上，非常好看。

客户：里面有些什么内容？

销售人员：本书内容编排按字母顺序，这样便于查找。每幅图片都很漂亮、逼真，比如这幅，多美。

客户：我看得出来，不过我想知道的是……

销售人员：我知道您想说什么！本书内容包罗万象，有了这套书您就如同有了一套地图集，而且还是附有详尽地形图的地图集。这对你们一定会有用处。

客户：我是为孩子买的，让他从现在开始学习一些东西。

销售人员：哦，原来是这样。这个书很适合小孩。它有带锁的玻璃门书箱，这样您的孩子就不会将它弄脏，小书箱是随书送的。我可以给你开单了吗？

（销售人员作势要将书打包，给客户开单出货。）

客户：哦，我考虑考虑。你能不能留下其中的某部分如文学部分，我们可以了解一下其中的内容？

销售人员：本周内有一次特别的优惠抽奖活动，现在买说不定能中奖。

客户：我恐怕不需要了。

（二）失败根源剖析

这位销售人员的失误之处在哪里？显而易见，他不明白客户购买此书的动机；没有掌握基本的产品介绍技巧；自始至终以自己为主，忽略客户的感受。

客户在选购各类产品时，都会有其不变的大方向。例如，购买办公机器是为了提高公务处理的效率，购买生产设备是为了提高生产率等。顺着大方向去满足客户的要求，能使销售人员的展示、介绍更加打动客户的心。如果不明白大方向，就要积极提问，弄清楚客户关注的利益点，接下来的介绍就要时刻围绕利益点展开，随带进行一些附加利益的介绍。不能像以上案例中的销售人员一样，始终按照自己的计划、步骤、节奏来介绍。那应该怎么做呢？

（三）对策分享

向客户介绍产品，关键点是使用该产品能给他带来什么好处，哪些好处是他现在正需要的。著名的FAB法（功能、特点、利益）广为采用，也就是先向客户介绍某类产品的功能，再介绍该产品的特点、优势，接着将该产品的特点与客户关注的利益点联系起来，最后解答一些技术问题与售后服务问题。

与客户交往时，最难判断的是他们的关注点或利益点。一个好的销售人员应该借鉴华佗的治病箴言——“望、闻、问、切”来弄清楚客户关注什么。

1. 望：观察客户，识别客户的层次、素质、需求和喜好等。

2. 闻：听客户的叙述，必须给客户表达的时间，耐心地听，高质量地听，客户没有耐心多讲几遍，他们也不会反复强调重点，甚至有时他们会隐藏自己的真实需求，这就更需要细心地听。

3. 问：客户只知道他目前需要购买东西，却不知买什么与怎样做，这就需要销售人员担当策划师的角色，为他提供全面、准确、合适的策划方案。销售人员要想弄清楚客户的需求，就需要通过提问、回答反复深入地了解客户的真实想法，从而给出客户最需要的购买建议，完成销售。

4. 切：实际考察客户的状况。客户的表达、回答都不一定正确，适当的时候，业务员应实地考察客户状况，如装修就需要上门考察，再为客户制定装修方案。

（资料来源：http://www.tem.com.cn，经本书作者整理）

二、谈判者在会谈中常见的姿态及其简要评述

1. 两臂交叉于胸前。这往往表示防备、疑虑的心理，或者表示对对方的意见持否定的态度。若同时还攥紧拳头，则表示否定的程度更为强烈。

2. 两腿经常挪动或不时地来回交叉。这表示不耐烦或有抵触心理。不过有时这仅仅是一种习惯，能让自己感到舒服一些。

3. 揉眼睛，捏摸鼻子。若伴随上述动作同时出现，则在更大程度上表明了其防备、抵触或否定的意思。

4. 向后仰靠在椅背上。这可以看成不信任、抵触和不愿继续深谈的迹象。如果再伴之以两臂交叉于胸前的姿势，上述含义的可能性则更大。

5. 摊开手掌，手臂、腿都自然放松，两臂不交叉。这些动作和姿态都表明愿意开诚布公，乐于倾听对方的意见。

6. 抚摩下巴、捋胡子等无意识的动作。这往往表示，正在对所提问题和材料进行认真思索和考虑。此外，坐在椅座的前部边缘上或身体前倾，伏在桌子上也可能有类似的含义，或者表示对所讨论的问题感兴趣。

7. 两手手指的顶端对贴在一起，掌心则分开，形似尖塔。这通常表示高傲、自信、踌躇满志的心情。有时这种姿势是故意用来显示与谈判对手的地位不同。

8. 两手手指交叉，托住后脑勺，身子往后仰。当一个人感到自己驾驭着谈判局面，居于支配的地位时，往往会情不自禁地做出这种姿态。

9. 清清嗓音，变换声调。这有可能是不安、紧张和焦虑的征兆。

10. 说话时不自觉地用手掌心或手指蒙在嘴前，或轻声吹口哨，或把手扭来扭去，或不时变换坐的姿势和位置。这些都意味着紧张、担心、受挫或束手无策的心理状况。其中，第一种动作还可能表明此人不坦率或留一手。

11. 掐灭香烟或任其自燃。在谈判中，点燃香烟并不意味着情绪紧张。然而，神情紧张、焦躁不安或过分拘谨的谈判者往往会无意识地掐灭尚未吸完的香烟，或者忘了继续吸下去，任其自燃。

12. 凑近对方。当问题逐渐接近解决，隔阂或障碍被进一步消除时，双方谈判者会自然地坐得靠拢一些；或者，东道主起身离开座位，绕过谈判桌，同坐在客席上的对手凑近而谈。

13. 拍拍对方的肩膀或手臂，希望能快点达成协议或解决问题。当然，在这时，达成协议或解决问题的时机和条件都已成熟。

三、海尔集团售后服务的宗旨

“用户永远是对的”是青岛海尔集团提出的售后服务工作的宗旨。在我国家电行业享有盛誉的青岛海尔集团，拥有全国一流的售后服务中心，并凭借一流的服务多次夺得全国售后服务先进企业称号，这些说起来没有什么奥秘，但包含了很多的“硬功夫”。

（一）把保护消费者权益作为服务工作的起点

该集团要求所有员工要以实际行动落实《消费者权益保护法》，无论采取怎样的方式，都要把对消费者的真诚投入平凡的服务当中。他们深信，谁赢得了消费者的信任，谁就赢得了市场。

（二）以CI战略为指导思想，建立“联合舰队”或集约化售后网络

在售后服务领域内，海尔集团已将接待设施、标准用语、维修程度、管理程度等许多方面的CI指导思想制定成统一标准模式，并已在各售后服务部门实施。同时，售后委员会各专业小组统一指挥，“联合舰队”或集约化售后服务网络缜密完善，创造了前所未有的佳绩。

（三）“4个不漏”工作方法使服务工作达到圆满

海尔集团的“4个不漏”是：一个不漏地记录用户反映的问题，一个不漏地处理用户反映的问题，一个不漏地复审处理结果，一个不漏地将处理结果反馈到科研、生产、经营部门。

（四）拓宽、深化服务内涵，“搬动一次”博得消费者赞扬

售后服务是一个永无止境的主题。为此，海尔集团售后服务中心推出多项服务新举措，其中“搬动一次”指用户的冰箱只在购买时从商场到家搬动一次，此后均由该集团维修中心拉回维修，送回到家。对维修后3个月的冰箱信访一次，对维修人员的服务全过程进行100%的动态管理跟踪。对维修部门要求按管理能力、维修能力、服务质量、设备状况分为5个等级，1、2级维修部两年内不能升级的将被终止保修合同。该集团曾取消了12家特约维修部。

海尔集团的售后服务正努力与国际化接轨，在家电行业竞争激烈的今天，该集团之所以始终立于不败之地，一方面是他们的产品质量的确一流，这已是家喻户晓的事实，另一方面是他们全心全意为用户服务的思想。“用户永远是对的”这一企业经营宗旨使海尔集团既赢得了市场，也赢得了消费者。

四、处理投诉的语言训练

（一）投诉处理话语纠正

“这是××部门的责任，这是××厂商的错！”（错误，永远不要推卸责任！）

“我们会联络××帮您解决问题！”（正确）

“本公司规定……”（错误）

“对不起！为了您的……我们一定……请不要……谢谢！”（正确）

“不可能，绝对不会，一定是你……了！”（错误）

“请稍候，我们××立刻为您服务解决！”（正确）

“我不知道，我不清楚，不是我分内……！”（错误）

“请稍候，我立刻问清楚，给您答复解决！”（正确）

（二）投诉处理应避免的话语

“你要明白，一分钱、一分货。”

“我们从来没有发生过。”

“你要去问供货商……这不是我们的事。”

“嗯！……我不太清楚。”

“我不知道要怎么处理。”

“我绝对没有说过……”

“公司的规定就是这样。”

“我先反映上去，改天再通知您。”

（三）投诉处理基本用语

“是！”

“抱歉！”

“您先别生气。”

“我马上为您处理。”

学习情境五

商务谈判

情境导航

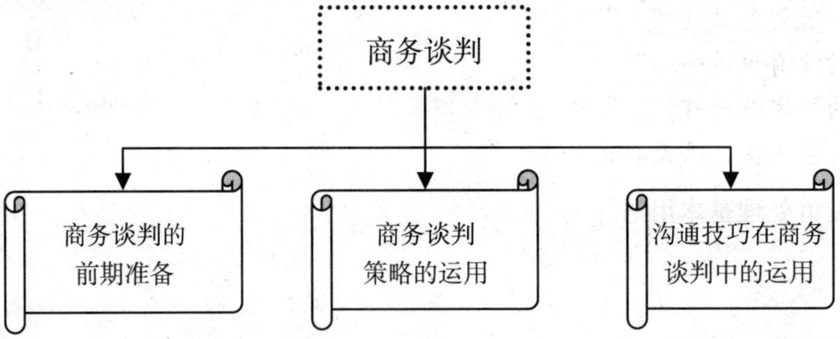

知识技能目标

知识目标

- 了解商务谈判的含义和原则；
- 理解商务谈判前的信息收集；
- 掌握商务谈判的计划制订和组织管理；
- 掌握谈判的开局策略、中场策略和终局策略中的各种基本技巧；
- 掌握商务谈判语言和非语言沟通技巧。

技能目标

- 能够根据制订的谈判计划组织正式谈判前的模拟谈判；
- 能够利用各种策略分析谈判活动，并把谈判策略应用到自己的谈判活动之中；
- 能对商务谈判中的语言和非语言沟通技巧进行灵活运用。

谈判能力自测

根据自己的实际情况，认真考虑下列问题。从所给备选答案中，选出最符合自己的一项，并在选出项前的字母上画上“√”记号。请完成以下谈判能力的测试。

1. 你通常是否先准备好再进行谈判？（　）
A. 总是　B. 时常　C. 有时
D. 不常　E. 不是

2. 你是否相信谈判时对方告诉你的话？（　）
A. 不，我非常怀疑　B. 普通程度的怀疑　C. 有时候不相信
D. 大概相信　E. 几乎永远相信

3. 谈判时你是否常做乐观的打算？（　）
A. 几乎每次都是　B. 时常　C. 有时
D. 不常　E. 不是

4. 你是否能适当表达自己的观点？（　）
A. 非常能　B. 超过一般水平　C. 一般水平
D. 低于一般水平　E. 相当差

5. 你是不是一个很好的倾听者？（　）
A. 非常好　B. 比一般人好　C. 普通程度
D. 低于一般水平　E. 很差

6. 在谈判中，你想要定下哪个目标？（　）
A. 很难达成的目标　B. 想当然的目标　C. 不太难也不太容易的目标
D. 相当适切的目标　E. 不太难，比较容易达成的目标

7. 你对于解决问题是否有创见？（　）
A. 非常有　B. 相当有　C. 有时候会有
D. 不太多　E. 几乎没有

8. 面对那些地位比你高的人，感觉如何？（　）
A. 非常舒服　B. 相当舒服　C. 复杂的感觉
D. 不舒服　E. 相当不舒服

9. 谈判时，你是否会将内心的感受流露出来？（　）
A. 总是　B. 经常　C. 一般
D. 不太常　E. 几乎没有

10. 谈判中你是否会问探索性的问题？（　）
A. 经常问　B. 总是问　C. 有时问
D. 一般不问　E. 不问

11. 谈判时你对自己目标的执着程度如何？（　）
A. 非常执着　B. 相当执着　C. 有点执着
D. 不太执着　E. 不执着

12. 你认为自己是不是一个谨守策略的人？（　）
A. 非常是　B. 相当是　C. 一般是
D. 时常会忘记运用策略　E. 我几乎先说再考虑

13. 你是否能广泛地听取各方面的意见？（　　）

A. 非常能　B. 大部分如此　C. 普通程度

D. 不听取别人的意见　E. 观念相当固执

14. 正直对你来说重要不重要？（　　）

A. 非常重要　B. 相当重要　C. 重要

D. 不重要　E. 非常不重要

15. 你对谈判的看法如何？（　　）

A. 高度的竞争　B. 大部分竞争，小部分合作

C. 大部分互相合作，小部分竞争　D. 高度的合作

E. 一半竞争，一半合作

16. 有人在陈述和你不同的观点时，你能够倾听吗？（　　）

A. 把头掉转开　B. 听一点点，很难听进去

C. 听一些，但不太在意　D. 合理地倾听　E. 很注意地听

17. 你对于别人的动机和愿望的敏感程度如何？（　　）

A. 高度敏感　B. 相当敏感　C. 普通程度敏感

D. 相当不敏感　E. 不敏感

18. 生气时，你是否会激动？（　　）

A. 很镇静　B. 原则上很镇静，但会被对方激怒

C. 和大部分人相同　D. 性情有点急躁　E. 有时会激动

19. 生意上的秘密，你是否守口如瓶？（　　）

A. 非常保密　B. 相当保密　C. 一般程度

D. 常常比应该说的多　E. 说得太多

20. 谈判中，你面对直接的冲突有何感觉？（　　）

A. 非常不舒服　B. 相当不舒服

C. 虽然不喜欢，但还是面对它　D. 有点喜欢这种挑战

E. 非常喜欢这种挑战

评分方法：

题号	A	B	C	D	E	题号	A	B	C	D	E
1.	10	8	4	−4	−10	11.	10	10	3	−5	−15
2.	10	8	4	−4	−10	12.	10	5	0	−5	−8
3.	−10	10	10	−5	−10	13.	10	3	5	−5	−10
4.	10	5	0	−4	−8	14.	10	8	5	0	−10
5.	10	8	0	−8	−10	15.	−10	10	8	−10	5
6.	8	10	5	0	−10	16.	−10	−5	5	10	15
7.	10	8	0	0	−10	17.	15	10	0	−10	−15
8.	10	8	3	−3	−10	18.	10	8	5	−5	−10
9.	−10	−5	0	5	10	19.	10	8	0	−8	−15
10.	10	10	4	0	−8	20.	−10	−5	10	10	−5

解析：

171～200 分　表明你的谈判能力强。

141～170 分　表明你的谈判能力较强。

90～140 分　表明你的谈判能力一般。

90 分以下　表明你的谈判能力较差。

自我分析：请对照测试结果，对自己进行深刻的反思与剖析，总结出你在谈判过程中存在哪些问题，并把这些问题列在表中，然后与好友交流，在本情境学习完成后认真剖析原因并列出解决措施。

我在谈判沟通中存在的问题	原因剖析	解决措施
1.	1.	1.

6 个月之后再做一次，然后和现在的结果进行比较，看看自己有没有进步。

假如想要知道别人的观点，可以让自己的上级为自己打分数，然后再将他的看法和自我衡量的结果进行比较。

CASE 案例导入

案例 5-1

你想到一家公司担任某一职务，你希望年薪是 2 万元，而老板最多只能给你 1.5 万元。老板如果说“要不要随便你”这句话，就有攻击的意味，你可能扭头就走。如果这样跟你说：“给你的薪水，那是非常合理的。不管怎么说，在这个等级里，我只能付给你 1 万～1.5 万元，你想要多少？”很明显，你会说：“1.5 万元。”老板可能不同意，会说：“1.3 万元如何？”你继续坚持 1.5 万元。结果是老板投降。

（资料来源：根据网络资料整理）

辩证性思考

是你赢了还是老板赢了？为什么？

案例 5-2

某商场休息室经营咖啡和牛奶，刚开始服务员总问客户：“先生，喝咖啡吗？”或者：“先生，喝牛奶吗？”其销售额平平。后来，老板要求服务员换一种问法，“先生，喝咖啡还是牛奶？”结果销售额大增。

（资料来源：http://edu.ch.gongchang.com/）

辩证性思考

为什么开始的那种问法影响了销售额？

学习档案

谈判，由谈和判两个字组成，谈是指双方或多方之间的沟通和交流，判就是决定一件事情。只有在双方沟通和交流的基础之上，了解对方的需求和内容，才能够做出相应的决定。也就是说，谈判是让别人支持自己从对方那里获得自己想要的东西的一个过程。

在日常生活中，很多方面都需要谈判。例如，如何从领导那里得到更重要的任务，如何使自己的薪资待遇有更大的提升，如何与客户、竞争对手进行沟通，甚至谈恋爱也是一个谈判的过程。可以说，小到人们身边的一件小事，大到国与国之间的政治经济活动，都是谈判的过程，谈判在生活中无处不在。

子情境 5.1　商务谈判的前期准备

学习目标

1．理解商务谈判的含义和原则。
2．理解商务谈判前的信息收集。
3．掌握商务谈判的计划制订。
4．掌握商务谈判的组织管理。
5．能运用所学知识进行模拟谈判。

一、了解商务谈判

（一）商务谈判的含义

美国谈判学会会长、著名律师杰勒德·尼尔伦伯格认为“谈判的定义最为简单，而涉及的范围最为广泛，每个要求满足的愿望和每项寻求满足的需要，至少都是诱发人们展开谈判过程的潜在因素。只要人们为了改变相互关系而交换观点，只要人们为了取得意向一致而进行磋商和协议，他们就是在进行谈判”。

一般认为，谈判就是在社会生活中，人们为了满足各自的需要、协调彼此之间的关系，通过彼此协商而争取达到某种意向一致的行为过程。

课堂互动

请同学们思考：演讲和讨论是不是谈判？到菜市场买菜是不是谈判？

商务谈判是指不同的经济实体各方为了自身的经济利益和满足对方的需要，通过沟通、协商、妥协、合作、策略等各种方式，把可能的商机确定下来的活动过程。

商务谈判主要涉及三大部分内容的协商：技术、商务和法律。技术部分包括解决方案及其功能、交付和培训，以及如何验收；商务部分包括解决方案的使用范围、价格和支付方式、索赔和罚款等；法律部分包括侵权和保密、不可抗因素、仲裁和合同生效方式等。

小贴士

商务谈判的特征

1. 目的性

目的性是谈判双方的期望值，是希望达到的目标。

2. 矛盾性

矛盾性是谈判各方的差异性、对立性和对抗性，体现了谈判活动的对立统一性。

3. 原则性

原则性是谈判人员所遵守的政策性规定、原则性要求。原则性就是不可更改性。

4. 妥协性

在谈判中谈判人员必须学会在非原则性问题上做出让步，甚至在关系不大的原则性问题上采取灵活策略。优秀的谈判人员应该是善于灵活妥协的人。

5. 策略性

谈判活动自始至终要求参加者采取各种方法、手段、技巧、谋略和策略。

6. 经济利益性

一切商务活动的目的都指向经济效益。商务谈判的核心是“价格”。

7. 严密准确性

商务谈判的结果是由双方协商一致的协议或合同来体现的。合同条款实质上反映了各方的权利和义务，合同条款的严密性与准确性是保障谈判获得各种利益的重要前提。

8. 法律政策性

谈判的主体、目的、方式以及结果的达成都有严格的法律要求。商务谈判人员必须严格遵守国家、地区或行业的政策性及行业内部特定惯例性规定，才能保证商务谈判的正常进行。

9. 谈判对象的广泛性和不确定性

特别是在国际商务谈判中，谈判者代表了不同国家和地区的利益，有着不同的社会文化、经济政治背景和法律法规。人们的价值观、思维方式、行为方式、语言及风俗习惯不同，使得影响谈判的因素更加复杂，谈判的难度更大。

（二）商务谈判的原则

所谓商务谈判的原则，是指在谈判过程中谈判双方必须遵守的基本准则或规范。

1. 对事不对人原则

这一原则就是指在谈判中要区分人与问题，把对谈判对手的态度和讨论问题的态度区分开来，就事论事，争取因人成事，避免因人误事。

实例1

在一家由美国人投资经营的日本工厂中，因为劳资纠纷，工人举行了罢工。据美方经理介绍：工人早在六周前就向资方提出了警告，举行罢工的当天，双方经过协商达成了一致的意见，罢工结束之后，工人们主动打扫了示威场地，清理了满地的烟头、咖啡杯，恢复了原来清洁的面貌。第二天，工人们又自发地加班，完成了因罢工而拖欠的生产任务。美方经理对此种做法非常不解，就询问其中的一位罢工工人，这位工人是这样回答他的："我们对投资方有些意见，要想让您知道我们对此事是极其严肃的，唯一的办法就是举行罢工。但这也是我们的公司，我们不愿让您认为我们对公司是不忠诚的。"这位工人的回答给我们的谈判问题拓展了一条新的思路，那就是：在谈判中基于我们对对方提出的某一条款有意见，我们不得不言辞犀利，那是因为我们希望对手知道我们对此事的重视程度和严肃性，我们并不想搞僵双方的关系，我们进行谈判的目的在于谋求一种互利、共赢的结局。

2. 注重利益而非立场

谈判中的基本问题，不是双方立场的冲突，而是双方利益、需求、欲望的冲突，应针对利益寻找双方可满足的方式。

实例2

有两个人在图书馆里发生了争执，一个要开窗户，另一个要关窗户。他们斤斤计较于开多大：一条缝、一半还是四分之一。没有一种办法使他们都满意。图书管理人员走进来。她问其中的一个人为什么要开窗户，"吸一些新鲜空气"。她问另一个人为什么要关窗户，"不让纸被吹乱了"。图书管理人员考虑了一分钟，把旁边的窗户打开，让空气流通又不吹乱纸。图书管理人员如果只注意双方陈述的立场——开窗或关窗，她就不能想出这种解决办法。她注意到了双方"空气流通"和"避免吹乱纸"这两项潜在的利益，很好地解决了问题。

课堂互动

请同学们思考：在现实生活中你有没有遇到这样类似的问题？你是怎么解决的？

3. 寻求互利解决方案

把解决方案的"构思"与"决定"分开，确认"共有利益"，让双方"各得其所"。

实例3

两个人争一个橘子，最后协商的结果是把橘子一分为二，第一个人吃掉了分给他的一半，扔掉了皮；第二个人则扔掉了橘子，留下了皮做药。两个人虽然皆得到了利益，但仅是50%。若双方能在谈判中清楚、准确地阐明自己的利益取向，双方就都可得到100%的利益，既不伤和气又不浪费资源，一举双赢。这说明人们在同一事物上可能有不同的利益，在利益的选择上有多种途径或取向。

实例 4

美国钢铁大王戴尔·卡耐基曾经有这样一个谈判。有一段时间，他每个季度都有10天租用纽约一家饭店的舞厅举办系列讲座。在某个季度开始时，他突然接到这家饭店的一封要求提高租金的信，将租金提高了2倍。当时举办系列讲座的票已经印好了，并且已经都发出去了。卡耐基当然不愿意支付提高的那部分租金。几天后，他去见饭店经理。他说："收到你的通知，我有些震惊。但是，我一点也不埋怨你。如果我处在你的位置，可能也会写一封类似的通知。作为一个饭店经理，你的责任是尽可能多地为饭店谋取利益。如果不这样，你就可能被解雇。如果你提高租金，那么让我们拿一张纸写下将给你带来的利和弊。"接着，他在纸中间画了一条线：左边写"利"，右边写"弊"，在利的一边写下了"舞厅，供租用"。然后说："如果舞厅空置，那么可以出租供舞会或会议使用，这是非常有利的，因为这些活动给你带来的利润远比办系列讲座的收入多。如果我在一个季度中连续20个晚上占有你的舞厅，这意味着你将失去一些非常有利可图的生意。

现在让我们考虑一个'弊'。首先你并不能从我这里获得更多的收入，只会获得的更少，实际上你是在取消这笔收入，因为我付不起你要求的价，所以我只能被迫改在其他的地方办讲座。

其次，对你来说，还有一弊。这个讲座吸引了很多有知识、有文化的人的人来你的饭店。这对你来说是个很好的广告，是不是？实际上，你花了5 000美元在报上登个广告也吸引不了比我讲座更多的人来这家饭店。这对于饭店来说是很有价值的。"

卡耐基把两项"弊"写了下来。然后交给经理说："我希望你能仔细考虑一下，权衡一下利弊，然后告诉我你的决定。"第二天，卡耐基收到一封信，通知他租金只提高原来的1.5倍，而不是2倍。

卡耐基一句也没提自己的要求和利益，而始终在谈对方的利益及怎样实现才对对方更有利，却成功地达到了自己的目的。关心对方的利益，站在对方的角度设身处地地为对方着想，指出他的利益所在，对方会欣然与你合作。成功的、合作的谈判的关键在于找出什么是对方的真正需要。当你谋求你的利益时，也给对方指出一条路，使其获得它所谋求的利益。

4. 坚持使用客观标准

客观标准是指独立于各方面意志之外的合乎情理和切实可用的标准，它既可能是一些惯例通则，也可能是职业标准、道德标准、科学标准等。在谈判中坚持使用客观标准有助于双方和睦相处，冷静而又客观地分析问题，有助于双方达成一个明智而公正的协议。

实例5

假如谈判一个固定价格的土建项目。就地基问题，业主与承包商各执己见，承包商认为地基4米就足够了，而业主认为至少6米。承包商说："我用钢筋结构来做房顶，地基没有必要做那么深。"业主这时不肯让步。如何才能保证房屋坚固且说服业主呢？承包商可以用有关的安全标准来进行讨价还价。业主这时可能会说："哦，也许我是错的，4米的地基就可以了；但我所坚持的是地基要坚实牢固，深度要足以使房子安全。"政府对此类土地的地基有没有安全标准？这一地区的其他建筑物的地基深度是多少？这一地区的地震风险有多大？遵循一些客观的标准来解决这一地基深度问题，很可能就是谈判的出路。

二、商务谈判的前期准备

万事开头难，而好的开始是成功的一半。因此，在进行一场商务谈判时，前期的准备工作非常关键。谈判准备工作做得充分可靠，谈判者就会增强自信，从容应对谈判过程中的变化，处理好各种问题，在谈判中处于主动地位。

（一）谈判前的信息收集

只有收集可靠、全面的有关信息和资料，才能采用相应的谈判策略、方法，有针对性地制定相应的谈判方案和计划。

1. 与谈判有关的环境因素

（1）政治状况：政局的稳定性、政府与买卖双方之间的政治关系、对企业的管理程度、经济的运行机制。

（2）宗教信仰：占主导地位的宗教信仰，宗教信仰对政治、法律和国家政策等方面的影响。

（3）法律制度：法律制度的状况如何，在现实中法律执行的情况如何，法院与司法部门是否独立，司法部门对业务洽谈的影响程度如何，法院受理案件的时间长短。

（4）商业做法：企业决策的程序如何，是否做任何事情都见诸文字，律师的作用如何，有没有商业间谍活动，在商务往来中是否有贿赂现象，商务谈判中的常用语言是什么。

（5）社会习俗：不同国家和地域由于其文化背景、宗教信仰等方面的不同而形成的行为方式及行为标准如何。

实例6

中国某工程承包公司在加蓬承包了一项工程任务。当工程的主体建筑完工之后，中方由于不需要大量的劳动力，便将从当地雇用的大批临时工解雇，谁知此举导致了被解雇工人持续40天的大罢工。中方不得不同当地工人举行了艰苦的谈判，被解雇的工人代表让中方按照当地的法律赔偿被解雇工人一大笔损失费，此时中方人员才意识到他们对加蓬的法律太无知了。根据加蓬的劳动法：一个临时工持续工作一周以上未被解雇则自动转成长期工，有权获得足够维持两个妻子和三个孩子生活的工资，此外，还有交通费和失业补贴等费用。一个非熟练工连续工作一个月以上则自动转成熟练工，如果连续工作三个月以上则提升为技术工人。

2. 了解谈判对手

了解谈判对手的情报极其重要，现实谈判中由于对谈判对手的背景材料了解不够，存在许多上当受骗的例子。

（1）资信情况：对合法资格的审查（包括公司和签约人）、对资本和商业信誉的调查。

（2）对手的合作欲望情况：主要指对方想要达成合作的主观意识的强弱。

（3）对手的谈判人员情报：对方谈判人员的组成情况、权限和策略、主谈人的个人情况。

（4）了解对方的谈判时限：主要指对方所拥有的谈判时间及其确定谈判结果的最后时限。

实例 7

1986 年，日本一个客户与东北某省外贸公司洽谈毛皮生意，条件优惠却久拖不决。转眼过去了两个多月，原来一直兴旺的国际毛皮市场货满为患，价格暴跌，这时日商再以很低的价格收购，使东北某省外贸公司吃了大亏。

一个美国代表被派往日本谈判。日方在接待的时候得知对方须于两个星期之后返回。日本人没有急着开始谈判，而是花了一个多星期的时间陪他在国内旅游，每天晚上还安排宴会。谈判终于在第 12 天开始，但每天都早早结束，为的是客人能够去打高尔夫球。终于在第 14 天谈到重点，但这时候美国人该回去了，已经没有时间和对方周旋，只好答应对方的条件，签订了协议。

问题：一个成功的商务谈判者应注重收集哪些信息？

3. 竞争对手的情况

（1）了解竞争对手的生产规模、产品性能、产品策略、产品的市场占有率等。

（2）了解竞争对手所使用的销售组织形式、分销渠道等。

（3）了解竞争对手的定价方法和策略。

（4）了解竞争对手所提供的售后服务、促销策等。

4. 自身情况分析

（1）自我需求的认定：希望借助谈判满足己方哪些需求、各种需求的满足程度、需求满足的可替代性、满足对方需求的能力鉴定。

（2）本企业的产品及生产经营状况：产品的规格、产品性能、主要用途、质量、品种、数量、销售情况、市场竞争力、供应能力及经营手段、经营策略等。

（3）己方的谈判人员情况：我方谈判人员的信心、知识和能力配备，我方谈判小组的人员结构与分工情况。

（二）谈判计划的制订

1. 谈判主题和目标

（1）谈判主题：是指参加谈判的目的，最好用一句话加以概括和表述。

（2）谈判目标：是谈判主题的具体化，指明企业对本次谈判的期望水平，整个谈判活动都是围绕主题和目标进行的。 谈判目标一般可以分为三个层次：

1）最理想目标。特征：① 是对谈判者最有利的理想目标；② 是单方面可望而不可及的；③ 是谈判进程开始的话题；④ 会带来有利的谈判结果。

2）可接受目标。特征：① 是谈判人员根据各种主客观因素，经过科学论证、预测和核算之后所确定的谈判目标；② 是己方可努力争取或做出让步的范围；③ 该目标实现意味着谈判成功。

3）最低目标。特征：① 是谈判者必须达到的目标；② 是谈判的底线；③ 受最高期望目标的保护。

制定目标时应注意：弹性、多个目标、保密。

2. 谈判计划的制订

谈判计划是人们在进行谈判之前，预先拟定的谈判目标和实现目标的步骤，制订周密细致的谈判计划是保证谈判顺利进行的必要条件。

（1）谈判工作准备（见表 5.1）

表 5.1 谈判工作准备

你是否思考过什么才是良好的结果？	
你想通过谈判达到什么目的？	
最佳结果应该如何？	
什么样的结果会令人不快？	
为什么这些结果会令人不快？	
你是否评估了你的需要和利益？	
你必须具备的	你想要得到的
1.	1.
2.	2.
3.	3.

（2）谈判的时间和地点（会场布置）

谈判在什么时间举行、多长时间、各个阶段时间如何分配等。地点主要是国家、地区的选择和谈判场所的选择，最好是方便双方并不受外界干扰的会议室。

（3）谈判的程序（议事日程）

谈判中哪些事项列入讨论，哪些不列入讨论，讨论的事项如何编排先后顺序，每个事项应占多少讨论时间等。

课堂互动

日商举办的农业加工机械展销会上，展出的正是国内几家工厂急需的关键性设备。于是某公司代表与日方代表开始谈判。按惯例，卖方首先报价：1 000 万日元。我方马上判断出其价格的“水分”并且对这类产品的性能、成本及在国际市场上销售行情了如指掌，暗示生产厂家并非你独此一家。最终中方主动提出休会，给对方一个台阶。当双方重又坐在谈判桌旁时，日方主动削价10%，我方据该产品近期在其他国家行情，认为750万日元较合适，日商不同意，最后我方根据掌握的信息及准备的一些资料，让对方清楚，除他外还有其他一些合作伙伴，在我方坦诚、有理有据的说服下，双方最终握手成交。

请同学们思考：日方的三个目标层次分别是什么？

（三）商务谈判的组织管理

1. 商务谈判团队的结构

（1）谈判团队的规模

就人数的多少一般没有具体的规定和标准，当然这取决于谈判涉及的交易规模和对方的出席人数。谈判人员分成两部分：一部分主要从事背景材料的准备，人数可以适当多些；另一部分直接上谈判桌，这部分人数与对方相当为宜。

（2）谈判团队的一般结构和分工

1）首席代表：指那些对谈判负领导责任的高层次谈判人员，他们在谈判中的主要任务是领导谈判组织的工作。因此有更高的素质要求。主要职责：监督谈判程序；掌握谈判进程；听取专业人员的建议、说明；协调谈判团队成员的意见；决定谈判过程中的重要事项；代表单位签约；汇报谈判工作；负责与对方沟通交流。

2）其他成员：专业人员、商务人员、法律人员、翻译人员等。主要职责：做好各自专业的准备工作，参与所需信息的收集和分析；负责各自领域中的谈判工作；谈判记录，给主谈人提供参考或指出不足之处；参与合同的起草与签署。

（3）团队谈判需注意的几个重点

第一，要主次分明。在一个谈判团队中，一定要有一个核心。所有的参与者都要为这个核心服务。第二，要分工明确。要根据谈判中自己所扮演的角色去定位职责，到位但不越位。第三，要会捧场、会补台，一旦主角出现语误或漏洞，配角要能为其自圆其说，使谈判团队步调一致，天衣无缝。第四，商务谈判中要根据需要，既要有唱红脸的，也要有唱白脸的。因为谈判中由于礼节、原则等方面的原因，核心人物不能说、不便说的话，可以借助这些配角。

实例8

买卖双方就交货问题进行谈判。卖方的主谈人说：“两个月内交货很困难，因为两个月内的订单都满了。”这时，他的一个辅谈人员接话说：“别说两个月，三个月都难以保证，我手上还有一把订单呢！”这话无疑强化和支持了本方主谈人讲话的力量。

买卖双方就买卖机床的价格问题进行谈判。买方的主谈人说：“好吧，如果你们实在要坚持这个价格，我们只好不买了。”如果这时他的一个辅谈人立即以提醒的口吻说道：“这不行啊，厂里正等着用呢！”显然，这样的做法大大削弱了主谈人的讲话力量。

对比两个例子中辅谈人的不同表现，思考主谈人和辅谈人之间应该如何配合。

（4）商务谈判人员的基本素质

1）积极的人生态度。

2）了解整个谈判过程。

3）具备一定的心理学知识。

4）掌握相关的专业知识。

5）创造性思维能力。

6）良好的交流技巧。

2. 商务谈判的主持规范

1）主持人的职责：纽带作用、指挥作用、接口作用、选择妥协点。

2）主持的准备：对外联络、制订谈判方案。

3）谈判的开场：包括第一场谈判与续会的开启。

- 第一场首场谈判的主持应该抓好四个环节：介绍、入座和开场白及怎么样掌握气氛。
- 续会开场时主持人应该注意两种情况：双方有尖锐分歧与无尖锐分歧。

4）谈判的引导：主持人的引导体现在三个环节上。

- 对内：包括该做什么和怎么做。
- 对外：包括对外引导中的己方引导和对外引导中的对方引导。
- 掌握谈判节奏：包括掌握谈判的时机、掌握条件的松紧。

5）主持人的总结。

- 目的：备忘、调整、汇报、终结。
- 方法：会内总结和会外总结。
- 总结的时机：应该以谈判需要为核心，进行随机性的总结。

6）谈判的收尾：分为每场谈判收尾和全部谈判收尾。

- 每场谈判：对于每个场次谈判的收尾，主持的依据是时间、内容和气氛。
- 全部谈判：以成交结束谈判和以破裂结束谈判。

（四）模拟谈判

将谈判小组成员分为两部分，一部分人扮演谈判对手，并以对手的立场、观点和作风来与另一部分扮演己方的人员交锋，预演谈判的过程。

1. 模拟谈判的重要性

1）模拟谈判可以使谈判者获得实践经验，检验、完善计划。

2）模拟谈判能使谈判者进一步了解自己与熟悉对方。

2. 常见的模拟谈判形式

常见的模拟谈判形式分为列表法和排练法。

3. 在模拟谈判过程中要牢记的三个问题

1）我希望对方做出怎样的决定？

2）他为什么不做出我所希望的决定？

3）我能够采取什么行动来促使他做出我所希望的决定？

4. 模拟谈判应注意的问题

1）力戒用模拟谈判的结果去代替尚未开始的实际谈判结果；

2）模拟谈判在拟定假设条件时要注意：让具有丰富谈判经验的人做假设，这些人身经百战，提出假设的可靠度高；必须按照正确的逻辑思维进行推理，遵守思维的一般规律；必须以事实为基准，所拟定的事实越多、越全面，假设的准确度就越高；要正确区分事实与经验、事实与主观臆断，只有事实才是靠得住的。

5. 模拟谈判的总结

1）对方的观点、风格、精神。

2）对方的反对意见及解决办法。

3）自己的有利条件及运用状况。

4）自己的不足及改进措施。

5）谈判所需情报资料是否完善。

6）双方各自的妥协条件及可共同接受的条件。

7）谈判破裂与否的界限，等等。

实例 9

北方C公司与南方某市建筑公司产生了合同纠纷，诉诸法院，一审建筑公司胜诉。C公司不服，上诉至某市所在省的高级法院。由于C公司在异地，为了弥补不足，准备通过律师来实现上诉目标，请合适律师成了关键。C 公司主管分别询问了两个律师事务所，得到积极响应，准备谈委托条件。C 公司主管及助手与公司领导共同讨论并准备洽谈的方案。讨论中分别分析了两家律师事务所的实力，与某省高级法院的协调能力，对案子的看法，收费标准，主办律师个人学历、经历及与相关法官的人际关系等。同时也对C公司在案子中事实与法律上的利弊，以及该案子的压力和诉讼目标达成共识：有得一搏；诉讼目标是减少亏损或在拖延中寻找机会；在做法上，与两家事务所同时接触，谁的解决方案好即取谁，如都不错，最后以价定人，价可以有差别，但应在一定限度内。结果，一家事务所认为目标可以实现，一家认为可以努力。可以实现者出价16.5万元代理费，而另一家收6万元代理费。从结果出发，C公司压价3.5万元后取了价高的一家。

问题：C 公司在准备中是怎样知己知彼、制订谈判计划、模拟评估的？如何评价 C 公司的准备？

【情境训练 1】

海口金盘饮料公司是上市公司“金盘实业”（代码 000572）的全资子公司，是一家生产“金盘”矿泉水和“天之南”纯净水的地方知名企业。你的公司是一家生产PET材料的厂家。公司准备派你开发海南市场，公司希望能成为该公司的供货商。你的公司并没有与该公司发生过业务关系，对该公司并不了解。海南是你公司准备新开拓的市场，拿下这家公司的订单对你们意义重大。假设你的生产成本是10 000元/吨，市场平均价格是12 000元/吨。你被公司任命为谈判代表与金盘饮料公司进行谈判，如果谈判成功，你将被任命为海南区域经理。你的老板虽然让你做主，但你知道如果这一单谈不好的话，你很可能失去目前的升职机会，并且你的老板的为人比较小气，喜欢做事后的评价。你必须做好充分的谈判准备工作，以确保谈判成功。

训练要求：

1．将每个小组成员分为两部分，并选定一名主持人。

2．根据企业要求或给出实例，每组根据实例中的角色（卖方或买方）收集信息；具体内容包括：

（1）宏观方面——与谈判有关的环境因素（根据实际情况有选择地进行调研）。

（2）微观方面：了解谈判对手及产品（或项目）的相关资料——重点；竞争对手的情况；自我情况分析。

3．确定谈判的主题与目标。

4．确认双方谈判代表的分工和权利，并完成模拟谈判。

5．总结为使自己成为更有效的谈判代表，需要进一步学习哪些谈判策略。

子情境 5.2　商务谈判策略的运用

学习目标

1．掌握谈判的开局策略、中场策略和终局策略中的各种基本技巧。

2．学会利用各种策略分析谈判活动。

3．把谈判策略应用到自己的谈判活动之中。

一、谈判伊始的求同

（一）建立和谐的谈判气氛

谈判气氛是谈判开始阶段迅速形成的对以后行为活动产生深刻影响的心际效应。

形成谈判气氛往往是在谈判刚开始，且时间极为短暂，只有几分钟甚至几秒钟。它是由谈判人员彼此之间给对方留下的初始印象、谈判人员的诚意状况以及个性差异而形成的综合表现。谈判气氛一旦形成，在以后的谈判实务中将会具有较强的影响作用，难以轻易改变。谈判气氛不仅受最初几秒钟至几分钟内发生的事情的影响，还受到彼此在正式见面前的预先接触、预备会议甚至以前交往印象、传闻等的影响。

良好的谈判气氛是诚挚、合作、轻松和认真的，彼此之间为解决问题而来且均有诚意。

实例 10

中国一家彩电生产企业准备从日本引进一条生产线，于是与日本一家公司进行了接触。双方分别派出了一个谈判小组就此问题进行谈判。谈判那天，当双方谈判代表刚刚就座，中方的首席代表（副总经理）就站了起来，他对大家说：“在谈判开始前，我有一个好消息要与大家分享。我的太太在昨天夜里为我生了个大胖儿子！”此话一出，中方职员纷纷站起来向他道贺。日方代表于是也纷纷站起来向他道贺。整个谈判会场的气氛顿时高涨起来，谈判进行得非常顺利。中方企业以合理的价格顺利地引进了一条生产线。

小贴士

谈判导入阶段的气氛营造

入场：表情自然、目光坦率自信、态度友好。

握手：力度、时间和方式，亲切郑重。

介绍：自我介绍，或由领导介绍己方人员。

问候、寒暄：亲切、和蔼、轻松自如。

（二）考虑因素

1）谈判双方之间的关系：分为关系很好、关系一般、有过往来和无任何关系。

2）谈判双方的实力：实力相当，则友好、轻松、严谨、自信；实力强于对方，则既礼貌友好，又坚守自信和气势（威慑作用）；实力弱于对方，则友好、积极，但举止沉稳、大方，使对方不至于轻视我方。

二、实质性谈判阶段

（一）列示需求阶段

1. 摸底阶段

摸底阶段是指在谈判开场之后双方探听对方虚实、意图、倾向、底线的阶段。广义的摸底阶段是指从双方一见面开始，通过分析对方的有声语言和体态动作信息，分别列示需求，直到正式对问题磋商的阶段。

2. 报价阶段

报价阶段是谈判各方正式展示自己的希望和需求的阶段，双方都列示出自己的意图和观点，从而公开显示出彼此在一系列问题上的希求，暴露相互的差异，也揭示出彼此在问题上的重叠领域。

3. 开局谈判策略

（1）开出高于预期的条件

1）对方可能会直接答应条件。

2）可以留有一些谈判空间。

3）会抬高自己的产品在对方心目中的价值。

4）可以避免谈判陷入僵局。

5）可以让对方在谈判结束时感觉到自己赢得了胜利。

实例 11

美国著名的谈判家荷伯·科思在《谈判与人生》一书中讲述了一件他所经历的趣事。一次，荷伯与妻子到墨西哥旅游，妻子想到商业区观光，荷伯却不想去，直接回了旅馆。

在独自回旅馆的路上，荷伯看到在相距很远的地方站着一个当地的土著居民，荷伯走近他，看见这人在大热的天气里身披几件当地的披肩毛毯独自叫卖：“1 200 比索！”

荷伯继续往前走，却听到身后仍然有脚步声，原来，小贩一直跟着他，就像两人系上了链条一样，他一次又一次地叫道：“800 比索！”荷伯有点生气了，开始小跑，但是小贩紧跟着一步不落，这时，他已经降到 600 比索了，到了十字路口，因车辆横断了马路，荷伯不得不停住了脚步，小贩却仍然在唱他的独角戏：“600 比索，500 比索，好吧，400 比索！”

这时候，荷伯又热又累，身上直冒汗。小贩紧跟着他使他很生气，荷伯气呼呼地说：“我告诉你我不买！别跟着我了！”

小贩从荷伯的神态和声调中听懂了他的话。他回答说：“好吧，你胜利了。只对你，200 比索！”

“你说什么？”荷伯叫道。此时，他对自己说的话也吃了一惊，因为他压根没有打算买披肩毛毯。

“200 比索！”小贩又重复了一遍。

“给我一件，让我看看。”

又是一番讨价还价，小贩的最终要价是 170 比索，荷伯从小贩口中得知，在墨西哥的历史上以最低价格买到一件披肩毛毯的是一个来自加拿大温尼培格的人，他花了 175 比索。而荷伯买的这件只花了 170 比索，使他在墨西哥历史上创造了买披肩毛毯的新纪录。

那天的天气很热，荷伯一直在冒汗。尽管如此，他还是把披肩毛毯披在了肩上，感觉十分不错。在回到旅馆的途中，他一直欣赏着从商店橱窗中映出来的身影。

当荷伯回到旅馆的时候，妻子正躺在床上翻阅杂志。

“嘿！看我买的什么？”荷伯得意地对妻子说，“一条漂亮的披肩毛毯！”

“你花了多少钱？”妻子漫不经心地问道。

“是这么一回事，”荷伯充满信心地解释说，“一个土著谈判家要价 1 200 比索，而一个国际谈判家，就是周末有时间同你住在一屋的这个人，花 170 比索就买到了。”

妻子听了讪笑道：“真有趣，我也买了一件，在壁橱里，花了 150 比索。”

一个墨西哥小贩当然称不上谈判家，却说服了一个国际谈判家，他成功的秘诀就在于高起点。

（资料来源：http://www.400996.cn/post/92.html）

小贴士

第一次报价要注意的事项

1）目标应该是最优价格。

2）如果觉得第一次报价过于极端，不妨暗示对方自己的条件是有弹性的，从而鼓励对方和自己谈判。

3）对对手的情况了解越少，第一次报价就应该越高。

4）如果对方在听到报价后大吃一惊，可以通过在之后的谈判中让步和对方建立良好关系。

5）让对方先出条件，这样可以围绕其报价界定自己的目标范围，再通过自己的让步来接近自己的真实目标。

（2）永远不要接受第一次报价

如果接受了对方的第一次报价，对方可能有两种反应：我本来可以做得更好；一定是哪里出了问题。

实例 12

一对喜爱收藏的夫妇在翻阅杂志时，看到广告中一个古董挂钟非常优美。太太说道："这钟多美啊！若是挂在家里进门的走廊上或大厅中，那就再好不过了。"先生回答："是呀，收藏价值一定很高，只是不知道要多少钱。"研究后，夫妇决定到古董店里去找，并决定用 500 美元的价钱购买。

一个月后，他们终于在古董参展商品中找到了这座挂钟。太太兴奋地说："就是它，就是这一个。"

他们走向展示摊位，太太低声道："你瞧，那儿有标价，要 750 美元。"

"但是我们说好了，不超过 500 美元。"先生答道。

太太说："要不就先别买了。"

先生说道："无论如何，试试看吧！"

他随着拥挤的人群，靠近了售货员，鼓起勇气说："看那钟的标价和标签上的斑点，大概与钟是同一时代的吧？"售货员还没回答，他急忙又说："这个钟我准备出个价钱，不需要讨价还价，听着，500 美元，卖不卖？"出乎他们意料的是，售货员微笑着看着他说："先生这么喜欢，这个价格可以成交。"

可是，这位先生的第一个反应竟然是："我真傻，没准出 300 美元就可以得到呢。"之后，他敏感的太太马上做出反应："这钟是否有问题？"当那位先生提着钟走向停车场时，他自己也疑惑："这钟怎么那么轻呢？里面的零件不会少吧？"

当钟终于挂在走廊，而且滴滴答答走得非常准确时，这对夫妻的心情却无论如何也轻松不起来，总担心自己是不是被愚弄了。

（资料来源：http://www.boraid.com）

（3）学会感到意外

对方可能并没有指望你会接受他的第一次报价；但如果你没有感到意外，对方可能就会觉得你完全有可能接受他的报价。在你表示有些意外之后，对方通常会做出一些让步；如果你不表示意外，则对方通常会变得更加强硬。

实例 13

两位美国人到欧洲向街头的同一个画家买画。

第一个美国人问："这幅画多少钱？"

画家说："15 美元。"说完后发现这个美国人没什么反应，心里想：这个价钱他应该能够承受。于是接着说："15 美元是黑白的，如果你要彩色的是 20 美元。"这个美国人还是没有什么反应，他又说："如果你连框都买回去是 30 美元。"结果这个美国人把彩色画连带相框买了回去，以 30 美元成交。

第二个美国人问价时，画家也说15美元。

这个美国人立刻大声喊道："隔壁才卖12美元，你怎么卖15美元？画得又不比人家好！"

画家一看，立刻改口说："这样好了，15美元本来是黑白的，您这样说，15美元卖给你彩色的好了。"

美国人继续抱怨："我刚刚问的就是彩色的，谁问你黑白的？"结果他15美元既买了彩色画，又带走了相框。

（资料来源：根据网络资料整理）

（4）避免对抗性谈判

不要在谈判刚开始时和对方争辩，这样只会导致对抗。使用"感知、感受、发现"的方法来扭转对抗局面，这样也可以让自己有时间冷静下来，做进一步思考，以说服对方。

（5）不情愿的卖家和买家

在销售产品时一定要显得不太情愿，同时小心那些不情愿的买家。注意这些细节可以在谈判开始之前就把对方的谈判空间压到最低。当有人在你身上使用这种技巧时，一定要让对方先做出承诺，告诉对方你会请示上级。

实例14

有一名非常成功的投资商，在他所在的小镇上拥有许多不动产。和许多投资商一样，他所采用的策略非常简单：以适当的价格、适当的交易条件购买不动产，然后持有一段时间，等它不断升值，最后以一个更高的价格卖出去。许多小型投资商都找上门来，希望能够从他众多地产当中买走一块。每到这个时候，这位经验丰富的投资商就会认真地读完对方的报价单，然后抬起头来，看着对方，一边挠着耳朵，一边说："其实我不想卖掉它，在我所有的产业当中，我对这块有着特殊的感情。我想把它保留下来，留给我的女儿作为毕业礼物。所以，除非你给的价格非常合适，否则我想我是不会出手的。你知道，这块产业对我来说有着特殊的意义。不过还是要感谢你的报价，为了公平起见，同时也是为了不浪费双方的时间，我想请问，你最多可以出到什么价钱？"就这样，通过这种方式，他一次又一次地用不情愿的卖家原则在几秒钟的时间里从客户那里赚走了成千上万美元。

（资料来源：根据网络资料整理）

（6）钳子策略

当对方提出报价或进行还价之后，可以告诉对方："你一定可以给我一个更好的价格。"当自己遭遇钳子策略时，则要反问对方："你到底希望我给出一个怎样的价格呢？"

小贴士

谈判中的误区

一定要把精力集中到具体的金额上，千万不要理会交易总额，也不要用百分比的思维进行思考。

通过谈判得来的每一元都是额外收入，但一定要计算好自己的时间价值，并算出通过谈判所得来的收益是否值得。

这个世界上再没有比谈判更快的赚钱方式了。

（二）磋商阶段

1. 谈判人员在磋商阶段应遵循相应的原则

谈判人员在磋商阶段应遵循的原则包括：据理力争，善待分歧；原则在先，具体置后；容易先谈，困难后议；互为让步，善于妥协。

2. 磋商过程中应注意的问题

磋商过程中应注意的问题包括：对所有问题分别提出原则性的意见，寻找与对方谋求合作的可能性；控制谈判议程，（检查谈判进展，明确谈判议程，归纳谈判结果，重申谈判共识）；适当让步，打破僵持局面。这涉及让步同步原则、让步幅度原则、让步速度原则、让步极限原则。

切记：只在需要的时候才让步，不要轻易做出让步；要以让步换让步；不要在重大问题上先做出让步；每次让步都让对方感觉为最后让步；让步时意图不要表现得太明显。

3. 中场谈判策略

（1）应对没有决定权的对手

对于没有决定权的对手，应先尝试阻止对方诉诸更高权威，激发对方的自我意识，要让对方保证会积极推荐自己。

1）不要让对方知道你有权做出最终决定。

2）你的最高权威一定要是个模糊的实体，而不是某个具体的人。

3）即使你是公司的老板，你也可以告诉对方你需要征求某个部门的意见。

4）谈判时一定要放下自我，千万不要让对方诱使你说出真相。

5）想办法让对方承认他拥有最终的决定权。

6）如果对方强迫你做出最终决定，不妨告诉他你只好放弃这笔交易。

实例 15

按照 T 公司（卖方）与 G 公司（买方）的协议，G 公司应在 2014 年 11 月 15 日之前交付 30%货款，但 G 公司并未履约。三天后，T 公司代表找到 G 公司马总（公司副总）询问货款一事，马总称此事须由刘总（公司总经理）亲自处理，但刘总出差在外，半个月之后才回。T 公司代表只好耐心等待，但 T 公司急需流动资金，总经理一天打几个电话询问此事。到第五天，在总经理的授权下，T 公司代表承诺只要 G 公司马上交付 50%货款，可以给予其 5%的价格折扣。

（2）服务价值递减

谈判的过程中有一点可以肯定：对方会很快忘记你所做出的让步。一旦做出让步，都会立即要求对方给予相应的回报。讨论条件的最佳时机是工作开始之前，而不是工作结束之后。

（3）绝对不要折中

千万不要陷入误区，以为只有对价格折中才是公平的做法。当双方价格出现差距时，不一定要取中间价格，因为你通常会有多次讨价还价的机会。千万不要主动对价格进行折中，要鼓励对方首先提出来。让对方提出价格折中，实际上是在鼓励对方做出妥协。然后再不情愿地接受对方的条件，从而让他们感觉自己才是赢家。

（4）应对僵局、困境和死胡同

1）僵局：谈判双方就某一问题产生巨大分歧，而且这种分歧已经影响到谈判的进展。

- 使用暂置战略，首先解决谈判中的许多小问题，并在最终讨论真正的重要问题之前为谈判积聚足够的能量。
- 首先通过解决一些小问题为双方创造契机，但千万不要把谈判的焦点集中到一个问题上。

实例 16

20世纪80年代，中国某公司到南美某国与一家公司谈判购买木材事宜。采购小组到达后，对方借口公司老板外出无法赶回，将中方采购人员晾在一边。待中方采购人员回国日期临近，对方却夜以继日与中方谈判，弄得大家筋疲力尽，而且价格谈不下来。中方虽然提出意见，对方却置若罔闻。于是中方负责人向其郑重表示：“我们万里迢迢来到这里，是事先与你们商定好的。看看你们对此谈判的安排和报价，似乎无意做这笔交易，因此，我们决定提前离开。我们还要到另一个国家办件事情。待你们有了新的考虑，你们再到我们公司谈，不过要有诚意啊！”说完，就礼貌而略显不满地告别了对方。其实，中方代表团提前离开，一方面是想到另一个国家看看情势，但另一方面主要还是避免匆匆忙忙签约而出现疏漏。对方不了解中方的底细，更担心中方公司到别的国家会向另外的公司购买木材，于是当天下午就打电话到中方采购人员下榻的宾馆，一方面表示道歉，一方面要求第二天重新谈判，结果以有利于中方的报价完成了那次谈判。

（资料来源：http://www.mailaili.com）

2）困境：双方仍然在进行谈判，但似乎无法取得任何进展了。

- 调整谈判小组中的成员，如调走谈判小组中某位惹怒对方的成员。
- 尝试改变谈判场所的气氛。

3）死胡同：双方在谈判过程中产生了巨大分歧，以至于双方都感觉似乎没有必要再继续谈下去了。

- 唯一的办法是引入第三方——一股能够充当调解人或仲裁者的力量。其中，调解人能帮助双方达成解决方案；仲裁者有权让双方听从裁决。第三方想要真正发挥作用，则首先必须是“中立”的。

- 不要过于执着，只有学会放弃，才能成为一名谈判高手，否则，最终可能会被迫放弃一些自己本来可以得到的东西。

（5）一定要索取回报

在谈判过程中，无论在什么情况下，只要你按照对方要求做出一些让步，就一定要学会索取回报。注意使用这种表达方式："如果我们能够为你做这些，你会为我们做什么呢？"尽量不要索取任何具体的回报，因为那样很可能会在双方之间制造一种对抗情绪。通过要求对方付出回报，可以让自己做出的让步更有价值。

（三）成交阶段

1. 时机的判断

心理学理论中有一个命题，称为"心理上的适当瞬间"，即人与人在思想上完全达到一致的时机。在谈判过程中，"心理上的适当瞬间"是指在某些瞬间谈判各方的思想观点、见解可以协调一致，此时是洽谈成交的最佳时机。洽谈人员在谈判活动中，要把对方语言、行为和面部表情所能表达出的信息加以综合分析，及时发现、理解或诱导对方成交的信息并加以利用，才能使谈判的成交阶段及时出现，使彼此之间尽快达成共识。

成交具体在谈判中是指谈判各方就所磋商的问题初步达成共识或意见、观点趋于一致。在表示成交意图时，阐述观点的一方必须有能够表达出确定性倾向、思想、观点的语言，而不能含糊其辞，使对方不能及时理解或难以理解其想法。要求必须有"好"、"好的"、"同意"、"行"、"没意见"等明确表达意图的词语，而不能笼统地说"就这样吧"。谈判的过程艰巨复杂，大型谈判活动更是如此，但是谈判的成交则是在短时间内乃至某一时刻完成的。

2. 终局谈判策略

（1）白脸—黑脸策略

该策略可以帮助你在不会导致任何对抗情绪的情况下成功给对方施加压力。应对此策略的最好办法就是识破它，这样对方可能就会放弃。即使让对方知道了你在使用此策略也不要轻易放弃，因为棋逢对手会更加有趣。

（2）蚕食策略

蚕食策略是指先争取对方小的让步，再争取大的让步；先做成小的订单，再争取大的订单，在谈判中逐步扩大己方利益的策略。当发现对方在用蚕食策略的时候，不妨以书面形式告诉对方其他的服务价格，同时不要让对方感觉出你有最终决定权。

实例 17

一个女孩高中毕业时，想要父亲送给她一份毕业礼物。她想要 3 种礼物：一趟为期 5 周的欧洲旅行、1 200 美元零花钱和一个新的旅行包。

这个小女孩没有一开口就提出所有的要求。开始时，她只是提出要去旅行，过了几个星期，她又用书面方式告诉她父亲，旅行时所需要的零花钱大约是 1 200 美元，她希望父亲能满足她的这个要求。然后，就在即将开始旅行时，她又告诉她父亲："爸爸，你不会让我拉着这个破破烂烂的旅行包去欧洲吧？其他孩子都有一个新的旅行包。"毫无疑问，她想他父亲给她买一个新的。设想一下，如果她一上来就提出所有要求，他父亲很可能会立刻拒绝买新旅行包，并且会要求她减少零花钱。

（资料来源：http://www.mailaili.com）

（3）如何降低让步的幅度

1）让步的方式可能会在对方的心里形成一种固定的期待，所以不要进行等值的让步。

2）千万不要在最后一步做出较大的让步，因为它可能会让对方有敌对情绪。

3）千万不要因为对方要求报出“一口价”，或者声称自己不喜欢还价就一次让出所有的空间。

4）逐步缩小让步空间，可以告诉对方这已经接近自己所能接受的极限了。

不同类型的谈判方让步的幅度不同，如表5.2所示。

表5.2 不同类型的谈判方让步的幅度不同

次数 形态	第一步	第二步	第三步	第四步
坚定冒险型	0	0	0	100
强硬态度型	5	5	5	……
刺激欲望型	25	25	25	25
诱发幻想型	13	22	28	37
希望成交型	37	28	22	13
妥协成交型	43	33	20	4
或冷或热型	80	18	0	2
虚伪报价型	50	17	-1	+1
愚笨缴枪型	100	0	0	0

注：表中的数字，对于卖方来说，是报价时逐步减少的数字；对于买方来说，是出报价时逐步增加的数字

（4）收回策略

收回策略就像是一场赌博，所以使用该策略时一定要选择好对象。可以通过收回送货、安装、培训或者付款日期等不那么重要的条件来收回自己刚刚在价格上做出的让步。

（四）认可与结束阶段

1. 起草文书

关于书面承诺即意向书、协议书、合同书等书面文件的起草，没有硬性规定，在国际商务谈判中，涉及国际货物买卖谈判时，书面合同往往采用己方或对方印好的现成格式，加以填写即可，而在其他商务谈判中，则很少印有固定格式，一般都需要全文从头到尾地草拟。大多数情况下由供货方起草。

2. 签署文书

当书面文件起草完毕之后，各方谈判代表要认真详细地审查各项条款并最后一次对条款及词句进行推敲，如果可以确定其内容无误，则由谈判代表中有权或被授权的人员签署。

3. 谈判基本结束后的工作

谈判人员应利用这段时间进行思考和分析，概括出成功的经验，总结出失误的教训，整理谈判资料，进行履行协约的准备，这样此次谈判才真正圆满结束。

4. 应注意的问题

- 尽量争取己方起草合同文本，至少要争取与对方共同起草合同文本。
- 对经济合同（协议）的主体、客体以及签订过程进行审查。
- 合同（协议）条款必须严密、详细。
- 争取在己方所在地进行合同（协议）的缔约或签字仪式。

小贴士

重大协议签订后要注意的问题

1. 确认有无影响协议（合同）执行的不可抗拒的因素发生，力求防患于未然，以免造成无法挽回的损失。

2. 密切注意对方的经营状况，以防对方经营不善，协议（或合同）无法执行。

3. 继续研究协议（或合同），防止对方对协议做出不利于自己的解释。

【情境训练 2】

中国公司收购美国服装厂商务谈判策划方案

一、谈判双方公司背景

甲方公司（中国）以生产服装为主，且有一定的资金积累，想在美国办厂扩大规模。

乙方公司（美国）以服装生产为主，并有一定的技术实力和销售渠道，但由于资金不足，面临破产，寻求投资方。

二、谈判团队组成

甲方公司（中国）总经理张星，财务部经理姜梦莎，总经理秘书王欣。乙方公司（美国）总经理丁飞，财务部经理刘泽琪。

三、双方利益及优劣势分析

甲方（中国）公司核心利益：①以优惠的价格收购乙方（美国）公司，取得该方的技术及销售渠道。②保持双方合作关系。

乙方（美国）公司利益：①用最高的价格，增加利润。②促成双方合作关系。

甲方（中国）公司优势：①有多个供货商可供我方选择。②我方是一个迅速发展的公司，并有一定的资金支持。

甲方（中国）公司劣势：我方对美国服装市场行情不很了解，技术和销售渠道的欠缺。

乙方（美国）公司优势：有一定的技术实力和销售渠道。

乙方（美国）公司劣势：由于资金不足，面临破产，急需寻求投资方。

四、谈判目标

最理想目标收购价：甲方（中国）公司：150 万美元

乙方（美国）公司 200 万美元

可接受目标收购价：甲方（中国）公司 155 万美元

乙方（美国）公司 180 万美元

最低目标（底线）：甲方（中国）公司 160 万美元

乙方（美国）公司 160 万美元

训练要求：

（1）请同学们以小组为单位，根据以上资料完成对谈判程序及其对应的具体策略的拟定。

（2）按照开局、中场、终局三个阶段分别拟定目标和具体应对策略。

（3）将每个小组成员分为两部分，并选定一名主持人，进行模拟谈判。

（4）总结为使自己成为更有效的谈判代表，需要进一步学习哪些沟通技巧。

子情境 5.3 沟通技巧在商务谈判中的运用

学习目标

1．掌握商务谈判语言沟通技巧。

2．掌握商务谈判非语言沟通技巧。

一、商务谈判的语言沟通

（一）商务谈判的语言

1．礼节性的交际语言

礼节性的交际语言包括“欢迎远道而来的朋友”，“很荣幸能与您共事”，“愿我们的工作能为扩大和加强双方的合作做出贡献”等。其特征是礼貌、温和、中性和圆滑，并带有较强的装饰性。其功用是缓和与消除谈判双方的陌生和戒备敌对的心理，联络感情，创造轻松、自然、和谐的气氛。

实例 18

一个经济实力较弱的小厂与一个经济实力强的大厂在谈判时，小厂的主谈人为了消除对方的疑虑，向对方表示道：“我们摊子小，实力不够强，但人实在，信誉好，产品质量符合贵方的要求，而且成本较其他厂家低。我们愿意真诚、平等地与贵方合作。我们谈得成也好，谈不成也好，我们这个‘小兄弟’起码可以与你们这个‘大兄长’交个朋友，向贵方学习生产、经营及谈判的经验。”肺腑之言不仅可以表明自己的谈判意图，而且可以消除对方的戒心，赢得对方的好感和信赖，这无疑会有助于谈判的深入进行。

2．专业性的交易语言

国际商会编写的《年国际贸易术语解释通则》明确了“成本加运费（COR）”、“成本加保险费”、“运费”等定义及表达方式。专业性交易语言的特征是专业性、规范性、严谨性。功用是避免不同国家和民族的谈判各方在理解上的差别，使处在不同的社会、政治法律制度管辖之下的谈判各方的权利、责任、义务落在实处。

3. 留有余地的弹性语言

弹性语言包括"最近几天给你们回信"、"十点左右"、"适当时候"、"我们尽快给你答复"、"我们将在适当的时候去贵国访问"等。其特征是灵活。作用是留有余地，避开直接的压力，给谈判带来主动。

4. 威胁、劝诱性的语言

如"非如此不能签约"，"最迟必须在×月×日前签约，否则我方将退出谈判"等都属于威胁、劝诱性的语言。

1）威胁性语言的特征及作用：干脆、简明、坚定、自信、冷酷无情；强化态度，创造了决战气氛，加速谈判过程。

2）劝诱性语言的特征及作用：和风细雨；使谈判者在谈判中掌握主动、主导谈判方向，左右谈判进程。

实例 19

1986年南方某玻璃厂与美国E玻璃公司谈判设备引进事宜，在全套引进与部分引进这个问题上僵住了。当然我方希望国内能生产的不进口（部分引进）。我方代表为使谈判达到预期目标，决定采取劝诱策略："你们E公司的技术、设备和工程师都是世界第一流的。你们投进设备，与我们进行技术合作，只能用最好的东西，因为这样我们才能够跃居全国第一，这不仅对我们有利，而且对你们更有利。"E公司代表听后当然很高兴，这时气氛随之活跃起来了。于是我方代表话锋一转，接着说："我们厂的外汇的确很有限，不能买太多的东西，所以国内能生产的就不打算进口了。现在你们也知道，日本、比利时、法国等都在跟我们厂进行合作，如果你们不尽快跟我们达成协议的话，那么你们就要失去中国的市场，人家也会笑你们E公司无能。"这番话打破了僵局，最后达成协议。我方省下了一大笔资金，而E公司也因帮助该厂成了全国同行业产值最高、能耗最低的企业而名声大振，赢得了很高的声誉。

5. 幽默诙谐的语言

幽默诙谐的语言的特征是诙谐、生动，富于感染力。作用是祛除忧虑、紧张情绪，调节人际关系。

实例 20

有一次中外双方就一笔买卖交易进行谈判。在某一问题上讨价还价了两个星期仍没结果。这时中方的主谈人说："瞧我们双方至今还没有谈出结果，如果奥运会设立拔河比赛的话，我们肯定并列冠军，并载入吉尼斯世界纪录大全。我敢保证，谁也打破不了这一纪录。"结果如何不言而喻。

（二）商务谈判语言表达的技巧

1. 准确、正确地应用语言

在商务谈判中，必须使用具体、准确并有数字证明的语言来加强谈判的力度，除非出于某种策略的需要，才用模棱两可或概念模糊的语言。

2. 不伤对方的面子和自尊

在商务谈判中，维护面子与自尊是一个极其敏感而又重要的问题。多数情况下，如果一方感到失了面子，即使最好的交易，也会产生不良的后果。

在谈判中应避免的语言如下：

- 极端性语言，如“肯定如此”、“绝对不是那样”。
- 针锋相对的语言，如“不用讲了，事情就这样定了”。
- 涉及对方隐私的语言，如“你们为什么不同意？是不是你的上司没点头”。
- 有损对方自尊心的语言，如“开价就这些，买不起就明讲”。
- 催促对方的语言，如“请快点决定”。
- 以我为中心的语言，如“我的看法是……”，“如果我是你的话……”。
- 模棱两可的语言，如“可能是……”，“大概是……”。
- 赌气的语言，如“上次你们已多嫌了几万元了，这次不能再让你们占便宜了”。

实例 21

某公司与一外商洽谈一项业务。谈判的时间到了，该公司经理带着谈判人员走进谈判室，外商方面的谈判代表与他的女秘书早已等候在此。当双方握手时，该公司经理发现外商代表的脸颊上，清清楚楚地印着一弯鲜红的唇痕，这显然是一个非常不雅的印记。

外商的女秘书此时也发现了她的上司脸颊上的唇痕，她显得非常焦急，屡屡向她的上司使眼色，示意他赶快擦掉脸颊上的唇痕，但她的上司毫无察觉，并不理会，当时的场面十分尴尬。

该公司经理的下属谈判人员灵机一动，连忙致歉说：“真对不起，一份资料丢在办公室了，我们现在必须回去取一下。请稍候。”话音一落，该公司的谈判人员全部心领神会地退出了谈判室。

当该公司的谈判代表再次进入谈判室时，外商代表脸颊上的唇痕早已消失得无影无踪了。谈判正式开始了，顺利得出乎意料，这也许是那位外商代表的一种回报吧！

3. 及时肯定对方

在商务谈判中适时，中肯地确认另一方的观点，能使对方产生认同感，从而使整个交谈气氛活跃，谈判双方心理距离拉近，这样就能在和谐友好、互惠互利的原则下顺利达成协议。

4. 注意说话方式

语速和说话的节奏对意思的表达有较大的影响。说话时不同的语调、音量表达出不同的含义。

5. 富有感情色彩

在商务谈判中，语言表达应注入感情因素，以情感人、以柔克刚、以协息怒，使所谈之言易于入耳生效，有较强的征服力，起到很好的谈判效果。

（三）问与答的技巧

问作为摸清对方需要、掌握对方心理、表达己方感情的手段，其技巧体现在问什么问题，何时提问，如何提问。有问必有答，“问”有艺术，“答”也有技巧。说服技巧作为口才技巧的一种，起着说服别人，获取己方最大利益的作用。

1. 问的艺术

1）问的时间：在对方发言完毕之后，在对方发言停顿、间歇，在议程规定的时间内，在自己发言前后。

2）问的方法：预先准备好问题，在对方发言时不急于提出问题，适时提出已发生且自己也知道答案的问题，不要以大法官的态度来询问对方，提出问题后应闭口不言，要有耐心和毅力继续追问，有时可以换一个角度提问。

3）不该问的问题：有关对方个人生活和工作的问题，含有敌意的问题，有关对方品质的问题，故意表现自己而提出的问题。

课堂互动

有一次，法拉奇采访亨利·基辛格博士说：“你简直变得比总统的名气还大，你有什么窍门？”基辛格不想回答，反问法拉奇：“你的意思呢？”法拉奇说：“我可不清楚，我正想通过这次采访找到其中的奥妙。我的意思是说，就像一名高明的棋手，你走了几手绝招（这里指基辛格的中国行）。”这样一说，基辛格顿时神采飞扬，滔滔不绝地叙述了一些中美外交史中的秘密。见报后，基辛格也不明白自己怎么会泄露这么多的内幕。

法拉奇采用了什么样的提问技巧？该技巧为何能奏效？

2. 答的技巧

- 不要彻底回答，如“我不同意你这个问题的某部分，那已经是另外一个问题”。
- 不要确切回答。例如，别人问：“你打算购买多少？”回答：“这要根据情况而定，看你们的优惠条件是什么。”
- 不要马上回答，应准备好了再答。
- 针对提问者的真实心理答复。

实例 22

周恩来总理接见泰国总理克立时，克立问周总理：“这次访问贵国，我发现一个小小的变化，人们几乎都不戴毛主席像章了。1971 年我来北京时，每个人都戴着像章。‘文革’开始时，人们都戴毛主席像章，而你只带‘为人民服务’纪念章。现在人们都不戴纪念章了，为什么你还戴？为什么把‘为人民服务’的纪念章换成毛主席像章了？周总理回答：“克立先生对中国的像章好像很感兴趣，我知道你想要这枚像章，送给你了。”克立的问题问得很巧妙，实际上是在询问中国对毛泽东和毛泽东思想的态度是否发生了改变。

这个问题过于敏感，回答不好有副作用，但如果不回答又会破坏同泰国的友好关系，周总理十分机智，他以礼代答，避开了话题。

3. 说服的技巧

- 取得对方的信任。
- 不要直接批评、责怪、抱怨对方。

实例 23

一位怒气冲冲的客户来到乳制品公司，声称他在该公司生产的奶粉中发现了一只活苍蝇，他要求该公司为此进行赔偿。

但事情的真相是，该公司的奶粉经过了严格的卫生处理，为了防止氧化作用特意将罐内的空气抽空，再充入氮气密封，苍蝇百分之百不能存活。过失明显在于消费者。

然而，面对客户的强烈批评，该公司的老板并没有恼怒，而是耐心地倾听。等客户说完了之后，他才说："是吗？那还了得！如果是我们的过失，这问题就非常严重了，我一定要求工厂机械全面停工，然后对生产过程进行总检查。"接着老板进一步向客户解释："我们公司的奶粉是将罐内空气抽出，再充入氮气密封起来的，活苍蝇绝不可能有，我有信心要仔细检查。请您告诉我您使用时开罐的情况和保管的情况好吗？"

经过老板的这一番解释，客户自知保管有误，脸上露出尴尬的神情，说："是吗？我希望以后别再发生类似的事情。"

- 学会善意的批评。
- 抓住对方心理诱导劝说。

实例 24

世人称日本著名的松下公司的发起人松下幸之助为"经营之神"，然而殊不知这位"经营之神"经常在工作中责骂部下，但是他的责骂方式是非常巧妙的，其秘诀在于他责骂之后的处理方式。

据三洋机电公司前副董事长后藤清一先生回忆，年轻的时候，他在松下公司任职。某次因为一个小的错误，他惹恼了松下先生，当他进入松下的办公室时，只见松下气急败坏地拿起一只火钳死命往桌子上拍击，然后，对后藤大发雷霆，后藤被骂得狗血淋头，正欲悻悻离去，突闻松下说道："等等，刚才因为我太生气了，不小心将这火钳弄弯了，所以麻烦你费点力，帮我弄直好吗？"

后藤无奈，只好拿起火钳拼命敲打，而他的心情也随着这敲打声逐渐归于平稳。当他把敲直的火钳交给松下时，松下看了看说道："嗯，比原来的还好，你真不错！"然后高兴地笑了。

责骂之后，反以题外话来称赞对方，这是松下用人的高明之处。然而，更为精彩的还在后头呢！后藤走后，松下悄悄地给后藤的妻子拨通了电话，对她说："今天你先生回家，脸色一定很难看，请你好好地照顾他！"

本来，后藤在挨了松下的一顿臭骂之后，决定辞职不干，但松下的做法，反使后藤佩服得五体投地，决心继续效忠于他，而且要干得更好。

（资料来源：卡罗斯. 谈判技巧. 杨军，吕英，译. 北京：中国盲文出版社，1989）

- 运用经验和事实说服对方。

实例 25

第二次世界大战期间，一些美国科学家试图说服罗斯福总统重视原子弹的研制，以遏制法西斯德国的全球扩张战略。他们委托总统的私人顾问、经济学家萨克斯出面说服总统。但是，不论是科学家爱因斯坦的长信，还是萨克斯的陈述，总统一概不感兴趣。为了表示歉意，总统邀请萨克斯次日共进早餐。第二天早上，一见面，罗斯福就以攻为守地说："今天不许再谈爱因斯坦的信，一句也不谈，明白吗？"萨克斯说："英法战争期间，在欧洲大陆上不可一世的拿破仑在海上屡战屡败。这时，一位年轻的美国发明家富尔顿来到了这位法国皇帝面前，建议把法国战船的桅杆砍掉，撤去风帆，装上蒸汽机，把木板换成钢板。拿破仑却想：船没有帆就不能行走，木板换成钢板就会沉没。于是，他二话没说，就把富尔顿轰了出去。历史学家们在评论这段历史时认为，如果拿破仑采纳了富尔顿的建议，19 世纪的欧洲史就要重写。"萨克斯说完，目光深沉地望着总统。罗斯福总统默默沉思了几分钟，然后取出一瓶拿破仑时代的法国白兰地，斟满了一杯，递给萨克斯，轻缓地说："你胜利了。"萨克斯顿时热泪盈眶，他终于成功地运用实例说服总统做出了美国历史上最重要的决策。

小贴士

要比别人聪明，却不要告诉别人你比他聪明。

——戴尔·卡内基

我不说别人的坏话，只说别人的好处。

——本杰明·富兰克林

二、商务谈判中的非语言沟通

从某种角度上讲，服饰、谈吐和举止也可以称为一种"身体语言"。当谈判者投入谈判时，他有着特定的表达方式。谈判者常常自觉或不自觉地运用面部的表情、眼神、动作、姿态等身体语言来向对手传达信息。

美国的传播学家艾伯特·梅拉比安曾经就人在谈判中的信息传播提出一个公式：信息的全部表达=7%语调+38%声音+55%表情。可见，在谈判桌上谈判者的行为在信息的沟通过程中起到了重要的作用。

谈判者的行为表达归纳起来主要有 3 种方式：服饰、谈吐和举止。

（一）谈判者的服饰

俗话说"人靠衣装，佛要金装"，说的就是服饰对于一个人的重要性。在商务谈判中，得体的衣着打扮常常是谈判成功的助推力。在谈判桌上，服饰的要求不但要因人而异，还要因时而异。在谈判中所扮演的角色不同，其仪容修饰也要有所不同。在不同的谈判阶段，谈判者的服饰要求也有所不同。

1. 以年龄作为标准

对于谈判桌上的年长者，服饰要注意追求两种效果：稳重深沉以及和蔼旷达。具体而言，衣着的颜色与式样要对谈判的气氛有明显的衬托效果，而且要衣料考究，剪裁得体，颜色深沉，式样传统。服饰力求简单，给对手留下庄重的印象。

对于谈判桌上的中年人，其年龄决定了他们的性格中常常兼备了老年人的稳重与年轻人的活力，于是反映在服饰上则具有两者所提供的榜样的特征。所以，服饰的质量上应尽量考究，颜色上则多用中性色彩，式样则徘徊在老年服饰与青年服饰之间。

对于谈判桌上的年轻人，在服饰的风格上可以采取比较极端的两种类型。要么以“少年老成”取胜，要么以“朝气蓬勃”见长。如果是“少年老成”型，则要求衣料的做工考究，颜色偏于中性，式样简洁大方；如果是“朝气蓬勃”型，则要求衣料考究，颜色明快，式样新潮，注重饰物，如适当配以领带夹、折绢、首饰等物件。

2. 以性别作为标准

如果谈判者是男性，则要求衣着尽量正规、整洁。多穿西装，打领带，不宜穿休闲服装或运动服。如果谈判队伍要体现自己的实力和企业文化，可统一着装，或者在服装上统一佩戴企业徽记。

如果是女性谈判者，在衣着上的要求则更为严格，多是穿套装，且颜色偏中性，不宜穿休闲装、运动装或晚礼服。式样要求简洁，首饰佩戴宜少，但又能起到画龙点睛的效果。

3. 以谈判阶段作为标准

在谈判的不同阶段，衣着风格也有所不同。总的原则是紧扣谈判主题。

在谈判进行的初期，为了给对手以威慑力，显示自己的尊严和实力，一般着装比较正规。

在谈判进行的中期，为了表明自己的豁达，鼓励对手向己方的目标靠拢，在着装上一般追求一种“随和”的风格。

在谈判的后期，双方经过长时间的努力，慢慢地向最后的目标接近，这时候，谈判者的衣着应追求“攻中有防、防中有攻”的中性风格。

（二）谈判者的谈吐

谈判者的谈吐是指谈判者的语言传达方式，即说话的具体方式，包括节奏的快慢、语气的强弱及语气的色彩。

1. 节奏的快慢

在谈判桌上，说话节奏的快慢反映了谈判者语言的表现力和感染力。通常情况下，说话的速度分快速、中速、慢速三种，这三种速度可以针对不同的情绪与内容发挥出不同的效力。

一般不提倡在谈判中快速说话，但可以在对对手的观点表明赞同或反对时使用。具有实力的谈判者采用快速说话，通常是兵来将挡、水来土掩的风格的体现。除了表明立场时运用快速说话外，在表达激动的情绪时也可采用快速说话的方式。西方的谈判者尤其如此。他们在遇到有力的反驳后，常常情绪激动，说话的速度也跟着加快。他们采取这种方式的目的并不在于要对手听明白，有时候是要对手感到他的不满，有时候则纯粹是一种情绪渲染和发泄。

慢速说话一般用于强调某个立场或者向对手表达自己的不满情绪，以期引起对手的注意和重视。原则上说，这种方式不宜多用。在运用这种方式时，常常要字斟句酌，强化表达的内涵及内容的分量，让对手听明白每个字、每个词语。在这些字句上倾注自己的立场及感情。

中速说话，是谈判中普遍适用的一种方法。中速说话可以给对手以必要的时间，让对手从容领略自己的观点、立场和态度，同时也营造了一种平静的氛围，为策略所需要的“快速”与“慢速”创造条件和时机。

2. 语气的强弱

在谈判中，语气的强弱对于意见的表述也有重要影响。

通常运用一种中等的语气，给谈判对手留下“正常”的印象，同时也给提高语气和降低语气埋下伏笔。

以高嗓门说话，在谈判桌上并不提倡，但在表达某种特定的感情和态度时这是很有必要的。通常有两种情况可以提高嗓门。当自己受到对手无礼的或有意无意的侮辱时，可采用这种方法表明自己的感受。当谈判双方观点取得一致，说话非常投机时，可以抬高嗓门大胆地表达自己的愉快感受。需要强调的是，这种表达方式并非用在实质性的交换交易条件的时刻，而用在通往该时刻的过程之中，其目的也正是加速或缩短这个过程。

以低嗓门说话，在表达诚恳、亲近和无奈的感情时运用较多。例如，在向对手讲述某个理由时，为了提高理由的可信度，把声音放低，可收到极好的表达效果。又如，为了增加理由的可信度，轻声细语将自己的观点表述出来，会给对手一种亲切感。

3. 语气的色彩

在谈判中，语气的色彩对于意见的表达也有着重要的影响。这里所说的“语气的色彩”主要是指说话是以严肃的口吻、诙谐的口吻还是不偏不倚的口吻。这虽然是细节问题，但是在谈判桌上，如果运用得体，将对谈判产生积极的影响，反之，将产生消极的影响。

在谈判桌上，如果面对的对手是年长者或异性，建议以严肃庄重的口吻与对手说话，一方面可以使说话有个相对平衡的条件，另一方面也显示了自己的沉稳与教养。当然，为了打破谈判桌上的紧张气氛，也可以在合适的时候讲点笑话来打破僵局，但所讲的笑话必须是除了对方本人之外的事与物，切忌将长者与异性置于玩笑的话题中，以免引起误会，弄巧成拙。

在谈判中，如果是陈述重大法律或商业条件，或者陈述关键性交易条件，那么说话的语气必须严肃庄重。但如果是一些无关紧要的问题，尤其是在谈判的初中期出现的僵局中，对对手的观点进行反驳时，不妨采用诙谐幽默的表达方式，而这时候的幽默多是一种“冷幽默”，即在煞有介事的表白中对对手进行旁敲侧击。

（三）谈判者的举止

学会用身体语言破译谈判中谈判者的心理密码。

1. 毫无诚意的握手

当对方对握手表现出迟疑时，先伸出手去，可以帮助自己判定对方是一个什么样的人。假若对方先有握手意图，一旦自己伸手出去他却只是用手指尖在自己掌心轻触一下，这说明这是一个毫无扩张意识和野心的人，绝对不适合与之合伙创业；而握手时手臂不愿伸长，肘部弯曲，喜欢在贴近他身体的地方完成握手仪式的人，一般不会对别人表达自己的真实意图，他没有害人之心，但也没有冒险意识。还有一种人，握手时非要对方主动，当别人断定他不想握手而把手缩回去时，他又突然伸手与别人相握，表现出“迟到的热情”，这种人患得患失成性，一点亏也吃不得。

2. 猛地摔坐在座位上

表面上，这是一种不拘小节、自由松弛的身体语言，其实它隐藏了人内心的极度不安和不自信。一开始，这种喧宾夺主式的坐姿会给对方一定压力，片刻之后，这种身体语言的优势就不存在了，他会开始不断移动所坐的位置，身体前倾，表现出强烈需要别人认可的情绪。

3. 双臂交叉抱于胸前

这是最具“传染性”的身体姿态。在谈判长桌的两侧，只要有一个人这么做了，其他人也会不知不觉“效仿”。双臂交叉抱于胸前代表否定与拒绝，也代表袖手旁观。当发言进行到一半，发现上司和同事们不自觉地双臂抱胸，那么，说明发言的可信度和可行性已受人质疑，这时应临时调整后半段的发言，不要再滔滔不绝地说下去。

4. 十指交叉

在谈判桌上，或者在下属对上司提出某种耳目一新而又“匪夷所思”的建议时，对方往往将十指交叉，两个大拇指不自觉地轻轻摩擦或互相绕小圈子，脸上露出沉吟的神气来。这个动作并不表示赞同和认可，而表示“有条件地怀疑”——他虽然颇为赞赏对方的异想天开，但很明显感觉对方提供的证据不够。

5. 尖塔姿态

所谓尖塔姿态，就是双手指尖相对相抵，掌心相对虚空，形成一种“教堂尖塔”式的手势，这是一种极度自负的手势。越是傲慢自负，“尖塔”的位置越高，从齐胸逐渐升至齐眉，甚至从两掌之间的缝隙里看人。

6. 架起二郎腿

谈判双方架起二郎腿来，是互相发出信号：“放马过来吧！”而一旦看到对方放下了架起的腿，那么，离终局阶段就不远了。在上下级关系中，一旦自己提出的方案或建议让上司不由自主地架起二郎腿，那么，他的潜台词不是要进行争论，而是根本对提出的意见没兴趣，不耐烦。

7. 触摸鼻子

谈判中，如果看到对方频繁地摸鼻子，那么自己就要当心了：现在，对手的一系列言谈都在布置一个陷阱，他在努力地隐瞒他的真实意图。当谈判从漫长的“兜圈子”阶段进入实质阶段后，触摸鼻子的动作就减少了。从这一身体姿态，可以判断冗长的谈判究竟有无实质性进展。

与轻快地触摸鼻子的动作相反，比较持久地捏弄鼻梁的动作，是在会议中争取“发言权”的一个潜意识姿态。三五秒之后，众人的视线会集中到该人脸上来，注意到他的若有所思，集体为他创造开口发言的机会。

8. 上身后倾或偏离对方

在谈判桌上，如果谈判一方有明确的戒备和抵触情绪时，便会上身后倾，身体悄悄地远离对方。而另一方如果没有察觉，仍然不自主的身体前倾、步步紧逼，最终将会导致冲突。

9. 拉松领带或脱去外套

在谈判桌上，当锋芒毕露的谈判对手开始以“太热”为由脱去外套，拉松领带，这可能是个好兆头，说明他们已失去耐心，准备以某种程度的让步促使协议的达成。当一名谈判骨干拒不接受对方的要求，准备以“战士”的姿态耗到底时，他是不会脱去自己的“战袍”的——在这里，外套的意义相当于一层心理铠甲，而领带扼紧咽喉，相当于保护自己的要害不被对方攻击。

小贴士

商务谈判中最忌讳的8种小动作

摇头晃脑：日常生活中常见有人用摇头或点头以示自己对某事物的看法，这种人特别自信，以至于唯我独尊。他们在社交场合很会表现自己，对事业一往无前的精神常受人赞叹。

边说边笑：这种人与人交谈时会让人觉得非常轻松愉快。他们大都性格开朗，对生活要求从不苛刻，很注意“知足常乐”，富有人情味，感情专一，对友情、亲情特别珍惜，人缘较好，喜欢平静的生活。

掰手指关节：这种人习惯于把自己的手指关节掰得咯嗒直响。他们通常精力旺盛，非常健谈，喜欢钻“牛角尖”。对事业、工作环境比较挑剔，如果是他喜欢干的事，他会不计任何代价而踏实努力地去干。

腿脚抖动：这类人总是喜欢用脚或脚尖使整个腿部抖动，最明显的表现是自私，很少考虑别人，凡事从利己出发，对别人很吝啬，对自己却很知足，但是很善于思考，能经常提出一些意想不到的问题。

拍打头部：这个动作多数时候的意义是表示懊悔和自我谴责。这种人不太注重感情，而且对人苛刻，但对事业有一种开拓进取的精神。他们一般心直口快，为人真诚，富有同情心，愿意帮助他人，但守不住秘密。

摆弄饰物：有这种习惯的人多数是女性，而且一般都比较内向，不轻易使感情外露。他们的另一个特点是做事认真踏实，大凡有座谈会、晚会或舞会，人们都散了，但最后收拾打扫会场的总是他们。

耸肩摊手：习惯于这种动作的人，通常是摊开双手，耸耸肩膀，表示自己无所谓。他们大都为人热情，而且诚恳，富有想象力，会创造生活，也会享受生活，他们追求的最大幸福是生活在和睦、舒畅的环境中。

抹嘴捏鼻：习惯于抹嘴捏鼻的人，大都喜欢捉弄别人，却又不能“敢做敢当”，爱好哗众取宠。这种人最终是被人支配的人，别人要他做什么，他就可能做什么，购物时常拿不定主意。

【情境训练3】

某年夏天，H市木炭公司经理柯女士到G市金属硅厂谈判其木炭的销售合同。H市木炭公司是生产木炭专业厂，想扩大市场范围，对这次谈判很重视。会面那天，柯经理脸上粉底打得较厚，使涂着腮红的脸尤显白嫩，戴着垂吊式的耳环、金项链，右手戴有两个指环、一个钻戒，穿着大黄衬衫、红色大花真丝裙。G市金属硅厂销售科的马经理和业务员小李接待了柯经理。马经理穿着布质夹克衫、劳动布的裤子，皮鞋不仅显旧，还蒙着车间的硅灰。他的胡碴发黑，使脸色更显苍老。柯经理与马经理在会议室见面时，互相握手致意，马经理伸出大手握着柯经理白净的小手，马上就收回了，并抬手检查手上情况。原来柯女士右手的戒指、指环扎了马经理的手。看着马经理收回的手，柯经理眼中掠过一丝冷淡。小李也觉得柯经理与马经理反差大了些。

双方就供货量及价格进行了谈判，G厂想独占H厂的木炭供应，以加强与别的金属硅厂的竞争力，而H厂提出了最低保证量及预先付款作为滚动资金的要求。马经理对最低订量及预付款原则表示同意，但在“量”上与柯经理分歧很大。柯经理为了不空手而回，提出暂不讨论独家问题，那么预付款也可放一放，等于双方各退一步，先谈眼下的供货合同问题。马经理问业务员小李，小李没应声。原来他在观察研究柯经理的服饰和化妆，柯经理也等小李的回话，发现小李在观察自己不禁一阵脸红。但小李没提具体合同条件，只是将G工厂“一揽子交易条件”介绍了一遍。柯经理对此未做积极响应。于是小李提出，若谈判依单订货，可能要货比三家，愿先听H厂的报价，依价下单。柯经理一看事情复杂化了，心中直着急，加上天热，额头汗珠汇集成流，顺着脸颊淌下来，汗水将粉底冲出了一条沟，使原本白嫩的脸变得花了。见状，马经理说道：“柯经理别着急。若贵方价格能灵活，我方可以先试订一批货，也让您回去有个交代。”柯经理说：“为了长远合作，我们可以在这笔交易上让步，但还请贵方多考虑我厂的要求。”双方就第一笔订单做成了交易，并同意就“一揽子交易条件”存在的分歧继续研究，择期再谈。

训练要求：

（1）柯经理与马经理在谈判沟通上做得如何？在沟通中出现的障碍是否因此而生？障碍主要表现在什么方面？

（2）他们在谈判中各自的谈判目标分别是什么？沟通障碍导致谈判出现了什么局面？应采取什么措施克服障碍？

（3）从这一案例中，大家学习到在谈判沟通中需要注意些什么问题？

知识小结

商务谈判是指不同的经济实体各方为了自身的经济利益和满足对方的需要，通过沟通、协商、妥协、合作、策略等各种方式，把可能的商机确定下来的活动过程。

商务谈判的前期准备工作非常关键，包括谈判前的信息收集、谈判计划的制订、商务谈判的组织管理和模拟谈判五个部分。

在商务谈判中，合理的运用策略既能使目标顺利实现，又能使成本最优化，还能使双方的友好合作关系进一步深化。在谈判之初要建立良好的氛围，尽量把各种因素考虑周全。进入到实质性谈判阶段时要灵活地运用开局谈判策划、中场谈判策略和终局谈判策略，也要注意在列示需求阶段、磋商阶段、成交阶段和认可与结束阶段可能出现的问题和遵循的原则。

在商务谈判中，合理地使用沟通技巧不仅体现了商务谈判人员素质的高低，也有助于谈判和合作的顺利开展，其中包括语言沟通技巧和非语言沟通技巧两个大类。在语言沟通技巧中，主要要注意语言表达、问答和说服的技巧；在非语言沟通技巧中，主要要注意服饰、谈吐、举止的技巧。

分组讨论

你是一家工程构件公司的销售部经理。你的一名最优秀的销售人员告诉你，你的一个大客户已经投靠了另一家供应商，投靠的具体原因不详。这不仅会影响你的销售计划，而且势必会对公司的发展规划产生重要影响。因此，你决定面见这个客户所属公司的总经理，与之签订可以令双方满意的销售协议。

任务：

1. 为谈判做准备。

2. 请三名同学分别扮演谈判中的角色，其中一人扮演该销售部经理，一人扮演客户所属公司的总经理，另一人扮演谈判观察员。

3. 回顾、检查谈判情况。根据观察者提供的反馈信息组织讨论，重点讨论谈判任务的执行情况以及谈判方法和技能的运用效果。

4. 总结一下为提高谈判技能，自己必须在哪些方面继续努力。

技能训练及素质拓展

一、案例分析

美国有位谈判专家想在家中建个游泳池，建筑设计的要求非常简单：长 30 英尺，宽 15 英尺，有温水过滤设备，并且在 5 月 1 日前做好。谈判专家对游泳池的造价及建筑质量方面是个外行，但这难不倒他。在极短的时间内，他不仅使自己从外行变成了内行，而且还找到了质量好价钱便宜的建造者。

谈判专家先在报纸上登了一则想要建造游泳池的广告，具体写明了建造要求，结果有 A、B、C 三位承包商来投标，他们都拿给他承包的标单，里面有各项工程的费用及总费用。谈判专家仔细地看了这三张标单，发现所提供的温水设备、过滤网、抽水设备、设计和付钱条件都不一样，总费用也有差距。接下来的事情是约这三位承包商来家里商谈，第一个约好早上 9 点钟，第二个约定 9 点 15 分，第三个则约在 9 点 30 分。第二天，三位承包商如约而来，他们都没有得到主人的马上接见，只得坐在客厅里彼此交谈着等候。10 点种的时候，主人出来请第一个承包商 A 先生进到书房去商谈。A 先生一进门就宣称他的游泳池一向是造得最好的，好的游泳池的设计标准和建造要求他都符合，顺便还告诉主人 B 先生通常使用陈旧的过滤网，而 C 先生曾经丢下许多未完的工程，并且他现在正处于破产的边缘。接着又换了 B 先生进行，从他那里又了解到其他人所提供的水管都是塑胶管，他所提供的才是真正的铜管。C 先生告诉主人的是，其他人所使用的过滤网都是品质低劣的，并且往往不能彻底做完，拿到钱之后就不管了，而他则绝对做到保质保量。谈判专家通过静静地倾听和旁敲侧击地提问，基本上弄清了游泳池的建筑设计要求及三位承包商的基本情况，发现 C 先生的价格最低，而 B 先生的建筑设计质量最好。最后他选中了 B 先生来建造游泳池，而只给 C 先生的价钱。经过一番讨价还价之后，谈判终于达成一致。

请各学习小组根据所学知识，从商务谈判的角度出发，完成以下分析：

1. 分析并说明谈判专家运用了怎样的策略达到自己的目的。

2. 如果你是建造承包商，面对这样的谈判专家，怎么做可以使自己的利益最大化?

二、沟通游戏

目的：通过以下活动让学生了解沟通在谈判中的应用。

背景：私人飞机坠落在荒岛上，只有 6 人存活。这时逃生工具只有一个只能容纳一人的橡皮气球吊篮，没有水和食物。

角色分配：孕妇（怀胎八月）；发明家［正在研究新能源（可再生、无污染）汽车］；医学家（经年研究艾滋病的治疗方案，已取得突破性进展；宇航员：即将远征火星，寻找适合人类居住的新星球；生态学家（负责热带雨林抢救工作组）；流浪汉。

要求：针对由谁乘坐气球先行离岛的问题，各自陈诉理由。先复述前一人的理由再申述自己的理由。最后，由大家根据复述别人逃生理由完整与陈述自身理由充分的人，自行决定可先行离岛的人。

三、素质拓展训练

形式：与同学期开设的《模拟企业实训》课程中的谈判环节实现对接，让学生在后续的课程中进行谈判实践，从而内化对谈判与沟通理论知识的掌握。

要求：

1. 按照本情境中学习的内容组织谈判，包括商务谈判的前期准备、商务谈判策略的运用、商务谈判的语言和非语言沟通。

2. 与《模拟企业实训》课程的教师进行沟通和交流，对学生的谈判沟通能力进行更完善的评估。

延伸阅读

一、如何确定谈判的目标

（一）分清主要目标和次要目标

谈判之前一定要把目标写下来，并根据优先等级来做相应的排序。目标要分轻重缓急，哪个是主要目标，哪个是次要目标，把最终目标、现实目标和最低限度目标一一排列。另外，谈判时，是否应该留有余地，在准备时要制定一个最低限度目标。实验表明，如果一个人的最终目标定得越高，他的最终结果就会越好。有人做过一个实验，给两组人相同的条件，把其中一组的目标定得高一些，另一组的目标定得低一些，实验表明目标定得高的那一组最终结果比较好。

（二）分清哪些可以让步，哪些不能让步

列出目标的优先顺序之后，还要分清哪些是可以让步的，哪些是不能让步的，同时要简要、清楚地用一句话来描述。因为谈判是一个混乱的过程，如果写得很长、很多就需要花很多的时间去理解，比较麻烦，也容易出错。

（三）设定谈判对手的需求

明确什么是自己想要的、需要的之后，接下来要明确谈判对手想要和需要的内容。例如，如果给街上的乞丐一张芭蕾舞演出的门票，他是不会要的。他最需要解决的是什么？温饱问题。芭蕾舞对他来说，肯定是不需要的东西，他需要一碗粥和一床棉被。所以在列出自己谈判的目标之后，再列一个竞争对手的目标，考虑对方可能关心的内容，把它一一列出来。

设定目标时，作为卖方，可能最关注的是价格、时间，然后是能够卖多少东西，卖何种质量、档次的产品给客户。

客户买东西时，最关注的不一定是价格，有可能是售后服务、产品质量。不同的客户，不同的谈判对手，所列出的目标是有差别的，但不管怎么样，谈判对手所列出的目标和自己所列出的目标一定是有差距的。这就需要通过双方的交流和谈判，使各自的目标趋于一致。

二、像小孩一样谈判

纯真、乖巧、热情。人们在谈到小孩时，脑子里想到的都是这些词汇。但还有一组词汇也同样适用于他们：顽固、坚定、霸道，以及赢家。

如果和孩子们争论什么事情，最终获胜的往往是他们，而父母则会败下阵来。的确，小孩子是世界上最棒的谈判高手。学习一些小孩子的谈判技巧，对商业谈判大有裨益。

（一）装糊涂

孩子们在运用这一技巧时有下面两种表现：他们要么装作没听明白，要么装作没有听见。如果你不想和某人打交道但是又拉不下面子，这时你应该做的是立刻阻断这种沟通，方法可以是前言不搭后语，或者干脆就不作反应。当然，装糊涂的方法要适当使用，如果在自己的公司这样做，大家会觉得你不听他人意见或缺乏敏感性。而在与别人谈判时，如果你还未做好充分准备，假装不懂对方说什么，就可以赢得思考的时间，为自己争取谈判的利益。

（二）舍面子

当小孩子的一个好处是自尊尚未完全建立。他们不会太多地关心如何保全面子或维护一定的形象等。顾及自我形象可能误大事，它可能成为太多事情的障碍。不用顾及形象问题而尽情地讨价还价，他们因此会得到更多的利益。舍弃面子最重要的好处是，孩子们可以利用让对方认为自己赢了的战术。更准确地说，你不必担心是不是看上去自己输了。实际上，赢得你想要的东西才是最终目的。在真刀真枪的谈判中，你要想出某种可行的办法，让你的对手觉得他们才是赢家。通过放弃自己不太想要的东西从而让对方感到获胜了，你就可以实现自己的目标。

（三）不放弃

孩子们具有一种永不放弃的精神。这一技巧也可以在生意中奏效。只要你保持一定的专业风度并拿出实在的东西，你就可以通过一次次的要求来逐步摧毁对方设置的防线。

（资料来源：www.ibook8.com）

学习情境六

营销公关

情境导航

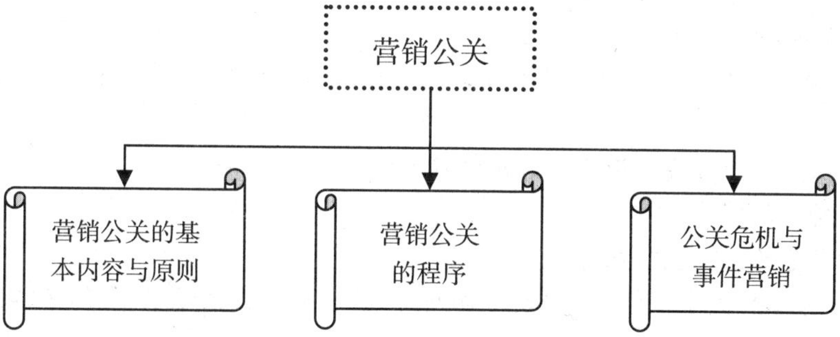

知识技能目标

知识目标

- 了解营销公关的基本内容与原则；
- 掌握营销公关的程序；
- 掌握常见的营销公关活动。

技能目标

- 能够策划事件营销；
- 能够采取适当的应对措施解决企业公关危机。

公关能力自测

1. 在宾馆里，客户说：“瞧！你把我的新衣服洒上了水，怎么办！”作为服务员，你回答：(　　)

A. “谁叫你走路不长眼睛。讨厌！”

B. “对不起，请用毛巾擦一下吧！”

C. “真糟糕！怎么办好呢？”

2. 在饭店酒桌上，客户：“这杯子没有洗净，下面还有手印呢！”作为服务员，你回答：(　　)

A. “洗净了，用不着担心。”

B. “真抱歉！”

C. “对不起！我来换一个。”

3. 在公共汽车站牌前，因人多而没有挤上去，你的朋友：“等一会儿再上吧！”你回答：(　　)

A. “老是这样会一直乘不上车的！”

B. “是的，再等等下一班车吧。”

C. “高峰期总是这样，真讨厌！”

4. 在公共汽车上，由于人多互相拥挤，有人对你说：“不要挤！”对此，你回答：(　　)

A. “人多，没办法！请你向前靠些好了！”

B. “对不起！”

C. “真是的，我也不想挤！”

5. 与恋人约会时，恋人因来晚了而对你说：“哟，我来迟了。”你回答：(　　)

A. “真不礼貌！稀里糊涂的。”

B. “不必介意！不必介意！”

C. “你是我喜爱的人嘛！”

6. 在家中，妈妈说：“成绩还是这样差，怎么回事？”你回答：(　　)

A. “是妈妈的孩子呗，没办法！”

B. “对不起！我已做了努力。”

C. “下次会让你高兴的。”

7. 在学校，当你和同学们一起议论另一个同学时，其中一位同学说：“他又碰钉子了。”你接着说：(　　)

A. “那家伙差劲！”

B. “撒谎！是真的吗？”

C. “真可怜！”

计分方法：

选A计1分，选B计2分，选C计3分。

解析：

0～3 分　表明你的公关能力很不理想。在公共场合，常常带有强烈的攻击性，碰到不顺心的事就立即发怒。极少具有公关的意识，不适合有关的群体性工作。

4～8 分　表明你具有很强的公关意识和公关能力，具有社交能力和协调性。遇事能够仔细考虑他人情绪和周围环境。即使讨厌的事情，如有必要，也能够控制住自己的感情去适应环境。具有承担责任的勇气，需要防止的是：过于冷静，以致淡漠处世，丧失个性，失去自我发展的机会。

9～15 分　表明你对自己的好恶不太外露，但在行动上给人以唯我独尊的印象，不太考虑别人的情绪，不善于理解别人的行动。因此，你要注意把自己放在大环境中去生活，并且适应环境。

自我分析：请对照测试结果，对自己进行深刻的反思与剖析，总结出你在社交公关中经常存在哪些问题，并把这些问题列在表中，然后与好友交流，在本情境学习完成后认真剖析原因并列出解决措施。

我在社交公关中存在的问题	原因剖析	解决措施
1.	1.	1.

CASE 案例导入

案例 6-1　iCloud 艳照门背后——苹果营销公关的最大危机

苹果公司每年都会如期给我们带来惊喜，也许是一款设计精致的 iPhone，抑或是一次更完美、更人性化的系统升级。然而，就在 2014 年 9 月 9 日即将来临的这个“节骨眼”，一场由 iCloud 引起的艳照风波，却史无前例地给苹果蒙上了一层令人不悦的阴影。9 月 1 日，百余张好莱坞女演员的不雅照在网上被曝光，其中不乏诸如奥斯卡影后詹妮弗•劳伦斯这样的当红明星。追其原因，竟是黑客通过攻击苹果 iCloud 云存储盗取了他人上传的照片。此后，包括苹果、美国 FBI 等多方都立即着手调查此事，9 月 3 日，苹果官方给出正式回应称，黑客并非像网传的那样攻破了 iCloud 及“寻找我的手机（Find my iPhone）”功能，这次“艳照门”只是黑客有针对性的一次特定攻击。有一些安全专家指责苹果在二级加密方面的不作为，他们认为，苹果手机从硬件本身到软件都存在一定的安全隐忧，尤其是针对密码输入异常后的分离认证，更是相当欠缺，“不是做不到，他们本来可以做得更好”。而在部分业内人士看来，苹果本应给用户提供更多的选择，尽管有些人会因为嫌流程烦琐而疏于对手机数据的管理，但苹果“有责任引导他们”。

对于苹果官方的回应，你满意吗？这次事件影响了苹果的公关形象，尤其是在新品iPhone6 上市的重要时刻，能否妥善处理此事，重树苹果“值得信任”的形象至关重要。据悉，截至目前，Twitter 上已有近千万名用户公开表达了对苹果公司的失望和不满。就连路透社也一阵见血地指出，“此次当属苹果近几年危机公关中的最大败笔”。

（资料来源：http://www.techweb.com.cn/it/2014-09-03/2072047.shtml）

辩证性思考

苹果公司接下来应该如何应对此次营销公关危机呢？

案例 6-2 阿里巴巴美国路演震惊华尔街

2014 年 9 月，阿里巴巴即将在美国纽约证券交易所挂牌上市。这是中国本土电子商务企业走向世界的一个重要标志。但是，美国公众认识阿里巴巴吗？美国市场能接受阿里巴巴吗？为此，从 9 月 9 日凌晨开始，阿里巴巴在美国举行将近 10 天的路演活动，试图为此次创纪录的 IPO（首次公开招股）吸引需求。市场认为，阿里巴巴上市或将创下美股市场上最大规模 IPO 的纪录。路演是国际上通行的证券发行推广方式，拟上市公司通过推介会向投资者说明公司的业绩、产品和发展方向，并回答投资者的问题，目的是尽量提高价格评估，保证股票顺利发行。这将令阿里巴巴成为谷歌和 Facebook 之后在美国上市的市值最高的第三大网络公司。

阿里巴巴的路演吸引了美国甚至世界公众的眼球，众多华尔街大腕到场，原来预计 500 人出席的会场挤满了 800 多名投资者，有华尔街基金经理甚至在社交平台上透露现场排的队伍拐了 18 个弯，光是等电梯就需要 40 分钟。2014 年 9 月 19 日至 9 月 24 日，媒体关于“阿里美国上市”的新闻报道约 2 400 篇。9 月 21 日，“上海商报”发文《阿里上市首日较发行价大涨 38%》，文章称：阿里巴巴集团于周五正式在美国纽约证券交易所挂牌上市，首日交易报收于 93.89 美元，较 68 美元的发行价上涨 38.07%。阿里成功上市后，马云持有的股权将使其总身价超过 200 亿美元，成为中国首富。

辩证性思考

以此案例为基础，总结此次事件营销的成功之处。

学习档案

随着市场竞争的不断加剧，产品、价格、渠道和促销这“4P”已经不能完全满足当前企业竞争的需要，公共关系日益成为了企业市场营销活动中一个重要的工作内容。当代市场营销大师菲利浦·科特勒就把公共关系与政治权利作为产品、价格、渠道、促销“4P”的补充，形成了包含“6P”的所谓“大市场营销观”。

子情境 6.1　营销公关的基本内容与原则

学习目标

1. 理解营销公关与促销的不同。
2. 理解营销公关的原则。

一、公共关系与促销的联系和区别

市场营销是指企业全部经营活动的总和，包括市场调查与目标市场选择、产品设计与开发、制定价格、选择渠道、选择促销手段、完善售后服务等。

企业为了达到经营目标，要利用良好的公共关系与公众沟通和交流；而企业良好公共关系的建立，也需要良好的产品与服务做支撑。在实践中，二者的联系表现为，一方面，在市场营销每个环节中，都应遵循并体现公共关系的基本原则；另一方面，公共关系直接参与到具体的市场营销活动尤其是促销活动中，成为企业促销的重要组成部分。

传统促销与公共关系的区别如表 6.1 所示。

表 6.1　传统促销与公共关系的区别

	传统促销	公共关系
任务	推销产品、技术、劳务等	塑造企业形象，优化营销环境
对象	客户、潜在的消费者	整个社会公众与舆论
方式	公众通过接触产品了解企业	公众通过了解企业认识产品
功能	直接促销	间接促销
效果	近期的市场效益	长远的市场影响

课堂互动

我们自己有没有经历过某企业策划的公关活动呢？如果有请举例说明，并谈谈你的感受。

二、营销公关的内涵与原则

（一）营销公关的内涵

运用传统的市场营销战术，很难适应越来越复杂的营销环境。营销公关分为主动营销公关和被动营销公关。主动营销公关是由企业的营销目标所决定的，它是进攻性而非防御性的，着重于捕捉机会而不是解决问题。被动营销公关是指针对外界影响而采取的营销公关活动。一般说来，被动营销公关需要应付的是对公司造成负面影响的变化，这种营销公关活动试图修补公司的声誉和形象，防止市场份额下降，并夺回失去的销量。被动营销公关重点在防御，包括竞争对手的行动、消费者态度的变化、政府政策的改变等。

实例1

2003年，美国微软公司的董事长比尔·盖茨匆匆访问了中国，向中国政府和企业公布了微软视窗系统的设计源代码。谁都知道，一套计算机操作系统的源代码是其核心机密，公布了源代码，就可以使他人在自己软件系统的基础上发挥创造力，生成新的操作系统。所以很长一段时间以来，微软公司一直对其视窗系统的源代码严格保密。但是为什么这次比尔·盖茨突然改变了保密的初衷呢？一个重要的原因就是微软公司在中国政府的几次招标采购中，都败给了中国的金山公司，中国政府宁愿采购金山公司的办公操作系统，也不买微软公司的视窗系统。这其中的重要原因就是，中国政府担心在视窗操作系统中留有“后门”，将来可能会泄露中国政府的机密。这次盖茨公布视窗的源代码，就是为了向中国政府表示视窗没有秘密可言，中国可以放心采购。所以社会各界将比尔·盖茨的这次访华，看成微软公司一次重要的“政府公关”，意在营造中国市场的发展环境。

这是典型的以政府为对象的公共关系活动。

（二）营销公关的原则

1. 实事求是

实事求是是公共关系的基本原则。诚信是形象这座大厦的基石。诚，真实无欺；信，言而有信。“人无信不立”，个人如此，组织也如此。要在公众心目中树立良好的形象，诚信永远是最基本的要求。诚信一旦不再，所有的“塑造形象”的努力都只能是沙上筑塔，无法长久。

2. 真诚互惠

公共关系的本质是组织与公众之间的一种利益关系，组织是通过平衡与公众的利益关系来树立组织形象的，表现为“首先使公众获益，然后组织在公众获益的基础上获益”，虽是“双赢”，但次序不能颠倒。

3. 全员公关

组织的任何成员对外都代表组织，组织的所有成员的所有行为，都会对组织的形象产生正面或负面的影响。全员公关正是从这个角度出发，提出组织的所有成员都参与公共关系活动。

4. 不断创新

公共关系是典型的“创造型工作”而非“程序型工作”，只有在研究公众心理的基础上不断创新，才有可能吸引公众的注意力，产生预期的良好效果。一味重复或模仿，只能使公众感觉疲劳甚至反感。

5. 系统控制

企业形象的特点之一就是形象的整体性。企业的任何行为，企业成员的任何行为，都将给企业带来不可避免的影响。在进行营销公关实操时，必须把企业的战略发展与企业的战术设计结合起来，目光要远大，视野要开阔，要认真对待涉及企业形象的所有要素，不可为当期销售目标所左右。注意形象各要素之间的消长关系，要控制组织形象的所有要素，不能顾此失彼，更不可挂一漏万。

6．淡化商业色彩

营销公关属于公共关系范畴，以树立组织形象为出发点。商业色彩太浓，销售的意愿表现得太强烈，肯定达不到树立企业形象，让公众“爱我”的目的。

实例 2

西方社会学者做过这样的实验，圣诞节前，让一位销售圣诞节商品的老板给一批老客户寄出圣诞贺卡，其中一半写着“圣诞快乐”，另一半在“圣诞快乐”的字下，又有“本店某日打折”的字样。结果接到第一种贺卡的客户，大多数来商店表示感谢，一时无法前来的也致电老板表示感谢；而接到第二种贺卡的客户反应冷淡，只有少数客人到商店来，主要目标是买打折的圣诞商品。“有心栽花花不开，无心插柳柳成行”，当然不能真的“无心”，比较高的境界是“看似无心，实则有心”地从事营销公关关系。

在新经济时代，现代营销理论日益重视公共关系的因素，将它从促销战略中独立出来，变成营销理论中一个独立的组成部分，成为传统促销战略的重要补充。

【情境训练 1】

客户从某商店买了一双鞋，回家后发现两只鞋的尺码不一样，拿回商店欲更换。此事本是商店的失误，商店公关主任却握住客人的手说：“恭喜你中奖了。”面对诧异的客户，公关主任称商店为了感谢新老客户，故意将两只尺码不一样的鞋放在一个盒子里，作为中奖的标志，买到这双鞋的客户就是中奖的客户。客户很高兴，领奖后欣然而去。这件事曾被作为随机应变维护商店形象的实例来宣传。

训练要求：

（1）评价一下公关主任的行为。

（2）根据营销公关的原则，试着处理这个问题。

（3）总结在企业失误的情况下，面对客户应该采取哪些规范性行为。

子情境 6.2　营销公关的程序

学习目标

1．掌握营销公关的程序。

2．了解营销公关调查的方法。

3．理解营销公关策划的方法与技巧。

一、营销公关调查研究

实例 3

某游乐场经营额一度下降较多，管理者分析了竞争对手、游客需求、内部管理甚至治安状况等诸多因素，都未能得出有说服力的结论，也无法制定有针对性的决策。数月之后，经营额回升。通过对游客调查，才知道经营额下降的主要原因是地铁涨价。涨价之初，游客心理无法承受，减少出游；数月之后，心境趋于平和，地铁票价已不是出行考虑的重要因素。

（一）营销公关调查的内容

营销公关调查实际上是组织环境调查。组织环境是指影响组织并为组织所影响的一切因素。营销公关调查主要包括社会环境调查、公众调查和企业形象调查三部分。

1. 社会环境调查

社会环境是组织生存与发展的重要外部环境。社会环境不但规定约束着组织目标的制定，还约束着组织目标的实现方式与手段。

对社会环境进行调查，主要是为了分析、把握与本组织有关的社会政治、法律、经济、科学技术、文化等方面的一切动态，具体内容包括以下几方面。

（1）政治环境

政治环境是指组织活动的外部政治局势和状况。其主要内容包括政治局势、经济体制、宏观政策及地方政府的方针政策等。政治局势指组织所处的国家或地区的政治稳定状况。

（2）法律环境

法律是体现统治阶级意志的，由国家制定或认可并以国家强制力保证实施的行为规范的总和。对组织来说，法律是评判组织活动的刚性准则。组织只有依法进行各种活动，才能受到国家法律的有效保护，遵守法律也是树立组织形象的必要条件。

（3）经济环境

经济环境是指组织活动时所面临的外部社会经济条件，包括国内生产总值（GDP）、国民收入水平、产业结构、消费者收入水平、消费者支出模式和消费结构、消费者投资和储蓄机会、信贷水平等因素。人口的总量，资源和能源储存与开发、国际经济大环境也属于经济环境。

（4）文化环境

文化就是在某个社会中人们所共有的、由后天获得的各种价值概念和社会规范的综合体，即人们生活方式的总和。它包括价值观念、审美倾向、生活规则、行为方式、思维方式、表达习惯、消费习惯、信仰、艺术、风俗、法律等，是当地人民的一笔极为宝贵的精神财富。不同的社会文化代表着不同的生活方式和评价体系。

（5）自然环境

自然环境包括两部分，一部分是大自然为人类提供的各种物质资源，这些资源分为三类：无限资源（如空气、阳光、水等），有限但可以更新的资源（如森林、粮食等），以及有限且不可再生资源（如石油、煤等矿物质）。另一部分是地理环境，即一个国家的地形地貌和气候状况。

2. 公众调查

公众是公共关系工作的对象，是公共关系工作的出发点与立足点，从某种意义上讲，公众是组织存在的意义所在，是组织生存发展的基础。了解公众的具体情况，是公共关系工作的逻辑起点。考虑到公众的变化性和复杂性，公众调查必须经常进行。

公众调查要掌握以下三方面的材料。

（1）公众构成

任何一个组织都不可能在所有公众心目中树立良好的形象，任何一种公共关系活动都很难全面地影响所有的公众。开展公众构成情况调查有利于确定公共关系工作的基本范围和重点对象，节约资源，避免盲目地开展公共关系活动。

公众构成调查包括两个方面，一是公众的自然构成，即公众的基本情况，如公众的姓名、年龄、性别、籍贯、住址、文化程度、职业、收入、家庭情况等；二是在自然构成基础上的分类构成，即根据各种标准对公众进行不同的分类，以确定公共关系活动的对象与方式。

（2）公众态度

态度是人们在认识和行为上相对固定的倾向，包括公众对组织认知的倾向、情感的倾向和意图的倾向，表现为赞成或反对、喜欢或厌恶、亲近或疏离等。这些倾向一经形成就比较稳定、持久地影响着人们对事物的判断和看法，影响着人们的行为方式。

公众态度在很大程度上影响着公共关系活动的成败。在问题处理和新闻策划时，准确掌握公众态度是组织正确决策的先决条件。在公众态度调查中，媒介和意见领袖的态度尤为重要，因为他们的态度影响乃至决定着广大公众的态度。

（3）公众需要

社会组织是为满足人的需要而存在，为满足人的需要而发展的。公众是组织的生命线。这种对组织与公众关系的本质认识是公众需要调查的指导思想。社会组织要有效地开展公共关系工作，必须做好对公众需求情况的调查，以掌握公众需求信息，不断设法满足公众的合理需要。

要注意的是，需要是某种缺乏的感觉。“缺乏”虽然是以现实为基础的，但大多数时候却表现为个体的主观感受。公关人员在进行这类调查时，不能仅仅满足于发现需要，还应发掘和引导公众的需要。

实例 4

20 世纪 80 年代，可口可乐公司在饮料市场的领导者地位受到了挑战，其产品可口可乐在市场上的增长速度从每年递增 13%下降到 2%，原因是竞争对手百事可乐公司来势汹汹，它推出了“百事新一代”的系列广告，将促销的锋芒直指饮料市场最大的消费群体——年轻人。

百事可乐公司大胆地对客户口感测试进行了现场直播，即在不告知参与者在拍广告的情况下，请他们品尝各种没有品牌标志的饮料，然后说出哪种口感最好，测试过程全部直播，百事可乐公司的这次冒险成功了，几乎每次测试后，品尝者都认为百事可乐更好喝，“百事挑战”系列广告使百事可乐在美国的饮料市场份额从 6%猛升至 14%。

可口可乐公司不相信这一事实，也立即组织了口感测试，结果与“百事挑战”中的一样，人们更喜爱百事可乐的口味。

修改可口可乐秘方的“堪萨斯项目”于 1983 年启动。其实，可口可乐公司技术部门的化学家们对配方修修改改已经 4 年，项目启动后，进度得到加快，一年后，可口可乐的新配方在实验室里取得成功。

新一轮的市场调查开始了。这次花了400万美元，开展了19万次品尝测试，参加者来自各个年龄组，包括全国的每个地区。其结果如下：

1. 在口味测试中，可口可乐以10～15点落后于百事可乐，而新可口可乐以6～8点领先优势击败百事可乐。新可口可乐也击败了老可口可乐。

2. 盲测结果表明，消费者对新可口可乐的满意度超过老可口可乐10点，为55%对45%。

3. 在允许消费者看到商标的情况下，对新可口可乐的满意度更高了，为61%对39%。

这些数据使管理层确信必须推出新可口可乐。1985年4月23日，可口可乐公司总裁罗伯托·戈伊祖塔正式宣布推出新可口可乐，同时停止生产老可口可乐。

就在同一天，预先知道对手行动的百事可乐公司总裁罗杰·恩里科在美国的各大报纸上发表了一封信，称老可口可乐的撤销是百事可乐的一个胜利，“经过87年来面对面的较量”，“对方那个家伙眨眼掉泪了”，“可口可乐公司现在把它的产品从市场上收回，把新可乐重新配方使它更像百事可乐”。他还说“胜利是甜蜜的”，并且宣布全公司本周五放假一天以示庆贺。

可口可乐公司的决策层决定用“新可乐”全面取代传统可口可乐，并停止传统可口可乐的生产和销售。

在“新可乐”全面上市的初期，市场的反应相当好，1.5亿人在“新可乐”面世的当天就品尝了它，但很快情况有了变化。在“新可乐”上市后的一个月，可口可乐公司每天接到超过5 000个抗议电话，而且有雪片般飞来的抗议信件，可口可乐公司不得不开辟了83条热线，雇用了更多的公关人员来处理这些抱怨和批评。

有的客户称可口可乐是美国的象征；有的客户威胁说将改喝茶水，永不再买可口可乐公司的产品；更有忠于传统可口可乐的人们组成了“美国老可乐饮者”的组织，发动全国抵制“新可乐”的运动，并威胁说，如果不把老可口可乐弄回来，就要对可口可乐公司提出控告。

许多人开始寻找已停产的传统可口可乐，各地的可口可乐死硬派消费者开始储存起成箱的老可口可乐，这些“老可乐”的价格一涨再涨。面市后两个月，“新可乐”的销量远远低于公司的预期值，不少瓶装商强烈要求改回销售传统可口可乐。

可口可乐公司依然幻想，消费者们在尝试了新饮料后会喜欢上它。在1985年5月的一个月里，公司在45个城市举行新可口可乐“滚动”派对，共送出100万罐饮料，但是几乎每次他们得到的都是一阵阵抗议声，消费者要求老可口可乐回来。许多人根本不想去喝新可乐，因为他们对新可乐的存在感到十分愤怒。

“新可乐”面市后的三个月，其销量仍不见起色，而公众的抗议却愈演愈烈。当消费者的反对像滚雪球一样越滚越大时，可口可乐公司密切关注着公众舆论的变动。市场调查一直没有中断，7月初，对900人的每周一次的调查表明，喜欢新可乐的人数只占30%，有70%的人喜欢老可乐。7月11日，可口可乐公司宣布了“经典可口可乐”恢复上市，全国各大报纸头版刊登了可口可乐的“回归”消息。当天公司的热线收到了18 000个电话。但是，可口可乐公司已经在这次的行动中遭受了巨额的损失。

实例 4 揭示出市场调查在整个项目决策过程中都是举足轻重的。实际上，"推出新可乐"的决策并没有错误，错误的决策是"停止生产老可口可乐"，因为后者没有足够的调查信息依据。

3. 企业形象调查

（1）企业形象的构成

企业形象是指企业的总体特征和实际表现在公众中获得的认知和评价，体现了企业社会关系状态和社会舆论状态的总和。企业形象一般由知名度和美誉度两个参数构成，知名度是公众对组织知晓和了解的程度，是反映组织社会名气大小的客观指标；美誉度是公众对组织信任和赞许的程度，是反映组织社会名誉好坏的客观指标。

良好的组织形象是由高知名度和高美誉度构成的，二者缺一不可。知名度需要以美誉度为客观基础，才能产生正面、积极的社会效果；美誉度需要以一定的知名度为前提条件，才能充分显示其社会价值。

（2）企业形象四象限图

实际上知名度和美誉度并不一定能够同步形成和发展。二者构成企业形象四象限图（见图 6.1），它反映了企业形象的不同状态。

图 6.1 中第Ⅰ象限表示高知名度、高美誉度。企业处在这一象限，说明企业的公共关系处于最佳状态（如图 6.1 中的 A），基本公共关系策略是"保持"。但是也要注意，过高的知名度会使组织压力过大，美誉度会变得很脆弱，必须时刻保持高度的警惕。必要时，不妨在某种程度上降低知名度以规避可能出现的风险。

图 6.1 中第Ⅱ象限表示高美誉度、低知名度。处在这一象限的企业的公共关系状态处于较为稳定、安全的一种状态（如图 6.1 中的 B）。美誉度高意味着安全，知名度低会影响企业发展。企业如欲继续发展，公共关系工作的重点应该是在维持美誉度的基础上，提高知名度（向第Ⅰ象限发展）。

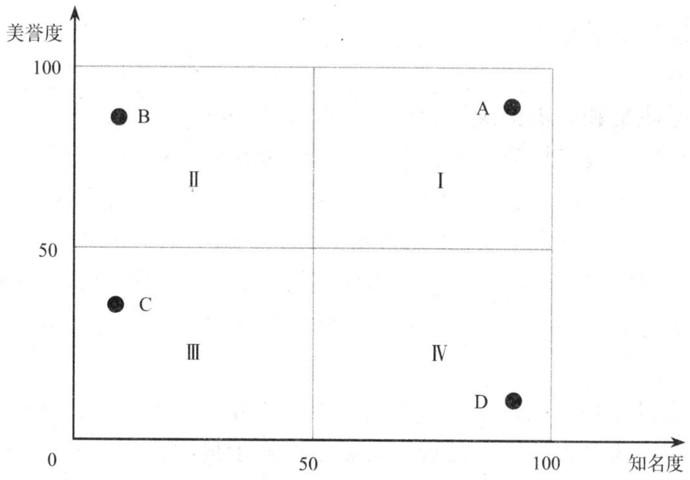

图 6.1　企业形象四象限图

图 6.1 中第Ⅲ象限表示低知名度、低美誉度。处在这一象限的企业的公共关系状态是不良状态（如图 6.1 中的 C），所幸是知名度较低，不佳的美誉度对企业的负面影响不大，

这种状态即使对企业是致命的，衰落过程也多是渐进的。在这种状态下，企业首要的工作是通过自身发展提高美誉度（向第Ⅱ象限发展），待享有较高的美誉度以后，再提高知名度。

图 6.1 中第Ⅳ象限表示高知名度、低美誉度。处在这一象限的企业的公共关系状态是“臭名远扬”的危险状态（如图 6.1 中的 D），这种状态对企业的影响通常是致命的，常常会造成企业的“突然死亡”。在这种情况下，企业公共关系工作的重点一般是降低知名度（向第Ⅲ象限努力），脱离公众关注的中心，维持企业的生存，再设法提高美誉度，最后提高知名度。也有处于这一象限的企业利用高知名度高调行动，通过洗心革面地彻底变革，直接进入第Ⅰ象限。不过这种决策操作困难，风险较大。

（二）营销公关调查方法

1. 基于选择调查对象的方法的分类

（1）普查

普查是对被调查对象进行无一遗漏的调查。普遍成本较高，在一般公共关系调查中不采用这种调查方式。

（2）典型调查

典型调查是在对调查对象总体有所了解的基础上，选择少量有代表性的样本进行深入系统的调查研究，并以此为依据大体估计总体情况。典型调查的调查样本不是按照随机原则选取的，而是根据调查者对调查对象的分析与判断来确定的。可见，典型很可能并不“典型”，典型调查很容易成为“可控制结果的调查”。

（3）抽样调查法

抽样调查是依据一定的规则，从调查总体中抽取部分样本进行调查，用样本的结论来说明总体情况。在非全面性调查的多种形式中，只有抽样调查可以对总体进行推论。抽样调查是营销公关调查研究中被广泛采用的调查形式。抽样调查分为随机抽样和非随机抽样两种。

2. 基于信息收集方法的分类

（1）文献研究

文献研究是收集和分析记录社会现象的载体的一种调查研究方法。在进行其他形式的调查之前，都应广泛收集与分析相关文献，尽量做到胸中有数。

文献研究主要包括以下几个主要步骤：收集资料文献；建立分类检索系统；分析资料，寻找问题，查明原因，确定解决问题的方法。

在进行文献研究时，要有对相关资料的高度敏感，去伪存真，去粗取精，由此及彼，由表及里，触类旁通，举一反三，注意事物间的联系与影响，使文献真正为我所用。

（2）观察法

观察法是直接感知与记录正在发生的一切同研究对象与研究目标有关的社会事实的一种调查方法。观察法最大的特点是观察对象始终处于自然状态，调查人员对被观察对象不加任何干预。这就最大限度地保证了观察结果的真实可靠。进行观察时，要求事前拟定调查提纲；进入观察现场后，要做好观察记录。

（3）访问法

访问法是调查者直接向被调查者口头提问，记录答案，并由此了解有关情况的一种方法。与日常人们之间的交谈不同，访问大多发生在原来陌生的人们之间，是有关人员按照预先设计好的题目，有目的、有计划地对被调查对象进行访问，直接收集信息的活动。

访问法最主要的特点是访谈双方直接互动。因为是面对面的直接互动，调查者可以通过对被调查者察言观色全面了解真实信息。

（4）问卷调查法

问卷调查法是将事先设计好的统一的问卷送到被调查者手中，由被调查者自行填答问题，然后由调查者收回的调查方法。

与其他方法相比，问卷调查的优点是：成本比较低，可以在短时间内同时调查很多人，节省时间、金钱和人力；被调查者可以在方便的时候填答；有很好的匿名性，可以避免访问偏见；调查结果便于定量处理和分析。问卷法的缺点是：要求回答者有一定的文化水平；问卷回答率往往难以保证；不能保证填答的环境和质量。

问卷调查的资料是靠被调查者通过问卷间接地向调查者提供的。所以，问卷设计就成为问卷调查过程中十分关键的环节。

二、营销公关策划

策划，就是人们设计目标、确定路径、制定实施方案的过程。西方管理学理论认为，策划是一种程序，是针对未来要发生的事情做出当前的决策：决定做什么、何时做、如何做、谁来做等。公关调查完成以后，就进入了公关策划阶段。公关调查发现问题，公关策划则制定解决问题的方案。

公关策划可以分成战略策划和战术安排两个部分。战略策划指对企业整体形象的长远的规划和设计；而战术安排则是指对具体营销公关活动的策划与安排，是实现企业战略目标的一个个具体战役。

营销公关的战术安排，就是在确定了企业的总体形象以后，要具体制定营销公关活动计划，通过各种不同形式的活动来逐步实现整体目标，以保证总体形象的实现。每次战术性的营销公关活动，都是公关战略目标的实现步骤。

具体营销公关活动的策划程序如下。

（一）制定目标

营销公关目标，既是营销公关活动开展的出发点，也是营销公关活动最终指向的归宿，同时，它还是衡量和评价营销公关活动结果和成效的标准。企业在不同的公共活动中的目标是不同的，活动方式也不同。制定目标这一步规定和制约着下面的步骤。例如，以提高知名度为目标的活动和以提高美誉度为目标的活动，它们的目标公众、渠道确定、方式选择就都不一样。目标的不同决定了手段的不同。

从营销公关活动结构性目标分析，营销公关目标有 4 个层次：传播信息，联络感情，改变态度，唤起行动。其中，传播信息是营销公关活动的基本目标，而唤起行动是营销公关活动的最高目标。

（二）选择公众

一个企业的公众往往是多方面的，但一次营销公关活动则要有所侧重，很难面面俱到。要根据营销公关活动的目标选择公众。

选择目标公众时要考虑到目标公众的各个方面，如他们的利益要求、经济条件、文化修养、生活习惯、价值观念、心理特点、对组织所持的态度等。对公众的了解越彻底，公关目标就越有针对性，实行效果也就越好。

课堂互动

某高等院校在帮助贫困生、资助他们读书时，举行了大规模的捐助仪式，公开了被资助者的身份，给贫困学生带来了很大的心理压力。请你谈谈这种活动设计的不妥之处。

（三）确定主题

选择了公众之后，就要根据公众的特点确定营销公关活动的主题。所谓主题，就是依据目标公众对组织的利益要求，选择、提炼和确定营销公关活动的主要诉求点。主题的确定，反映了组织对公众了解的广度与深度，从这个意义上来说，主题的确定直接影响着营销公关活动的成败。

实例5

美国吉列公司的女士去毛器准备上市时，就通过广泛调查了解了女士们对该产品的诸多利益要求，经过反复筛选，放弃了"皮肤细嫩"、"美丽"、"性感"、"吸引"等诉求点，而以"安全"为新产品上市的主要诉求点；广告语是"不伤玉腿"。这种选择取得了极大的成功，使从未接触过锋利刀片的女士敢于对这种新产品坦然购买与应用。待到女士去毛器的安全已为广大女士接受并达成共识之后，吉列公司的宣传诉求才调整为"美丽"。

（资料来源：世界经典广告案例．浙江营销策划网）

（四）选择活动时机

传播效果在很大程度上受传播时机的影响。传播的"超前"和拖延，都会使受众改变对传播活动的态度，从而影响传播效果。传播时机有时是可以预先选定的，有时却是偶发的，关键就在于公关人员能否及时地捕捉并充分利用。

营销公关活动在选择传播时机时，要注意以下几点。首先是力争"借势"，"背靠大树好乘凉"。例如，如果能把组织的活动与社会热点或社会流行联系起来，就会使组织活动收到事半功倍的"搭便车"的效果。其次，组织活动要"避势"。例如，以提高知名度为目的的营销公关，一般应避开重大节日和重大活动，以免节日和活动冲淡营销公关活动的色彩。最后，要注意不应在同一时间内进行两项不同的营销公关活动，以免互相干扰。

营销公关活动的时机选择是十分灵活的，一切以公关目标的实现为出发点。例如，组织要宣布可能引起较大震动、对组织形成较大压力的信息时，会故意选择与重大节日、重要活动同时进行，以"冲淡"震动，减轻压力。

（五）选择公关模式

所谓公关模式，就是以公共活动目标为核心，与现实目标所应用的一整套工作方法构成的一个有机系统。

1. 宣传型公关

宣传型公关模式主要利用各种传播媒介尤其是大众传播媒介，向公众传递组织的信息，以求最迅速地告知公众，形成有利于自身的社会舆论。具体方式有各种新闻报道、公共关系广告等。

宣传型公关主导性和时效性强、范围广，能迅速实现企业信息对公众的传递，可获得比较大的社会反响。但宣传型公关也有它的局限性，主要表现为传播层次浅，信息反馈周期长、质量低，基本上是单向传播，使传播效果停留在“认知层次”。

课堂互动

你能列举一些企业的宣传型公关活动吗？

2. 交际型公关

交际型公关模式以无媒介人际交往为主，目的是通过人与人的直接接触，为企业建立广泛的社会关系网络，创造良好的发展环境。交际型公关特别适合少数重点公众。具体方式包括各种招待会、座谈会、接待、个人信函等。

交际型公关的特点是灵活而富有人情味，可以使公关效果直达情感层次。这种模式的缺陷是活动范围小、成本高，对公关人员要求高，不适用于数量大的公众群体。

3. 服务型公关

服务型公关模式是通过提供各种服务获得社会公众的好评，树立企业的良好形象。具体工作包括售后服务、消费引导、便民服务、义务咨询等。

服务型公关能够有效地使人际沟通达到行动层次，是一种最实在的公共关系。服务型公关与宣传型公关配合才能起到良好的沟通效果。

4. 社会型公关

社会型公关模式以各种社会性、赞助性、公益性的活动为主。企业通过参加这类活动，展示自己的社会责任感，提高组织的知名度和美誉度。主要形式包括赞助文化、教育、体育、科技活动和福利、公益事业，救灾扶贫等。

这类公关活动的要点在于，强调社会责任，淡化企业目的，避免在公众心目中形成组织“炒作”的印象。

5. 征询型公关

征询型公关模式以采集信息，调查舆论，收集民意为主。征询型公关与企业的调查研究目的不完全相同，它主要着眼于通过征询活动本身来引起公众注意，培养公众兴趣，提高企业的知名度。具体工作包括建立实施运行流畅的接待制度，进行民意调查，收集报刊资料等。例如，某保险公司就曾经在某省省会举办过大规模“征求公众对保险险种的建议”的活动，极大地提高了公众对保险及该保险公司的兴趣。

（六）编制预算

编制预算是公关策划的最后一个环节。它是将时间、人员、资金等因素按一定的方式合理配置，以保证公关活动顺利开展。编制预算实际上就是将一个公关计划具体化的过程。

1. 人员预算

人员预算是指对实施公关活动计划所需的人员数量的预算。

2. 财务预算

编制公关财务预算的方法通常有两种。

一种是“固定比率法”，即按组织过去（或将来）的总收入经费额，抽取一定百分比的经费用于公关开支。

另一种是“目标作业法”，即针对某项公关活动进行的预算。按照事先制定的公关目标和工作计划，将完成公关任务所需经费详细列出，再核定公关预算，请主管部门批准执行。

根据美国对 150 家大公司调查的结果，80%的企业有正式、独立的公关预算，数额从 5 000 美元到 100 万美元不等。不过与广告费用比起来，公关费用不到广告费的 20%。所以，公关被普遍认为是一种花钱少、见效快的投资方式。

3. 时间预算

时间预算是公关策划的一项重要内容，即完成公关工作计划的日程设计。许多公关活动的实效性都很强，在公关活动安排中，时间预算与管理显得尤为重要。时间预算既包括年度的计划，也包括具体公关活动的日程表。

三、营销公关实施

营销公关策划完成之后，就进入了实施阶段。传播是公共关系的主要工作方式。公关实施主要围绕传播效果，介绍传播实施的各种要素。

（一）选择传播渠道

选择传播渠道时首先要了解传播渠道的种类与特点。

1. 自我传播

自我传播又称个人内向传播。它是指人在个体思维中的传播活动。自我传播一般不是公共关系学的研究对象。

2. 人际传播

人际传播是指个人与个人间的传播活动。人际传播是人类传播中最基本的一种传播形态。人际传播又可以分成直接的传播和借助媒介进行的传播。前者即面对面的交谈，后者包括通信、打电话、网上聊天等。人际传播具有传播效率高、针对性强、传播手段灵活等特点。

3. 群体传播

群体传播是指在群体成员之间或群体之间发生的传播活动。表现为一定数量的人群按照一定的聚集方式在一定场所进行的传播活动。这里的群体，特指各种松散的集群，如血缘群体、地缘群体、人群集合体等，不包括以职能集团为主要形式的各类社会组织。

4. 组织传播

组织传播是指以组织为主体进行的内部或外部传播活动。严格地说，组织传播也是一种群体传播，但传播过程中社会组织的特点体现得十分明显，如严密的分工与授权，角色之间的互相替代、补充与合作等。组织传播包括对内进行的内部集会，出版内部报刊，以及对内的广播、闭路电视；对外进行的展览、赞助、庆典、公益活动、开放组织等。

组织传播的特点是，传播目的性明确，有鲜明的事本主义特征；传受双方角色相对固定，传播内容与频率多按计划，有较为严密的设计与实施；重视反馈，根据反馈调整组织行为与传播内容和方式。

5. 大众传播

大众传播是指各类传播主体借助报刊、广播、电视等大众传播媒介进行的传播活动。大众传播强调的是传播的中介与传播的范围，而不是传播的主体。其传播渠道包括报纸、杂志、广播、电视、互联网络等。这是规模和范围最大的一种传播活动，社会影响也最为深远。

大众传播以专业机构为媒介进行，覆盖面广，受者人数众多，影响大，双向性不明显，传受双方地位固定，媒介“把关人”的作用十分巨大。

（二）设计信息内容

营销公关传播的实施，多表现为通过“说明”来“说服”。为了取得良好的传播效果，公关人员必须认真考虑思想的表达方式，使欲表达的意思与表达符号尽量吻合，减少失真。正确认识传播心理学的规律，提高信息制作技巧是关键。

1. 受众选择理论

传播的实践总结和理论研究都证明，传播结果与企业的初衷总有一定的距离，有时甚至南辕北辙。这说明，传播过程中，公众不是一张可以任意涂抹的白纸，一条信息要被公众理解和接受，必须经过公众自己的选择。选择包括以下三个方面。

（1）选择性注意

选择性注意指人的心理活动对一定对象的指向与集中。注意的指向性和集中性，决定了人知觉的选择性。人自身的特点决定了人们不可能对所有的信息都加以注意，更不可能对所有的信息刺激都做出反应。人们只注意被选择了的信息。信息爆炸的时代更是如此。一条信息如果不能引起公众的注意，其内容就变得毫无意义。当然，这种选择大多数时候是人们在下意识中完成的。

（2）选择性理解

不同的公众对同一信息的理解是不同的，“每个人心中都有一个哈姆雷特”。信息在引起了公众注意以后，还要能使公众理解。如果公众与组织对信息的理解差异过大，也不可能形成良好的沟通。

（3）选择性记忆

记忆是极其主观的大脑活动。任何人对记忆都是有所取舍的。人们往往只记住印象深刻的东西。要想在公众心目中树立长久的良好形象，光有理解还不行，还要能在公众脑海里留下深刻、长久的印象。

2. 影响受众选择的结构性因素

这主要指信息发布方式对公众理解接受信息的影响。结构性因素对受众选择的影响主要体现在选择性注意和选择性记忆两个环节。

在编制传播信息时，要注意信息的结构性因素，并注意语言价值色彩的选择。

实例6

> 北京火车站地下出站通道的第一个立柱上曾经挂有日本某品牌的巨大钟表，这是下火车的旅客到北京见到的第一个广告。钟表上方有“北京欢迎您”的口号，这其实是日本公司很出色的公共关系广告。

公关传播不仅要说服公众，还要让公众愉快地被说服，也就是说，公众愉快地被说服才是公关传播想要取得的良好效果，所以，教师对学生说“我说清楚了吗”就比“你们听懂了吗”更易让人接受；命令式的“把窗户关上”就不如委婉式的“您冷不冷”让人容易接受。公关传播时语言方式的设计与选择，是要在不会引起误解的前提下，运用委婉、模糊、幽默等诸多表达方式进行传播。

四、营销公关评估

对任何组织来说，任何活动都是要考虑投入产出关系的，所谓“不惜一切代价”实际上是不存在的。营销公关也不例外。公共关系工作程序的最后一步就是对公共关系活动的效果进行总结评估。总结评估，就是根据公共关系计划，检测公共关系活动的效果，判断公共关系活动的得失成败。

公共关系评估实际上是对整个公共关系活动过程的评估。它贯穿于公共关系活动的整个过程，包括事前、事中和事后的评估。它伴随公共关系活动的进展，根据需要随时进行。

一般来说，其评估内容包括营销公关工作过程评估、营销公关活动效果评估。

> **【情境训练2】**
>
> **训练目的：**锻炼考察学生公共关系实际操作能力，主要训练学生对公共关系基本程序的理解和应用。
>
> **训练项目：**新颖婚礼推广。
>
> **训练要求：**教师不提供资料，由学生承担从调查开始，到方案策划与设计、实际操作（无条件可以模拟操作）的全部工作，突出创新性。

子情境6.3　公关危机与事件营销

> 学习目标
>
> 1．掌握危机公关的处理程序。
>
> 2．掌握事件营销的策划方法。

一、公关危机

（一）公关危机的含义和特点

1．公关危机与危机公关

所谓公关危机，是指危及企业形象，严重影响企业生存与发展的突发性、灾难性事件。此时，企业面临强大的公众舆论压力和岌岌可危的社会关系环境，必须紧急处理，否则后果会十分严重。突发事件引起的危机是指由于不可预见的外在因素引起的突然发生的事件，导致企业营销公关形象受损的危机，如自然灾害、火灾、交通事故等引起的事件。

危机公关是指企业在应对公关危机时采取的包括消除影响、恢复形象等一系列自救行动。

2. 公关危机的特点

（1）破坏性

公关危机的出现会对企业的形象、声誉带来负面影响，如果处理不当，甚至可能威胁到企业的经营发展和生命。

（2）突发性

公关危机的出现出人意料，虽然可以通过采取措施预防，但不能消除危机出现的可能性。

（3）紧急性

危机事件出现后对企业应对工作提出了时间要求，企业必须在短时间内做出迅速反应。

（4）影响大

企业公关危机会受到公众舆论的广泛关注，其影响范围大且持续影响时间较长。

（二）危机公关处理 5S 原则

企业危机公关处理工作原则可以用 5S 来总结，即承担承担责任原则（Shouldering the matter）、真诚沟通原则（Sincerity）、速度第一原则（Speed）、系统运行原则（System）、权威认证原则（Standard）。

第一，承担责任原则，即发生危机事件后企业对危机事件的态度问题。不论危机事件发生的原因究竟在哪方，企业都不能选择逃避，而应主动承担起相应的责任。

第二，真诚沟通原则。危机事件后的企业必须以真诚的态度面对媒体、公众，与他们相互沟通，说明事实，澄清真相，争取公众的理解和支持。决不能回避公众的质疑，并要对恶意中伤和毁谤行为采取适当的措施。

第三，速度第一原则。当代信息传播速度之快，要求企业在危机事件发生后的第一时间就要做出反应，任何迟疑、犹豫都可能导致危机事件的进一步恶化，引起媒体、公众的猜疑，引发更多、更大的不利谣言。

第四，系统运行原则。企业在进行危机公关时必须保持冷静、清醒，组建专门团队统一协调指挥，用一致的公关态度，用一个声音说话。

第五，权威认证原则。危机事件后企业做出的回应都可能引发公众的质疑。此时运用第三方权威机构或专业人士代言说明可以增强说服力，更容易让公众信任。

（三）危机公关处理程序

任何一个企业在发展的过程中都不可能一帆风顺，总是会遇到各种突发事件，酿成公关危机。对于企业而言，公关危机处理不当就是事关企业生死存亡的危险，如果通过及时有效的危机沟通，化危为机，则一方面有助于企业提升危机公关意识和水平，另一方面有助于在广大公众心中树立良好的企业形象。因此，当面对公关危机时，企业必须制定迅速反应、积极面对、正确处理的危机公关程序，及时控制危机的发展、蔓延，通过沟通处理公关危机事件。

1. 企业内部危机公关处理程序

（1）立即启动危机公关应急小组，协调指挥，防止危机恶化

危机公关应急小组是由企业高层、公关部门及其他相关部门人员组成的临时团队。企业一旦出现公关危机，就应该启动危机公关应急小组，专门负责处理危机事件。对内及时向全体成员通报危机处理的进展情况，稳定人心，统一口径，协同行动；对外及时控制危机蔓延，协调指挥，防止危机进一步恶化。

（2）调查情况，了解危机发生的原因，判断危机发展趋势

出现公关危机事件后，公关应急小组应该迅速反应，调查危机发生的原因，目前发展如何，公众对事件有何反应等基本情况，并预测危机可能的发展趋势。

2. 企业外部危机公关处理程序

在面对企业外部公众时，企业不要试图淡化问题，甚至掩盖事实真相，应该坦诚相对，建立企业诚信态度，取得公众信任，为危机公关工作的开展打下诚信基础。

（1）加强与媒体沟通，及时发布危机处理情况

企业出现危机事件后，社会公众尤其是媒体公众会高度关注企业的反应。面对新闻媒体公众，应急小组应以主动、积极的态度寻求与媒体的合作，客观、公正的报道事件。选定新闻发言人代表企业发布事件产生的原因、经过，以及企业正在采取的补救措施，谨慎回应媒体所提出的各种问题，统一说法，前后一致，不可用“无可奉告”等词语拒绝回答。

（2）通过媒体渠道向社会公众道歉，表明企业立场

企业可以以召开新闻发布会的形式，通过媒体向社会公众公布危机事件发生的原因及企业的处理过程。向受害者及其家属道歉，倾听他们的意见，了解他们所提赔偿要求，并表示企业愿意实事求是地承担相应的责任。如果企业在危机事件中受到了诬陷或连累，要即时向公众澄清事实，让真相大白，还企业公道，使对企业不利的谣言、攻击停止。

（3）及时向上级主管单位汇报情况，以取得理解和支持

危机事件出现后，企业应该立即、主动向上级主管单位汇报危机事件产生的原因、目前发展的态势，以及正在采取的补救措施等具体情况，不要报喜不报忧，甚至隐瞒事实、歪曲真相，争取获得主管单位的理解和对危机公关工作的支持。

课堂互动

你知道“福喜门”事件吗？上海福喜食品有限公司是国际食品巨头美国福喜集团的分公司，是麦当劳、肯德基、必胜客、全家超市等连锁品牌的全球指定供应商。2014年7月20日，上海电视台曝光了上海福喜食品有限公司使用过期变质肉类加工为快餐原材料。上海福喜食品有限公司无视鸡肉等产品的保质期，将大量过期的鸡肉、鸡皮等原料重新返工，经过绞碎、裹粉和油炸等工艺后，制成麦乐鸡等产品重新出售。同时，该企业还将霉变、发绿、过期7个多月的牛肉再切片使用。此事件一出，引起了全社会一片哗然。你认为受到“福喜门”事件重创的麦当劳等公司应该如何应对此次公关危机呢？

二、事件营销

（一）事件营销的含义

事件营销是指企业有计划地通过制造有新闻价值和社会影响力的事件来吸引媒体、公众关注，达到提高企业知名度、美誉度和企业形象的公关目的，进而提高企业产品销售的活动。

事件营销是市场营销与公共关系、新闻效应、广告效应等相互融合，集于一体的现代营销手段，为产品推广、品牌形象的打造提供了专业平台的新型营销手段。进入 21 世纪后，互联网高速发展及移动终端平台普及所带来的信息化爆炸式发展，更为事件营销的传播带来了全新的技术动力。企业大量策划以网络为平台的事件营销活动，引发公众普遍持续讨论和关注，其中不乏频繁出现成功案例。

事件营销可分为自创事件营销和借助事件营销两类。自创事件营销是企业自己制造具有新闻价值和影响力的事件吸引公众关注。借助事件营销是以当下热点话题为依据，结合自身企业产品服务或品牌形象所做的具有新闻价值和影响力的事件吸引公众关注。不论是自创事件营销还是借助事件营销都要求策划者借助媒体的力量将创新设计的敏感话题与企业产品服务和品牌形象完美结合起来。

实例 7

1997 年，IBM 公司出资 110 万美元举办了一场国际象棋的“人机大战”。参赛选手分别是当代国际象棋界最著名的棋手加里•卡斯帕罗夫和 IBM 公司设计的超级计算机“深蓝”。这场比赛吸引了美国主流媒体的持续报道，包括中国在内的 20 个国家也都报道了此事。业界有人说，这一回，“深蓝”赢了，那么 IBM 自然就赢了，如果“深蓝”输了，那么赢家仍是 IBM。

2011 年 2 月，IBM 公司再次参加“人机大战”智力问答比赛，由超级电脑“沃森”对阵两位人类选手 Ken 和 Brad，最终以“沃森”完胜而落幕。虽然在 1997 年有过“深蓝”与人脑的大战，但这次的比赛不是死板的棋类游戏而是更为智能和复杂的机智问答。对于 IBM 公司来说，他们所期待的并不仅仅是通过这场比赛的胜利让其成为万众瞩目的焦点，或者仅仅是为了 100 万美元的奖金，而是希望以此来证明他们在智能计算机研究领域中向前迈进了一大步。将来这种智能计算机将能够更彻底地理解人类的语言并做出响应，甚至有可能最终不可避免地取代人类。

实例 8

2008 年，正当电影《蜘蛛侠》系列热映时，“蜘蛛侠”出现在上海大宁福朋喜来登集团酒店的外墙上进行玻璃幕墙的清洗，引起了公众的关注。《文汇报》和《新民晚报》均于 2008 年 3 月 20 日头版刊登了照片。

（二）事件营销的特点

1. 新闻性

事件营销的关键是策划具有新闻性的事件，创意和新闻价值就成了事件营销成功的关键因素。

2. 趣味性

公众每天面对成千上万个新闻事件，只有具有趣味性、娱乐性、反常和震撼力的事件才能更吸引公众的眼球。

3. 风险性

企业制造的新闻事件本身具有不可预测的风险，事件的影响力越大，风险也就越大。

4. 可变性

新闻事件在传播过程中不一定朝着策划者的预期效果发展，很有可能受到其他因素影响而变化，具有一定的可变性。

5. 操作成本较低

相较于其他营销方式，由于不需要高额的宣传费用，事件营销的操作成本相对较低。

（三）事件营销策划要点

1. 善于捕捉热点话题

事件营销关键是要制造有新闻性和影响力的事件。这就要求策划者抓住当下最热门、最有影响力的任务或事件为契机，在此基础上以企业的产品和品牌为基础产生新的创意，吸引公众的关注。

2. 利用名人效应

策划新闻事件可以有意识地把事件与某些权威人士、社会名流联系起来，或者在新闻事件中请名人唱主角。

课堂互动

你能列举几个利用名人效应策划的企业公关活动吗？

3. 联合媒体，提升宣传效果

媒体是连接企业与公众之间的中介组织。企业策划了新闻事件后还要靠具有宣传推广能力的优质媒体来推动。当然，企业还可以联合媒体，一起制造具有新闻价值的事件并执行宣传推广活动，这样的效果可能更佳。

知识小结

营销公关是以营销为目的的公共关系活动。要在激烈的市场竞争中取得胜利，除了继续使用传统的促销手段之外，企业越来越重视以树立形象和信誉为主要内容的公共关系活动。企业形象作为一种极为宝贵的营销资源，已成为营销策略的重要组成部分。

企业的营销公关活动一般包括公关调查、营销公关策划、营销公关实施和公关评估四个工作步骤。其中，营销公关策划是工作的一个重点和难点。

企业营销公关活动中最重要最常见的是企业危机公关和事件营销两种。

危机公关是指企业在应对公关危机时采取的包括消除影响、恢复形象等一系列自救行动。危机公关处理注意 5S 原则，即承担承担责任原则、真诚沟通原则、速度第一原则、系统运行原则、权威认证原则。一般企业遇到公关危机时，首先要做好企业内部危机公关处理工作。

事件营销是指企业有计划地通过制造有新闻价值和社会影响力的事件来吸引媒体、公众关注，达到提高企业知名度、美誉度和企业形象的公关目的，进而提高企业产品销售的活动。因其操作成本较低，事件营销是目前企业常用的营销公关手段。在策划事件时，要善于捕捉热点话题，利用名人效应，联合媒体，提升宣传效果，使得事件具有趣味性、新闻性。不过在策划新闻事件时，还要考虑到事件本身的风险性、可变性特点。

分组讨论

富士康科技集团创立于 1974 年，是专业从事计算机、通信、消费电子、数位内容、汽车零组件、通路 6C 产业的高新科技企业。集团在上海、深圳等地设有近 50 家全资子公司，在苏格兰、爱尔兰、捷克、美国休斯敦、洛杉矶等地设立海外制造中心及广布全球的 60 余个国际分支机构，拥有 60 余万名员工及全球顶尖 IT 客户群。富士康集团在 2001 年跃居台湾民营制造商第一大宝座；2002 年度获 BusinessWeek 选为全球 IT 公司 100 强第 3 名的殊荣，2009 年跃居《财富》全球企业 500 强第 109 位。

自 2010 年 1 月 23 日富士康员工第一跳起至 2014 年 7 月 27 日，富士康已连续发生 16 起员工跳楼自杀事件，引起社会各界乃至全球的关注，也给富士康带来了至今仍不能脱掉的“血汗工厂”的骂名。富士康总裁郭台铭在回答相关问题时总是避重就轻，称“几十万人的工厂死几个人正常”，“就算把我扔下去也没用”。更令人心寒的是，郭台铭说富士康接连有人跳楼，是因为富士康赔偿高的缘故。就在为了防止第 12 连跳前，郭台铭亲自赶往富士康，一起同行的还有强大的媒体采访阵容。几小时后，12 连跳还是发生了，并未停止。在此事实面前郭台铭及富士康公关团队显得软弱无力。

任务：通过分组阅读以上案例，讨论公关活动的重要性。

技能训练及素质拓展

一、案例分析

取缔余额宝风波

2014 年 2 月 21 日，央视证券资讯频道执行总编辑兼首席新闻评论员钮文新发博文《取缔余额宝!》称：“余额宝是趴在银行身上的‘吸血鬼’，典型的‘金融寄生虫’。”

钮文新认为，余额宝冲击的是整个中国的经济安全。因为当余额宝和其前端的货币基金将 2%的收益放入自己兜内，而将 4%~6%的收益分给成千上万名余额宝客户的时候，整个中国实体经济，也就是最终的贷款客户将成为这一成本的最终埋单人。

对此，网友纷纷予以驳斥。网友“康宁 1984”说：“钮文新错在高估了余额宝的破坏，低估了银行体系的适应能力。余额宝只是金融系统中的一条鲶鱼而已，尽管由于第三方支付做个人金融业务处于“三不管地界”，但只是短期的监管套利，并没有在总量上影响国家金融体系安全，更何况从近来腾讯微信给予支付宝的压力看，互联网公司同样不能免于被互联网颠覆的风险，没有必要急于对这些尚未深入金融市场的创新做出严格限制。”

2 月 22 日凌晨，支付宝官方发长微博文《记一个难忘的周末》幽默回应。支付宝表示，余额宝加上增利宝，一年的管理费是 0.3%，托管费是 0.08%，销售服务费是 0.25%，利润只为 0.63%，除此之外再无费用。其对“吸血鬼”一说加以调侃称：“老师您能别逗了吗？我查了下， 2013 年上半年，16 家国内上市银行净利润总额达到 6191.7 亿元人民币，全年起码翻一番，12 000 亿元吧?”

2 月 22 日，阿里小微金融服务集团首席战略官舒明称：“即使与总规模约 10 万亿元的银行理财产品相比，货币市场基金也不到其总规模的十分之一。很难想象，规模如此之小的货币市场基金会对市场整体利率水平产生巨大的影响，会‘严重干扰利率市场’。”

（资料来源：中国公关网.2014.07.21.http://www.chinapr.com.cn/templates/T_Second/ index.aspx? contented=7962&nodeid=3&page=ContentPage）

请各学习小组根据所学知识，从营销公关的基本原理的角度出发，完成以下分析。

1. 你是如何看待此次公共危机的？

2. 面对公关危机时，支付宝是如何运用 5S 原则进行处理的？

二、沟通游戏

目的：让学生体会在解决问题方面都有什么步骤，聆听在沟通中的重要性，以及团队的合作精神。

形式：全体学生，10 人一组为最佳

时间：20 分钟

场地：教室

操作程序：

- 教师让每组围着站成个向心圆
- 老师说：

a. 先举起你的右手，握住对面那个人的手。

b. 再举起你的左手，握住另外一个人的手。

c. 现在你们面对一个错综复杂的问题，在不松开的情况下想办法把这张网解开。

相关讨论：

1. 当你开始时感觉怎样，是否思路很乱？

2. 当你解开一丁点儿以后，你的想法是否发生了变化？

3. 最后问题得到了解决，你是不是很开心？在这个过程中你学到了什么？

三、素质拓展训练

形式： 将班级同学按照 6~8 人为一组，根据以下事件背景为杜邦不粘锅设计一套危机处理方案。

2004 年 7 月 9 日，美国环保署称，杜邦“特富龙”的关键原料——全氟辛酸铵，可能会致癌或影响生育。这场风波在中国市场引起强烈反应，杜邦不粘锅销量急剧下降。

要求： 学生分别扮演经理、公关部主任、营销顾问、员工、媒体记者等角色，通过召开新闻发布会的形式，处理本次公关危机，并形成危机处理方案。在危机沟通过程中，请危机公关小组成员分工明确、各司其职，确保新闻发布会工作流程到位，达到将澄清事实、争取公众理解、重树企业形象的目的。

教师按照以下评价表对每个小组进行打分和点评。

专业、班级		学号、姓名	
考评标准	评价内容	分值（分）	评分（分）
	公关沟通能力	30	
	危机处理程序	20	
	成员角色扮演	20	
	危机处理方案	30	
	合　　计	100	

（资料来源：杨俊.新型实用公共关系. 北京：经济科学出版社，2010）

延伸阅读

常见公关活动类型

（一）开放参观

开放参观活动是指将企业内部有关场所和工作程序对外开放。开放参观是公共关系活动中的重要手段之一。它是通过使公众直接进入企业环境，与企业员工直接接触，来传递组织信息，谋求社会公众的好感与信任的最有效手段之一。通过开放参观，公众可以直接了解企业情况，拉近企业与公众的心理距离，化解公众疑虑；企业可以借此机会展示自己的美好形象，还可以直接向公众收集相关信息。

（二）展览会

展览会是一种综合运用各种媒介的传播方式，通过现场展览和示范来传递信息，推荐形象。展览会可采用实物、模型、图表、文字、解说等多种媒介相结合，比单纯的文字和口头宣传更直观、形象，不仅能加深公众的印象，而且能提高组织和产品在公众心目中的可信度。展览会是一种直接双向沟通的传播方式。企业的员工和公众可以在展览会上直接交流，解答问题，同时还可以听取意见，收集信息，增进相互了解。这种直接双向沟通尤其有利于企业同特定公众进行交流和协调。展览会是一种高度集中和高效率的沟通方式。

时空的高度压缩使展览会一方面能够给公众以种种方便，并使公众更全面、深刻地认识企业，减少企业与公众之间联系的诸多中间环节，从而提高传播的效果和信息的逼真度；另一方面，展览会本身也具有一定的新闻价值，比较容易引起公众及新闻传播界的注意，因此对社会公众的影响效果很好。

（三）新闻发布会

新闻发布会是企业的一项重要信息传播活动，是一个企业集中发布新闻、扩大社会影响、搞好媒介关系的重要方法。与向新闻界提供新闻稿件相比，新闻发布会速度快，可减少信息传递损耗，提高了传播效率。同时，举行新闻发布会，记者们可以就自己感兴趣的问题和自己认为的最佳角度进行充分采访，更好地发布信息。

（四）庆典活动

庆典活动是企业举办的具有庆祝意义或典礼意义的活动。这类活动极具公共关系意义，企业借助这些活动对内营造和谐氛围，增强员工凝聚力；对外协调关系，扩大企业知名度，提高企业美誉度，塑造企业良好的形象。庆典活动的类型有以下几种。

1）开幕庆典即开幕式。

2）闭幕庆典指组织重要活动的闭幕式或活动结束时的庆祝仪式。

3）周年庆典指企业在发展过程中的各种内容的周年纪念活动，包括企业“生日”纪念、组织或企业之间友好关系周年纪念、某项技术发明或某产品问世的周年纪念等。组织利用周年庆典，举办庆祝活动，借机振奋员工精神，扩大宣传效应，协调公众关系，塑造企业形象。

4）特别庆典是企业为了提高其知名度和声誉，利用某些具有特殊纪念意义的事件或者为了某种特定目的策划组织的庆典活动。

（五）赞助活动

赞助活动是企业通过向非营利组织或个人开展的活动提供人、财、物的帮助，以获得一定形象传播效益，提高企业知名度和美誉度的营销公关活动。

参考文献

[1] 黄漫宇. 商务沟通[M]. 北京：机械工业出版社，2005.

[2] 许玲. 人际沟通与交流[M]. 北京：清华大学出版社，2007.

[3] 马哈特，巴泽曼. 哈佛经典谈判术[M]. 吴奕俊，译. 北京：中国人民大学出版社，2009.

[4] 侯志春. 管理沟通理论与实务[M]. 北京：清华大学出版社，2009.

[5] 谢红霞. 沟通技巧[M]. 北京：中国人民大学出版社，2011.

[6] 杨俊. 新型实用公共关系[M]. 北京：经济科学出版社，2010.

[7] 张卫东. 市场营销理论与实训[M]. 北京：电子工业出版社，2006.

[8] 崔卫国. 管理学原理故事会[M]. 北京：中华工商联合出版社，2005.

[9] 罗杰·道森. 优势谈判[M]. 刘祥亚，译. 深圳：海天出版社，2012.

[10] G.理查德·谢尔. 沃顿商学院最实用的谈判课[M]. 林民旺，李翠英，译. 北京：机械工业出版社，2013.

[11] 雅琴. 小故事，大商道[M]. 哈尔滨：哈尔滨出版社，2008.

[12] 一分钟情景销售技巧研究中心. 一分钟情景销售技巧[M]. 北京：中华工商联合出版社，2005.

[13] 周琼，吴再芳. 商务谈判与推销技术[M]. 北京：机械工业出版社，2007.

[14] 贾扶栋，任芳进. 双赢谈判：谈判不败的制胜秘诀[M]. 北京：中国华侨出版社，2013.

[15] 李春红，李立，李婧. 商务谈判与推销技巧[M]. 南京：南京大学出版社，2014.

[16] 金正昆. 涉外礼仪教程（第 2 版）[M]. 北京：中国人民大学出版社，2005.

电子工业出版社世纪波公司相关好书

标准书号	书　　名	定价（元）	作（译）者
零距离上岗·高职高专连锁经营管理专业系列规划教材			
978-7-121-25089-7	连锁企业总部实训	28	王忆南
978-7-121-22102-6	连锁企业配送管理（第2版）	34	周蕾
978-7-121-21158-4	连锁企业采购管理（第2版）	32	马丽涛
978-7-121-17951-8	连锁经营管理原理	28	郭伟
978-7-121-17746-0	连锁企业促销策划（第2版）	28	李建
978-7-121-17488-9	连锁企业人力资源管理	33	赵根良
978-7-121-17384-4	店长实务	28	高洁
978-7-121-07815-6	连锁企业门店营运与管理	32	张明明
978-7-121-07643-5	连锁店铺开发与设计	27	李卫华
978-7-121-07816-3	连锁经营管理原理	26	陈新玲
978-7-121-07563-6	特许经营实务	29	文志宏
零距离上岗·高职高专国际经济与贸易专业系列规划教材			
978-7-121-22241-2	报检实务（第2版）	35	金焕
978-7-121-17417-9	国际市场营销理论与实训（第2版）	28	张卫东
978-7-121-15626-7	WTO基础知识（第2版）	28	王玲
978-7-121-13828-7	国际商法（第2版）	32	孙金刚
978-7-121-12698-7	外贸函电（第2版）	26	李卫
978-7-121-14615-2	国际货运代理实务（第2版）	32	申纲领
978-7-121-15680-9	报关实务（第2版）	30	仇荣国
978-7-121-14035-8	国际贸易实务（第2版）	29	李卫
零距离上岗·高职高专旅游管理专业系列规划教材			
978-7-121-22294-8	旅游经济学	35	黄凯
978-7-121-21488-2	旅游人力资源管理	33	陈彦章
978-7-121-19557-0	旅游心理学（第2版）	32	苏立
978-7-121-20253-7	中国主要旅游客源国和目的地国概况	29	伍百军
978-7-121-08471-3	旅游管理信息系统	28	孙义
零距离上岗·高职高专财会专业系列规划教材			
978-7-121-25467-3	财经应用写作（第2版）	36	刘家枢
978-7-121-17104-8	经济学原理（第2版）	35	崔东红
978-7-121-17348-6	行业会计比较（第2版）	33	马昊光
978-7-121-16833-8	投资与理财（第2版）	29	魏涛
978-7-121-14767-8	基础会计（第2版）	33	陈岩
978-7-121-13766-2	基础会计模拟实训教程（第2版）	25	王满亭
978-7-121-05894-3	成本会计模拟实训教程	19	金玲
978-7-121-11025-2	财务会计	29	薛启芳

标准书号	书　　名	定价（元）	作（译）者
978-7-121-05825-7	财经英语	18	刁力人
978-7-121-04107-5	经济应用数学	28	耿玉霞
零距离上岗·高职高专人力资源管理专业系列规划教材			
978-7-121-26322-4	人力资源管理基础（第 3 版）	39	李莉
978-7-121-23190-2	人力资源管理概论	35	严伟
978-7-121-21356-4	人力资源管理实用文案（第 2 版）	32	孙悦
978-7-121-10253-0	人员招聘与配置（第 2 版）	29	张维军
978-7-121-09908-3	绩效考评（第 2 版）	26	何强 张倜
978-7-121-09750-8	人力资源规划（第 2 版）	24	刘明鑫
978-7-121-09731-7	人力资源培训与开发（第 2 版）	29	唐静
978-7-121-09580-1	劳动关系管理（第 2 版）	25	陈丽
978-7-121-09557-3	员工薪酬福利管理（第 2 版）	29	吴晓姝
978-7-121-09525-2	人员素质与能力测评（第 2 版）	29	张钊
零距离上岗·高职高专金融管理与实务专业系列规划教材			
978-7-121-25440-6	理财规划与设计（第 2 版）	39	孙晓宇
978-7-121-19868-7	外汇交易实务（第 2 版）	32	杨向荣
978-7-121-17916-7	金融信托与租赁实务（第 2 版）	28	丁贵英
978-7-121-17519-0	证券投资基金实务	26	张存萍
978-7-121-18089-7	金融英语（第 2 版）	28	冯晓霞
978-7-121-17767-5	商业银行经营管理（第 2 版）	25	朱静
978-7-121-17522-0	证券经纪人岗位实训（第 2 版）	30	张存萍
978-7-121-17738-5	税务筹划（第 2 版）	33	姜春毓
978-7-121-17520-6	证券投资分析（第 2 版）	32	郑宏韬
978-7-121-17584-8	投资银行业务(第 2 版)	30	栾华
978-7-121-16903-8	金融企业会计（第 2 版）	32	黄群
零距离上岗·高职高专市场营销专业系列规划教材			
978-7-121-25605-9	消费心理学（第 3 版）	35	申纲领
978-7-121-25603-5	商品学（第 3 版）	36	汪永太
978-7-121-18571-7	市场调查与预测（第 2 版）	32	秦宗槐
978-7-121-15055-5	市场调查	32	孙洪霞
978-7-121-14586-5	网络营销	28	李冰
978-7-121-13934-5	公共关系理论与实务（第 2 版）	32	刘厚钧
978-7-121-13558-3	商品学理论与实务	28	顾峰
978-7-121-11327-7	市场营销（第 2 版）	29	孙金霞
978-7-121-12382-5	企业经营与管理（第 2 版）	29	汪永太
978-7-121-11429-8	广告理论与实务（第 2 版）	28	段广建
978-7-121-11231-7	谈判与推销	28	申纲领
978-7-121-11132-7	营销礼仪（第 2 版）	24	杜明汉
978-7-121-10309-4	营销策划：理论与技艺（第 2 版）	29	张卫东
978-7-121-05330-6	现代服务业市场营销	26	汪永太

标准书号	书　　名	定价（元）	作（译）者
高职高专经济管理任务驱动模式精品规划教材			
978-7-121-15278-8	网络营销：策划与管理	35	张卫东
978-7-121-14490-5	营销策划：知识与技法	39	张卫东
978-7-121-11181-5	现代商务礼仪	29	张卫东
978-7-121-10813-6	国际市场营销	29	张卫东
零距离上岗·高职高专电子商务专业系列规划教材			
978-7-121-23545-0	电子商务物流（第2版）	38	刘磊 梁娟娟
978-7-121-21788-3	电子商务安全与支付（第2版）	35	崔爱国
978-7-121-21820-0	电子商务概论（第2版）	36	喻跃梅
978-7-121-20674-0	网络营销（第2版）	35	肖伟民
978-7-121-19581-5	电子商务英语	29	谭颖
978-7-121-18814-5	电子商务综合实训	32	宋艳萍
978-7-121-14864-4	电子商务网站建设	22	崔平
978-7-121-13880-5	网上开店与创业	29	崔红
978-7-121-09920-5	电子商务法律法规	28	王丽萍
零距离上岗·高职高专工程造价专业系列规划教材			
978-7-121-24810-8	工程定额原理（第2版）	34	李锦华
978-7-121-22245-0	工程经济学（第2版）	38	郭伟
978-7-121-10511-1	工程造价英语	21	陈静
978-7-121-09891-8	工程项目管理概论	30	郭汉丁
零距离上岗·高职高专房地产经营与估价专业系列规划教材			
978-7-121-17707-1	房地产估价实践教程	26	宋良杰
978-7-121-13139-4	房地产市场营销	29	韩国波
978-7-121-11570-7	房地产销售模拟实训教程	20	王炎
978-7-121-07827-9	房地产法律与制度	26	唐茂华
零距离上岗·高职高专社区管理与服务专业系列规划教材			
978-7-121-24327-1	社区管理实务（第2版）	36	袁继红
978-7-121-20368-8	社区服务（第2版）	36	高桂贤
978-7-121-17487-2	社会调查方法（第2版）	33	赵勤
零距离上岗·高职高专财经基础课系列规划教材			
978-7-121-24370-7	财经应用文写作（第2版）	34	王晓红
978-7-121-21926-9	统计学原理与实务（第2版）	36	曹印革
978-7-121-22068-5	国际贸易实务（第2版）	36	仇荣国
978-7-121-21110-2	经济法（第2版）	39	张建斌